L'ISLAM MONDIALISÉ

Du même auteur

Leibniz et la Chine
Vrin, 1972

Afghanistan. Islam et modernité politique
Seuil, 1985

L'Échec de l'islam politique
Seuil, 1992

Généalogie de l'islamisme
Hachette, 1995, et coll. « Pluriel », 2002

La Nouvelle Asie centrale ou la fabrication des nations
Seuil, 1997

Iran. Comment sortir d'une révolution religieuse
avec Farhad Khosrokhavar
Seuil, 1999

Vers un islam européen
Éditions Esprit, 1999

L'Asie centrale contemporaine
PUF, coll. « Que sais-je ? », 2001

Réseaux islamiques
La connexion afghano-pakistanaise
avec Maryam Abou Zahab
Autrement, 2002

Kaboul-Washington
Géopolitique de l'après 11 septembre
Seuil/La République des idées, 2002

OLIVIER ROY

L'ISLAM MONDIALISÉ

ÉDITIONS DU SEUIL
27, rue Jacob, Paris VIe

Ce livre est publié
dans la collection « La couleur des idées »

ISBN 2-02-053834-2

© Éditions du Seuil, septembre 2002

Le Code de la propriété intellectuelle interdit les copies ou reproductions destinées à une utilisation collective. Toute représentation ou reproduction intégrale ou partielle faite par quelque procédé que ce soit, sans le consentement de l'auteur ou de ses ayants cause, est illicite et constitue une contrefaçon sanctionnée par les articles L. 335-2 et suivants du Code de la propriété intellectuelle.

www.seuil.com

Avant-propos

Ce livre s'efforce de faire la synthèse des idées que nous avons développées à la suite de notre ouvrage *L'Échec de l'islam politique*. Ce dernier titre, que nous avions personnellement choisi, a entraîné évidemment une polémique : comment parler d'échec après Bin Laden et alors que la réislamisation bat son plein, sur fond de reconstruction identitaire autour de la religion ? Mais, selon nous, ces deux phénomènes sont justement des conséquences de l'échec du projet de construire un État islamique (ce qui définissait très exactement le sujet de notre premier ouvrage) et relèvent de ce que nous avons appelé le néo-fondamentalisme. Les islamistes (la révolution iranienne, le Refah turc, le FIS algérien, le Jamiat-i islami pakistanais, les Frères musulmans, Tourabi au Soudan…) voient dans l'islam une véritable idéologie politique qui permet de construire une société islamique à partir de l'État. Mais le concept d'État islamique est contradictoire et impossible à réaliser, parce que, s'il y a État, c'est qu'il y a primat du politique et donc une forme de sécularisation.

Pour autant, cela ne met évidemment pas fin à la demande d'islam. Ce à quoi nous assistons aujourd'hui est le contournement, sous des formes très variées, de la question de l'État par un mouvement de réislamisation et de reconstruction identitaire qui se fait à partir de l'individu et vise à recréer une communauté qui ne peut s'incarner dans un territoire donné, sinon sous une forme virtuelle et fantasmatique. Ce double mouvement d'individualisation et de déterritorialisation est bien le signe de la globalisation de l'islam, mais selon des formes qui peuvent varier considérablement dans leur expression politique et religieuse : islam spiritualiste et humaniste, néo-fondamentalisme et communautarisme, ou bien internationalisme radical et militant.

Quelles qu'en soient les formes, et dans une logique de « ruse de l'histoire », ces mouvements participent tous à la globalisation de l'islam et donc à son occidentalisation, tout en sachant bien sûr que les sociétés occidentales se modifient en retour dans cette interaction – un phénomène que l'on a tenté de penser sous le terme, à mon avis inadéquat, de multiculturalisme. Cette recomposition va de pair avec le passage à l'Ouest de l'islam. Mais pour nous, il n'y a pas deux islams : celui des immigrés en Occident et celui du monde musulman. Les mêmes phénomènes sont à l'œuvre, mais exacerbés et surtout incontrôlables à l'Ouest, faute de contrôle étatique sur le religieux. Nous prenons l'islam en Occident non pas comme un objet en soi, au sens où il y aurait deux islams, mais comme fil directeur pour étudier ce qui est, en fait, une déterritorialisation de l'islam en général. De toute façon, plus que jamais, l'islam politique est un échec : le champ politique se dissocie du religieux et, parallèlement à la sécularisation politique, on assiste au retour du religieux dans le social. Mais cette évolution exige certes quelques explications, que l'on espère offrir dans les pages qui suivent.

Ce livre est inédit, même si certaines analyses ont été développées dans plusieurs articles. La plupart ont été publiés dans la revue *Esprit* depuis 1994 (et repris dans un petit livre intitulé *Vers un islam européen*[1]) ; il faut y ajouter deux autres articles (« Le post-islamisme »[2] et « La communauté virtuelle : l'Internet et la déterritorialisation de l'islam »[3]). Nous reprenons aussi les développements de notre thèse sur travaux (1995) et de notre habilitation à diriger des thèses (2001), toutes deux effectuées, sous la direction de Rémi Leveau, à la Fondation nationale des sciences politiques. Enfin, notre recherche a été rendue possible grâce au soutien de l'Institute for Transregional Studies à Princeton.

Dreux-Princeton, mai 2002

---

1. Éditions Esprit, 1999.
2. *Revue des mondes musulmans et de la Méditerranée*, n° 85/86, Édisud, Aix-en-Provence, 1999.
3. *Réseaux*, CENT/Hermes Science Publication, Paris, 2000.

Introduction

Naissance d'une religion en Occident

L'islam est définitivement passé à l'Ouest. Non pas sous la forme d'une conquête ni de conversions massives, mais par un déplacement volontaire de populations musulmanes, venues chercher du travail ou de meilleures conditions de vie en Occident. Cette situation d'islam minoritaire n'est pas totalement inédite, mais elle prend d'autant plus d'importance que l'espace musulman traditionnel est aussi traversé par le phénomène de la mondialisation. C'est au moment où les frontières entre grandes civilisations s'effacent que l'on voit apparaître des théories et des mouvements qui visent justement à redonner vie à ces fantômes : du « clash » au « dialogue » des civilisations, en passant par le communautarisme sous toutes ses formes, ethnique ou religieux, ce sont de nouvelles frontières qui s'établissent, mais dépourvues de tout territoire concret. Elles se fixent dans les esprits, les comportements et les discours. Elles sont revendiquées avec d'autant plus de violence qu'elles sont à inventer.

En ce sens, les questions que nous nous posons ici ne sont pas propres à l'islam. On peut les énoncer ainsi : réinvention d'une communauté religieuse idéale, fondée sur la seule pratique de la foi et sur l'adhésion personnelle à l'exclusion de traditions et de cultures spécifiques propres à un pays ou à un espace géographique ; avènement d'une religiosité perçue comme la réalisation de soi ; adhésion totale et brutale à une vie fondée sur la seule pratique religieuse ; perception de son propre groupe religieux comme minoritaire et menacé par un environnement hostile (qu'il s'agisse d'autres religions ou de l'absence de religion) ; demande faite aux différents États de reconnaître l'identité d'une communauté religieuse en tant que telle, même lorsqu'elle est majoritaire ; quête de sens dans le retour aux fondements de la Révélation, en contournant philosophie, culture et histoire ; et enfin, statut de vérité absolue donnée à la religiosité personnelle et à la foi (celle du *born again*) contre le savoir savant. Tout cela se retrouve aujourd'hui également dans le christianisme[1]. L'objet de ce livre est justement d'étudier la transversalité des évolutions de l'islam contemporain : comment, à partir d'une Révélation et d'une histoire propres, l'islam est-il traversé par des tendances que l'on retrouve dans les autres grandes religions ? Mais cette transversalité s'étend aussi aux formes de violence des radicaux islamiques qui relèvent plus d'un espace de contestation anti-impérialiste que d'une tradition religieuse.

La « réislamisation » ambiante est loin d'être – seulement – une protestation identitaire (comme on l'a dit à propos des effets du conflit israélo-palestinien dans l'opinion des musulmans de France) ou une synthèse permettant de concilier fidélité à ses origines, modernité et autonomie individuelle (comme on a pu le montrer dans l'affaire du voile[2]). Elle est aussi partie prenante d'un processus d'acculturation, c'est-à-dire d'effacement des cultures d'origine au profit d'une forme d'occidentalisation. La réislamisation accompagne ce processus d'acculturation, bien plus qu'elle n'est une réaction contre lui : elle permet de le vivre et de se le réapproprier. La réislamisation, c'est la conscience que l'identité musulmane, jusqu'ici simplement considérée comme allant de soi parce que faisant partie d'un ensemble culturel hérité, ne peut survivre que si elle est reformulée et explicitée, en dehors de tout contexte culturel spécifique, qu'il soit européen ou oriental. Elle est liée à la volonté de définir un islam universel, au-delà des cultures spécifiques, dont la fragilité et l'historicité deviennent soudain évidentes.

Assurément, l'âge d'or de la civilisation arabo-musulmane reste valorisé par opposition à la période coloniale : mais cette nostalgie suppose qu'il y a eu décadence. *What went wrong ?*, comme le dit le titre d'un livre de Bernard Lewis – Qu'est-ce qui n'a pas marché ? Pourquoi la « meilleure des religions » est-elle aujourd'hui l'apanage

---

1. Voir les travaux de Danièle Hervieu-Léger sur la recomposition du christianisme en Occident, en particulier *La Religion pour mémoire,* Le Cerf, 1993.
2. Voir Farhad Khosrokhavar, *L'Islam des jeunes*, Flammarion, 1997.

INTRODUCTION

de peuples autrefois massivement colonisés et aujourd'hui régulièrement humiliés, tant par la supériorité militaire de leurs adversaires (de la Palestine à l'Irak) que par l'autoritarisme et l'incompétence de leurs régimes politiques ? Pourquoi l'islam est-il en Europe la religion dominante dans les espaces d'exclusion sociale ? Le discours de la nostalgie, qui évoque l'âge d'or de l'islam des califes, n'apporte aucune explication, sinon celle du complot (colonial ou sioniste), d'autant que cette civilisation classique arabo-musulmane n'est justement pas une culture d'origine, mais une reconstruction un peu mythique et parfois scolaire. On assiste donc aujourd'hui à une volonté de faire table rase, et pour cela le discours du fondamentalisme est un excellent outil : il réfute le passé, dépasse les divisions contemporaines et propose un modèle universel qui va dans le sens de l'acculturation générale des sociétés actuelles.

Le déracinement se traduit plus par la quête de l'universalité que par la nostalgie d'un pays ou d'une société, qui ne sont de toute façon pas des modèles positifs (comme l'Algérie ou le Pakistan aujourd'hui), et que l'on fuit pour trouver une vie meilleure en Europe ou en Amérique. Comment penser ensemble le ressentiment envers l'Amérique et la queue devant les consulats américains pour obtenir un visa ? Cette quête de l'universalité se fait bien contre la culture d'origine, mais aussi contre la « culture occidentale » que l'on s'efforce de ramener, elle aussi, à un cas historique spécifique. La critique des prétentions de la civilisation européenne des Lumières à être universelle (en particulier dans sa définition des droits de l'homme) est récurrente chez les intellectuels musulmans d'aujourd'hui, mais elle se double aussi d'une prise de distance par rapport aux cultures spécifiques de l'histoire arabo-musulmane, que l'on ne veut pas confondre avec le message coranique [3]. L'islam en Europe se donne

3. Le refus explicite de cette confusion entre islam et culture musulmane se trouve dans des milieux différents, aussi bien chez des réformistes vivant en Occident (comme Mohamed Arkoun ou Tariq Ramadan) que chez les néo-fondamentalistes, comme les prédicateurs du Tabligh. Par contre, l'apologie de la « civilisation musulmane », comme réalisation de l'islam, se trouve chez les islamo-nationalistes (comme les Turcs du parti Refah, qui valorisent la période ottomane) ou bien chez des intellectuels arabes souvent laïques, pour qui le pan-islamisme est intimement lié au panarabisme.

d'emblée comme « désincarné » culturellement et socialement, c'est-à-dire comme refusant d'être une religion « ethnique » et l'expression d'une culture d'importation, ce qui serait d'ailleurs en contradiction avec son message d'universalité. Les musulmans pratiquants ne veulent pas se définir comme Arabes, Turcs ou Pakistanais, mais comme musulmans, esquivant aussi par là même la différenciation sociale et économique qui à la fois les divise entre eux et les sépare du reste de la société. Mais, ce faisant, ils posent à leur tour la question lancinante qui a travaillé les anthropologues et les historiens occidentaux : y a-t-il une essence de l'islam au-delà de ses incarnations culturelles ?

L'islam et la mutation du champ religieux

Dans l'étude des sociétés musulmanes, des mouvements politiques islamistes ou de tout ce qui se fait au nom de l'islam, on tend un peu trop à prendre au mot les acteurs et à faire de l'islam le critère explicatif par excellence. Le statut de la femme, le terrorisme, le manque de démocratie seront analysés en termes de religion ou de culture islamique. L'islam est ainsi perçu comme un système clos qui s'expliquerait à partir de sa propre histoire, de ce que dit ou dirait le Coran ou bien de ce qui se passe au Moyen-Orient. La plupart des événements impliquant des musulmans sont référés à l'islam : que dit l'islam sur les attentats-suicides (à propos de la Palestine), que dit le Coran sur le *jihad* (à propos de Bin Laden), que dit l'islam sur la femme ? L'envolée en France, après l'attentat du 11 septembre 2001, des ventes de traductions du Coran montre comment tout un chacun va à la pêche des citations qui prouveraient si oui ou non l'islam est radicalement violent et conquérant, tandis que des musulmans modérés et des non-musulmans de bonne volonté (encouragés cette fois par une classe politique qui a compris, tant en France qu'aux États-Unis, que les musulmans sont désormais des électeurs) s'efforcent de montrer en quoi les sectateurs de Bin Laden se sont égarés et ne savent rien de l'islam.

Mais la question n'est pas de savoir ce que dit vraiment le Coran, car, comme tout texte sacré, son sens est ambivalent et dépend de la lecture et de l'interprétation qu'en font les hommes. La Bible a pu servir à justifier autant l'Inquisition que François d'Assise. Le Coran, comme tout texte religieux, peut faire l'objet de lectures différentes (on soulignera, selon le contexte contemporain, tel verset qui appelle à respecter juifs et chrétiens, ou tel autre qui les considère comme des adversaires irréductibles)[4]. Ce qui compte, c'est ce que les musulmans disent que le Coran dit; et la diversité de leurs réponses, en l'absence d'une Église centralisée, montre bien l'inanité de chercher une vérité unique, même si chacun, bien sûr, se réclame de cette vérité.

Alors, si l'on veut comprendre, il faut laisser le Coran aux théologiens et revenir aux musulmans et à leurs pratiques concrètes. Il est évident que les militants islamiques inscriront leur action dans la continuité de la tradition coranique, mais il est tout aussi vrai que l'on ne peut comprendre le monde musulman d'aujourd'hui que de manière transversale : l'islam s'inscrit désormais dans des continuités et des ruptures qui sont propres à l'ensemble des religions et des sociétés contemporaines. L'islam des musulmans d'aujourd'hui n'est pas un isolat culturel, c'est un phénomène global, qui subit et accompagne la mondialisation. Des phénomènes aussi complexes que l'individualisation de la relation à la religion ou la communautarisation du groupe religieux (selon une logique du « nous et les autres ») se retrouvent dans le christianisme ou le judaïsme.

Mais tout le discours culturaliste repose sur une confusion constante entre culture et religion et finit par tourner en rond en choisissant de faire de la culture ou de la religion la cause déterminante. On ne saisit alors, au mieux, qu'une corrélation propre à un moment de l'histoire et qui ne se répète jamais. On peut bien établir des corrélations (entre capitalisme et protestantisme par exemple, sur le

---

4. La polémique portant sur l'interprétation est, en islam (comme dans le christianisme), une constante de l'exégèse ; nous verrons plus loin des cas de débat sur le *jihad*. Notons ici un petit ouvrage polémique, qui pousse l'exercice à la limite de la provocation, de Nasreddine le Batelier (pseudonyme de Yahya Michot) : *Le Statut des moines*, publié en 1997 (édition de l'auteur). Il se donne pour tâche de démontrer que l'assassinat des moines de Tibérine par le GIA en 1996 peut très bien être justifié théologiquement en s'appuyant sur Ibn Taymiyya.

modèle de Max Weber), mais il devient délicat d'en faire des causalités. Si le protestantisme a favorisé le développement du capitalisme, pourquoi le premier est-il apparu et s'est-il développé en Europe du Nord ? Il y aurait donc quelque chose préexistant au phénomène religieux et dont celui-ci ne serait qu'une expression [5] ? Si la prégnance des *açabiyya* (groupes de solidarité ou clans) sur la logique étatique est liée à l'islam, pourquoi ce modèle domine-t-il la Sicile catholique et non l'Espagne du Sud, soumise autrement plus longtemps à l'influence musulmane ? Pourquoi la Turquie musulmane a-t-elle développé un système étatique moderne ? Est-ce parce que les Turcs ne sont pas des Arabes ? Dans ce cas, le vrai facteur du retard politique n'est pas alors l'islam, mais la culture « arabe ». En un mot, toutes les explications par la religion sont en fait tautologiques et circulaires.

Il y a bien sûr une spécificité islamique, mais, pour la comprendre, il faut d'abord mettre au jour ce qui n'est pas spécifiquement islamique et comparer ce qui est comparable. Par exemple, comme le montre Daniel Cohen, le retard économique imputé à l'islam perd son évidence si l'on compare chaque pays musulman à son voisin non musulman plutôt qu'à l'Occident (Indonésie et Philippines, Inde et Pakistan, Kosovo et Macédoine, Mali et Centrafrique) : la Malaisie islamique a un revenu par habitant légèrement supérieur à son voisin thaïlandais, tandis que Sénégal et Côte-d'Ivoire ont des revenus par habitant comparables, comme l'Inde et le Pakistan [6]. Les indices de fécondité montrent aussi qu'il n'y a pas de spécificité démographique musulmane, contrairement à un cliché des plus courants aujourd'hui (l'Indonésie, le pays musulman le plus peuplé, à un indice de 2,6 enfants par femmes, alors que les Philippines catholiques atteignent 3,6 en 2000). De même, la fécondité des populations immigrées tend, en une génération, à s'aligner sur celle des

---

5. C'est la thèse d'Emmanuel Todd par exemple, qui pense que la structure familiale détermine le choix de la religion. Mais alors, d'où vient la structure familiale ? Voir *La Troisième Planète*, Le Seuil, 1983.

6. Daniel Cohen, « Y a-t-il une malédiction économique islamique », *Le Monde*, 2 décembre 2001. Le retard attribué à l'islam disparaît si l'on compare des pays proches, dont l'un est musulman et l'autre non.

pays d'accueil. Ce qui fait sens, c'est la zone géographique ou les catégories sociales, et non l'espace culturel. La notion huntingtonnienne de civilisation fondée sur la religion n'explique rien.

L'occidentalisation des comportements sociologiques (mariage, fécondité) va souvent de pair avec une occidentalisation des valeurs (insistance sur l'individu, sur la réussite professionnelle), mais il ne s'agit pas forcément de l'adaptation d'un système de valeurs homogène (car le monde occidental est très partagé quant à ses propres valeurs, et une société comme la France juxtapose des systèmes de valeurs antagoniques, au moins depuis 1789). Les valeurs républicaines dont on nous rebat les oreilles et qui sont censées définir le socle commun et consensuel de la société française d'« avant » (avant quoi d'ailleurs ? Avant la globalisation, le libéralisme, l'immigration… ?) sont des mythes que partageaient fort peu la gauche communiste, la droite nationale ou bien la hiérarchie catholique.

Ce qui est nouveau dans l'islam en Occident, c'est l'insistance sur la notion de valeur, au détriment de la loi : on cherchera par exemple à définir sa foi par rapport à un discours éthique et non pas seulement par le respect de normes juridiques. Bref, même quand le discours est très conservateur (opposition à l'homosexualité, à l'avortement), il va se définir, dans l'islam en Occident, en termes de valeurs plus qu'en termes de respect strict de la charia. C'est évident par exemple pour l'avortement, qui ne fait jamais l'objet d'un débat de société dans le monde musulman traditionnel, mais qui va être repris comme thème commun de défense des valeurs religieuses par des musulmans et des catholiques conservateurs en Europe, contre la permissivité, même si l'avortement n'est pas condamné par les docteurs de la loi islamique en termes aussi vigoureux que par le Vatican. La soudaine flambée de procès anti-homosexuels en Égypte est paradoxalement un signe de l'occidentalisation du discours sur les valeurs : ce qui était interdit, mais vécu dans le non-dit, devient soudainement un enjeu de société, parce que, pour s'affirmer face à l'Occident, il faut tenir un discours à la fois explicite et symétrique, donc reprendre à son compte les catégories de l'autre, même si c'est pour leur assigner un signe négatif.

On touche ici à un malentendu fréquent : l'idée que l'occidentalisation de l'islam conduit forcément à une « libéralisation » de l'islam. En fait, l'occidentalisation est non seulement compatible avec un nouveau discours fondamentaliste mais peut même le favoriser tout en adoptant largement une vision occidentale des valeurs et des enjeux (défense de la famille et non plus strictement des punitions, pour les fautes commises contre Dieu – *huddud*). L'occidentalisation de l'islam n'a rien à voir avec une réévaluation des dogmes. Ce qui change, c'est la religiosité, pas la religion : c'est le rapport personnel que le croyant entretient avec la religion, la manière dont il la formule et la met en scène, et pas le contenu des dogmes. D'ailleurs, si toute modernisation devait entraîner une libéralisation théologique, on s'en serait aperçu avec le christianisme et le judaïsme.

Cependant, il y a un problème réel : l'absence apparente de penseurs réformateurs musulmans. En fait, ici encore on est dans le trompe-l'œil : il y a de nombreux penseurs modernes et audacieux (Arkoun, El Fadl, Soroush, Kadivar). La question n'est pas celle des auteurs, mais des lecteurs. Pourquoi les réformateurs sont-ils si peu lus ? Parce que leur approche, qui vise justement à mettre en place une nouvelle orthodoxie, donc un nouveau savoir académique, n'intéresse guère des acteurs qui sont au contraire dans le bricolage et l'instrumentalisation d'un islam à usage immédiat (vivre sa foi ici et maintenant), voire parfois adossés à des stratégies politiques au sens large, de la communautarisation à l'action radicale. Bref, la crise de l'autorité et la fragmentation qui caractérisent l'islam d'aujourd'hui ne sont pas favorables à la diffusion d'une nouvelle théologie. Cet anti-intellectualisme se retrouve par ailleurs dans les mouvements charismatiques chrétiens.

Revenons donc aux acteurs et aux discours et pratiques des musulmans concrets. Le défi de l'occidentalisation est évidemment clairement identifié. Mais, dans les faits, l'occidentalisation est vécue sans drame par la masse des croyants, bien qu'elle ne fasse presque jamais l'objet d'une réflexion théologique, même si toute une tradition d'exégèses et de *fatwa* (lesquelles ne sont pas des condamnations mais de simples avis juridiques) a permis aux musulmans de s'adapter aux différentes époques et sociétés. En revanche, elle est récusée par les activistes, qui ont tous en commun de vouloir tracer une frontière claire et nette entre l'impiété (*kufr*) et la vraie religion (*din*). Mais derrière leur prétention à se référer à la seule

INTRODUCTION

époque du Prophète et à refuser toute influence du monde non musulman, ils voient bien dans la globalisation une opportunité pour reconstruire l'oumma (communauté universelle des croyants) ; ils transforment leur faiblesse (être des produits marginaux de la globalisation) en stratégie (reconstruire l'oumma sur les ruines des cultures existantes). L'échec est sans doute inscrit dans la tentative même, comme il l'était chez les islamistes et leur projet d'État. En effet, leur vision manichéenne, commune d'ailleurs à la plupart des critiques de la globalisation, les amène à construire une alternative islamique dans l'imaginaire, dont le délire d'un Bin Laden n'est qu'une variante sanglante. L'échec permanent de toutes leurs utopies, sous les formes millénaristes ou suicidaires, amènera bien tôt ou tard un examen de conscience [7].

La nouveauté apportée par le passage à l'Ouest de l'islam, c'est la déconnection de l'islam comme religion d'avec une culture concrète. Cela conduit les acteurs à devoir reformuler par eux-mêmes une religion qui n'est plus portée par l'évidence sociale. Cette démarche est d'abord individuelle, car les instances collectives (parents, pression sociale, corps des oulémas, législation étatique) ne fonctionnent plus, ni pour dire ce qu'est l'islam ni pour imposer un certain conformisme du comportement et des pratiques. Fidéisme, autoproclamation, quête individuelle du salut, anti-intellectualisme, recherche d'une éthique quand la norme juridique ne fait plus sens : on retrouve ces traits dans d'autres religions. Le fondamentalisme protestant américain et le mouvement charismatique insistent sur cette jouissance de la foi, sur le vécu du religieux comme rencontre personnelle entre soi et Dieu. Mais les conséquences sont les mêmes : on passe d'un universel à une communauté particulière. Alors que tout le monde (baptisé ou circoncis) était censé être membre de l'Église ou de l'oumma, il faut aujourd'hui prouver sa foi, ce qui revient souvent à l'exhiber.

Naguère, pour se marier à l'Église, il suffisait de produire un acte de baptême, et, pour se convertir à l'islam, de dire la *shahada*

---

7. Déjà amorcé par le livre d'Abdelwahab Meddeb, *La Maladie de l'islam*, Le Seuil, 2002.

(la profession de foi) devant témoins. Aujourd'hui l'Église exige de plus en plus que l'impétrant prouve sa foi, qu'il adhère à une communauté, une paroisse, un groupe d'approfondissement de la foi. Parallèlement, en Algérie et même en Tunisie laïque, le non-musulman qui veut se convertir (surtout pour épouser une musulmane) devra passer par un processus de catéchèse, même si ce n'est inscrit dans aucune loi. On sait aussi comment le rabbinat de France refuse désormais les conversions de circonstance, qui ne posaient pas tant de problème au milieu du siècle. Cela peut paraître aller de soi, mais c'est nouveau : de plus en plus, le croyant se vit comme appartenant à une communauté restreinte au sein de la société, voire à une minorité où son statut de croyant l'emporte sur toute autre identité. La fin d'un certain conformisme social au profit d'un engagement personnel fait passer la religion du statut de composante (éventuellement dominante) de la société tout entière à celui de communauté fondée sur la volonté explicite d'en être membre. Les catholiques en France tendent à se définir non plus comme l'expression même de la culture française, mais comme une communauté en face d'une société majoritairement laïque. Cette minorisation du croyant se déroule aussi dans des pays d'islam majoritaire comme la Turquie, où un intellectuel comme Ali Bulaç demande la restauration du système ottoman des *millet* (communautés ethnico-religieuses gérées par le droit personnel propre à leur religion), mais en y ajoutant le *millet* des … athées, qui accepteraient de vivre selon les lois kémalistes, alors que les « musulmans » seraient libres de choisir la charia.

Cette reformulation de la religion comme « simple » religion pose le problème récurrent de la confusion constante entre religion et culture, comme on la retrouve dans l'expression absurde de monde « arabo-musulman ». Cette dernière soit exclut les chrétiens arabes, voire les juifs arabophones, soit elle sépare les Arabes (quelle que soit leur religion) des autres musulmans, ce qui, dans les deux cas, ne permet pas de définir ce que serait une culture strictement musulmane et différente de la culture arabe en général. Le plus souvent, les termes mis en parallèle avec « islam » ou « musulman » ne sont pas « chrétien », mais « européen » ou « occidental ». Si l'Occident n'est pas le christianisme, pourquoi l'islam devrait-il être l'Orient ? Le paradoxe est que, au moment même où le passage à l'Ouest de l'islam entraîne une crise des cultures d'origine, les identités se recomposent en Occident dans une nouvelle confusion entre religion et ethnicité, où le terme « musulman » ne désigne pas un croyant mais devient le marqueur d'une identité néo-ethnique (ou pseudo-ethnique), et crée en miroir des catégories identitaires fonctionnant sur le marché occidental, pour classer justement les descendants de l'immigration. Ce mythe du multiculturalisme sert souvent à recréer une « communauté musulmane » mais constituée de l'extérieur, et souvent mise en avant à l'occasion de crise internationale, comme celle du Proche-Orient. Ainsi, quelle que soit la reformulation identitaire, on n'échappe pas à la globalisation, mais il y a différentes manières de se positionner par rapport à elle.

En fait, le malaise actuel montre le découplage entre islam, politique et culture, et l'assomption d'un islam qui ne serait que religion. Le paradoxe est que les acteurs du découplage sont précisément ceux qui veulent, ou voulaient, voir dans l'islam une religion totalisante, qui donc ne sépare pas la religion de la politique. De manière sans doute provocante, on peut dire que les véritables acteurs de la sécularisation de l'islam aujourd'hui ne sont pas tant les musulmans « laïques », car ils sont en dehors de la reformulation du religieux, mais bien les islamistes et les fondamentalistes, parce qu'ils tentent de remédier à la coupure croissante entre culture et religion par une exacerbation de la religion, qui ne conduit qu'à la détacher un peu plus du politique et du culturel. Cette évolution se marque, en négatif, par la réintroduction par les islamistes de l'autonomie du politique et par la mise en avant par les néo-fondamentalistes des valeurs et de la culture. C'est sans doute cela le malentendu : l'islam ne va pas à l'encontre du processus de sécularisation, mais il y va à reculons, ce qui dans le fond n'a rien d'étonnant pour une religion.

L'occidentalisation et la violence

Cette modernité se retrouve aussi dans les relations entre islam et violence, même si, encore une fois, les radicaux sont les premiers à vouloir ancrer leur violence dans une tradition islamique qu'ils inventent plus qu'ils ne la redécouvrent. Mais ils le font souvent au prix de ce qui ressemble bien à une innovation – un comble pour des fondamentalistes : la priorité qu'ils accordent au *jihad*, en en faisant une obligation personnelle (*fard al ayn*), donc s'imposant à chacun et à tout moment, alors que la tradition a toujours considéré qu'elle était collective (*fard al kifaya*), c'est-à-dire limitée dans le temps et dans l'espace et incombant à ceux qui sont menacés par l'ennemi. Loin d'être une expression communautaire, la violence exercée au nom de l'islam aujourd'hui se dit et se pratique sur la base d'un engagement individuel. Ce surinvestissement du *jihad* est récent : il remonte à Saïd Qotb (mort en 1966) et aux groupuscules égyptiens des années 1970, dont a fait partie Mohammad Abd al-Salam Farrag (qui avait fait du *jihad* une obligation au même titre que les cinq obligations classiques du croyant : profession de foi, prière, pèlerinage, aumône et jeûne)[8]. La frange néo-fondamentaliste qui partage cette idée est qualifiée de jihadiste, par exemple celle de Bin Laden.

On fait souvent remarquer que la plupart des conflits contemporains mettent en jeu des musulmans. Mais une approche plus précise montre qu'en règle générale les conflits ne sont jamais déterminés par l'islam, même si celui-ci contribue à les surdéterminer. Les Serbes ont mis en avant le facteur islamique quand ils ont attaqué les Bosniaques, mais non pas quand ils ont agressé les Croates : dans les deux cas, le conflit est en fait ethnico-national, comme pour le Kosovo en 1999, où Slaves et Tsiganes islamisés se sont trouvés dans le camp serbe, tandis que les Albanais chrétiens ont fait front avec les musulmans. Il est vrai que les acteurs eux-mêmes mobilisent parfois une symbolique islamique en faveur de leur cause. Mais la lutte des Tchétchènes comme celle des Palestiniens est avant tout une lutte pour la libération d'un peuple. En Palestine, chrétiens ou laïcs (Front populaire pour la libération de la Palestine – FPLP – fondé par un chrétien, Georges Habache) sont tout autant impliqués que les musulmans, y compris dans les attentats-suicides. En Indonésie, tous les conflits sont ethniques. Lorsqu'ils opposent des musulmans au pouvoir central (revendication de l'autonomie pour la

---

8. Sur le penseur égyptien Farrag, voir Gilles Kepel, *Le Prophète et le Pharaon*, Le Seuil, 1983.

province d'Aceh), personne ne mentionne l'islam ; lorsqu'ils opposent une ethnie chrétienne et une ethnie musulmane, on parle tout de suite de guerre de religions, comme dans les Moluques. Cela corrobore deux phénomènes que nous étudions dans ce livre : la primauté des déterminations ethniques et nationales, mais aussi l'instrumentalisation des *jihad* périphériques par les néo-fondamentalistes pour donner corps, par défaut, à l'oumma universelle.

La ligne de fracture entre le Nord et le Sud, entre l'Europe et le tiers monde, passe par des pays musulmans, ce qui explique que des conflits qui sont des séquelles typiques de l'impérialisme (Tchétchénie) ou de la dissolution d'empire (Balkans) sont analysés selon une grille religieuse alors qu'ils sont ethniques et nationalistes. Cet héritage colonial se retrouve aussi, bien sûr, dans la question de l'immigration, surtout dans la mesure où elle se double d'un sentiment d'exclusion sociale. La révolte de certains jeunes de banlieues peut prendre une coloration islamique, puisque l'islam appartient au répertoire de l'altérité (affaire Kelkal, gang de Roubaix [9]). Mais ici aussi on exagère la dimension islamique, souvent dans une perspective politique (déclaration d'Ariel Sharon, en février 2001, poussant les juifs français à rejoindre Israël, par exemple). La violence dans certaines banlieues françaises est parfois associée à l'islam, surtout lorsqu'elle se double d'actes antisémites, mais les mouvements islamiques français ne sont jamais associés à cette violence, qui est le fait de jeunes marginaux qui se désintéressent de l'islam, même s'ils vont jouer sur les peurs des « nantis » (on se réclame de Saddam Hussein en 1990, de Bin Laden en 2001) [10]. Et on oublie bien sûr que la violence propre à ces espaces d'exclusion sociale existe dans des contextes où il n'y a pas de musulmans (ghettos noirs américains, par exemple). En fait, comme nous le verrons plus loin, le radicalisme islamique ne peut pas se comprendre si l'on ne voit pas qu'il reprend (et islamise) un espace traditionnel de contestation, aussi bien dans l'anti-impérialisme que dans la mobilisation des espaces d'exclusion sociale, ou dans la radicalisation de jeunes intellectuels.

9. Ces événements sont développés dans le dernier chapitre de cet ouvrage, p. 185.
10. Voir *Libération* du 6 avril 2002 : « L'aveu des trois incendiaires ».

Toute aggravation du conflit palestinien, toute intervention militaire américaine dans la région ne peuvent que renforcer un anti-américanisme partagé désormais par toutes les couches de la population musulmane, ce qui explique le passage à l'acte de ses membres. Mais cette violence n'est pas islamique : elle est anti-impérialiste ; nous sommes encore dans les séquelles de la décolonisation, qui retrouve soudainement une nouvelle dimension avec l'hégémonie américaine.

Deux choses sont frappantes : il y a chez Bin Laden à la fois une profonde nouveauté et une certaine tradition, mais qui ne s'appliquent pas forcément à ce que l'on pourrait croire. La nouveauté est dans les formes de combat : l'action du kamikaze. Elle est complètement absente de la tradition islamique orthodoxe (le martyr est celui qui meurt au combat, et non pas celui qui cherche délibérément la mort) et est apparue au cours des années 1980, dans les mouvements chi'ites comme le Hezbollah libanais, avant de s'étendre tout récemment aux sunnites. Mais ce type de terrorisme n'est pas propre au monde islamique : on le retrouve à la fois chez les Tigres tamouls au Sri Lanka et chez des militants palestiniens laïques comme ceux du FPLP. A bien des égards, Bin Laden est en rupture avec la tradition musulmane (même des cheikhs proches de lui condamnent les attentats-suicides [11]). Il renoue au contraire avec des formes récentes d'un terrorisme bien laïque et souvent occidental, tant dans ses cibles (l'impérialisme américain) que dans ses formes d'action (le détournement d'avion).

Ce qui caractérise nombre des hommes de la seconde génération d'al-Qaïda (recrutés après 1992), c'est précisément la rupture d'avec le monde musulman qu'ils prétendent pourtant représenter. Tous ont quitté leur pays d'origine, pour se battre ou tout simplement vivre et étudier ailleurs. Tous ont rompu avec leur famille : il suffit de comparer la fierté des parents d'un kamikaze palestinien ou libanais avec l'incompréhension des familles des auteurs de l'attentat contre le World Trade Center (elles disent d'ailleurs avoir perdu le contact

---

11. Voir de Cheikh al-Albani, la *fatwa* sur « Suicide bombing in the Scales of Islamic Law », *www. allahuakbar.net*, ainsi que « Fatwas of Shaikh Muhammad Naasir-ud-Deen Al-Albaanee », dans *Al-Asaalah Magazine*, 1-21, 29 août 2001.

avec leurs rejetons) [12]. Une bonne partie des activistes se sont installés en Occident ; ils ont parfois adopté la nationalité du pays où ils vivent sans s'y intégrer pour autant. Plus surprenant, aucun n'a d'antécédents de militantisme islamique ou politique. Après une vie « normale », ils se sont pour la plupart réislamisés en Occident, comme le Marocain Ahmed Ressam, ou bien Mohammad Atta. Bref, ils ont rompu avec leur pays d'origine (Arabie Saoudite, Algérie ou Égypte), avec leur famille et aussi, bien sûr, avec leur pays d'accueil, un parcours qui n'est pas sans rappeler celui de Khaled Kelkal, principal auteur des attentats de 1995 en France.

Loin de représenter une communauté religieuse, dont ils se sont mis à la marge, ou une culture traditionnelle, dont ils ne connaissent rien et qu'ils récusent, ces nouveaux militants s'inscrivent presque tous dans un parcours de rupture suivie d'une réislamisation individuelle, où l'on se fabrique « son » islam, comme le montre le testament de Mohammad Atta [13]. Ces néo-fondamentalistes ne se reconnaissent aucun maître en islam et mènent d'ailleurs souvent une vie fort peu conforme aux préceptes de la religion (la dissimulation, ou *taqya*, me dira-t-on : mais celle-ci est justement une innovation dans le monde sunnite).

Pas plus qu'il n'est l'expression d'une tradition musulmane, Bin Laden ne reflète les conflits du Moyen-Orient. Il est absent de Palestine, de Turquie, de Syrie, d'Irak, du Liban... Même si la plupart des activistes d'al-Qaïda sont originaires d'Arabie Saoudite, d'Algérie et d'Égypte, la plupart de ceux de la seconde génération, sauf les Saoudiens, sont venus en Afghanistan, ou dans d'autres pays cibles, à partir d'Europe et non pas du Moyen-Orient. Si l'on peut supposer que le Groupement islamique armé (GIA) partage ses idées, aucun partisan de Bin Laden ne vient des maquis algériens, mais tous sont passés par Marseille, Paris ou Strasbourg. Le responsable de l'enlè-

---

12. Trait identique pour l'auteur présumé de l'attentat contre la synagogue de Djerba en Tunisie dans lequel ont péri des touristes allemands : les parents de Nizar Nawar vivent à Saint-Priest, près de Lyon, et déclarent que leur fils n'a jamais été spécialement croyant, mais également qu'ils ne l'ont pas vu depuis plusieurs années (*New York Times*, 18 avril 2002).

13. Testament de Mohammed Atta, traduction anglaise dans *ABC News*, octobre 2001.

vement, en février 2002, du journaliste Daniel Pearl au Pakistan, Cheikh Omar, est né en Angleterre et est revenu s'établir au Pakistan. Les auteurs de l'attentat contre un hôtel de Marrakech au Maroc, en 1994, venaient de la Cité des 4 000, à La Courneuve. Bref, la violence islamique dans les pays musulmans semble parfois être... une importation de l'Occident.

Même les membres d'al-Qaïda qui représentent des partis islamistes actifs au Moyen-Orient semblent désormais en être déconnectés. Si al-Zawahiri, le bras droit d'Oussama Bin Laden, est le chef du mouvement Jihad égyptien, comment expliquer qu'aucun attentat islamiste n'ait eu lieu dans ce pays entre 1998 et 2002 et que le gouvernement du Caire ait libéré des centaines de membres de ce mouvement ? Zawahiri a d'ailleurs été désavoué après l'attentat du 11 septembre par Ousama Rushdi, un des chefs des Gama'at, en exil aux Pays-Bas [14]. Les *jihad* auxquels se réfère Bin Laden sont tous situés à la périphérie du monde musulman : la Bosnie, le Kosovo, la Tchétchénie, l'Afghanistan, le Cachemire, les Moros des Philippines, sans parler bien sûr de New York. On a vu Bin Laden au Soudan, au Yémen, en Afghanistan. Il a frappé en Afrique de l'Est. Mais il n'a parlé de Jérusalem qu'à l'annonce de l'attaque américaine sur l'Afghanistan. Enfin, il n'a pas de stratégie ni d'objectifs politiques : rien n'était prévu pour le lendemain du 11 septembre. Contrairement aux islamistes « classiques » dont la violence, même sous la forme terroriste, vise un but stratégique et national (pour les Iraniens, obliger la France à cesser son soutien à l'Irak et à quitter le Liban en 1985 ; pour les Palestiniens, en 2002, obtenir le départ des troupes israéliennes) et peut donc être « négociée », les nouveaux radicaux ne se soucient ni de programme ni de résultat concret. Ils meurent pour la signification du geste mais pas pour son résultat, ils sont dans la réalisation de soi et donc dans une dimension mystique, mais pas dans l'ordre politique. Il n'y a donc rien à négocier.

En revanche, la continuité de l'action de Bin Laden avec la mouvance anti-impérialiste et tiers-mondiste occidentale des années

---

14. *Al Sharq al Awsat*, Londres, 25 janvier 2002.

1960 et 1970 est frappante. Des militants internationalistes, venus cette fois de l'Occident, se lançaient dans le soutien des mouvements du Moyen-Orient, s'entraînaient dans la plaine de la Bekaa et détournaient des avions, comme la Fraction Armée rouge de la bande à Baader. En France, les militants d'Action directe finirent, lors de leur procès, en 1994, par tenir le même discours antisémite que Bin Laden (et, incidemment, que bien des membres de la FAR). La conversion de Carlos à l'islam, comme le passage d'un avocat de Baader à l'extrême droite, illustrent aussi sans doute une certaine continuité. Certains réseaux islamiques activistes en France, tant pour le groupe Kelkal que dans le « gang » de Roubaix, mettent en scène de jeunes prolétaires et quelques fils de bonne famille qui, une génération plus tôt, auraient rejoint la Gauche prolétarienne ou Action directe, mais qui, dans ce mélange de délinquance légitimée par l'anti-impérialisme et de rejet d'une société « pourrie », se convertissent aujourd'hui à l'islam pour aller en Bosnie (comme Christophe Caze et Lionel Dumont[15]). On s'interroge désormais sur la fascination qu'exerce Bin Laden sur les jeunes en rupture, mais se souvient-on de celle exercée par Baader (sans parler de Mao) ?

Ce n'est pas Saint-Pierre de Rome que Bin Laden a attaqué. Ce n'est même pas le mur des Lamentations. C'est Wall Street. Curieux personnage, lui-même capitaliste et boursicoteur, qui n'est certes pas un farouche adversaire de l'économie de marché, mais qui reprend les cibles et un certain discours d'une extrême gauche anti-impérialiste et tiers-mondiste aujourd'hui moribonde. Bin Laden est un homme moderne, et bien de notre monde. Certes, nous ne disons pas que Bin Laden est un homme de (d'extrême) gauche, ni que son combat tire une légitimité de ce passé emprunté. Mais on ne peut comprendre son mouvement que si on l'inscrit dans une double filiation, tout autant occidentale que musulmane : celle d'un discours islamique radical de rupture avec les sociétés existantes jugées corrompues (celui que tiennent les Talibans), mais aussi d'un anti-impérialisme tiers-mondiste exacerbé et qui ne se reconnaît pas dans le mouvement actuel anti-globalisation, perçu sans doute comme réformiste, pacifiste ou trop occidental. On retrouve des références anti-

---

15. Voir le dernier chapitre de cet ouvrage, p. 185.

impérialistes chez un homme aussi peu de gauche que l'ambassadeur des Talibans au Pakistan, Abdul Salam Zaeef, qui écrit : « Tout le monde sait que l'impérialisme américain est le protecteur du capitalisme global [...] Le capitalisme mondial a choisi les Américains comme chien de garde du fait de la sauvagerie qu'ils ont exercée lors de la Deuxième Guerre mondiale [sous-entendu contre les Allemands et les Japonais] [16]. »

Évidemment une alliance avec la gauche anti-impérialiste et pacifiste est presque impossible, même si cette dernière a en général vigoureusement condamné la campagne américaine en Afghanistan. Les problèmes de l'alliance potentielle avec la gauche sont bien décrits par un militant islamiste britannique, Iqbal Siddiqi, dans un article intitulé « La potentialité et les pièges d'une coopération avec les non-musulmans qui critiquent l'Occident et l'Amérique », qui évoque un meeting à la School of Oriental and African Studies de Londres, le 23 octobre 2001, sur le thème suivant : « Guerre contre le terrorisme ou croisade contre l'islam ? ». Il résume bien le problème : « Alors que de nombreux non-musulmans sont très critiques envers les États-Unis, ils ont très peu en commun avec les musulmans. Le penchant anti-américain est le plus fort chez ceux qui sont le plus anti-religieux et en particulier le plus anti-musulman. La dure vérité est qu'il y a vraiment peu de non-musulmans – s'il y en a – qui comprennent que nous voulons une aide inconditionnelle ou bien être laissés à nous-mêmes pour régler nos problèmes [17]. » Nous touchons ici la limite de l'occupation du terrain anti-impérialiste par les radicaux du *jihad*. Contrairement aux islamistes qui ont compris l'inéluctabilité des alliances et donc du respect de l'autre, et contrairement aux musulmans modérés, même très conservateurs, qui côtoient les croyants non musulmans et mènent des actions en commun, les néo-fondamentalistes radicaux ne peuvent accepter que la conversion à l'islam. Ils sont donc enfermés dans un communautarisme à l'intérieur même du monde musulman, et donc leur mouvement se limite lui-même.

---

16. *Frontier Post* (Peshawar) du 8 novembre 2001 : « America's military campaign in the region ».
17. Diffusé sur le site *www.muslim.mediacom/critics.htm*, 2 novembre 2001.

Reste la dernière question : pourquoi le discours anti-impérialiste le plus radical se nourrit-il aujourd'hui de la référence islamique ?

Il y a sans doute à cela des raisons sociologiques : les espaces d'exclusion sociale (c'est-à-dire les banlieues ou les quartiers difficiles) sont largement peuplés d'une population d'origine musulmane. De même, la ligne de fracture entre Sud et Nord passe par des pays et des populations musulmanes. Le retour à l'islam participe d'une identité protestataire. Mais l'explication strictement sociologique reste assez pauvre. L'islamisation des banlieues européennes est un phénomène réel mais somme toute marginal : les choix des jeunes de banlieue – qu'ils soient vestimentaires (la « marque »), alimentaires (fast-food), musicaux (rap), linguistiques (verlan), etc. – relèvent plus d'une sous-culture urbaine occidentale que d'une réislamisation. Les mouvements radicaux islamiques sont loin d'y être comme des poissons dans l'eau. Ils fonctionnent plus comme des sectes à l'intérieur même des populations musulmanes que comme l'avant-garde révolutionnaire d'un mouvement de masse. Il leur manque les relais, les syndicats, les associations. En fait, on ne peut pas voir dans le radicalisme islamique une conséquence de l'exclusion sociale, non seulement parce que beaucoup de militants n'ont rien de marginaux en termes socio-économiques (ainsi de Bin Laden lui-même), mais surtout parce que ce radicalisme est la conséquence d'une mutation de l'islam contemporain, marginale mais ô combien visible.

Mais, plus que jamais, il faut distinguer la radicalisation religieuse propre au déracinement, à l'acculturation et à la recomposition identitaire, d'une part, et la violence au Proche-Orient, d'autre part, qui mêle un nationalisme moderne, mâtiné de panarabisme, avec un retour de l'anti-impérialisme et du tiers-mondisme, nourri du ressentiment contre les États-Unis et leur soutien inconditionnel à Israël. C'est ce nationalisme exacerbé, et non pas le panislamisme, qui menace le régime égyptien ou la famille royale saoudienne, même si la bannière verte a remplacé le drapeau rouge. Sur le plan stratégique, le grand acquis de la décennie 1990 a été le découplage entre le conflit israélo-arabe et les tensions dans le Golfe. Grâce aux accords d'Oslo, le conflit entre Israël et les Arabes est devenu un conflit entre Israéliens et Palestiniens pour le partage d'une même terre. En reconnaissant la légitimité du peuple palestinien, les accords d'Oslo ont cessé de faire d'eux les pions des régimes arabes et ont ramené un conflit de dimension régionale à une relation bilatérale arbitrée par Washington. Égypte, Jordanie et Syrie sont passées au second plan, tandis que la rue arabe n'avait plus de raisons de s'identifier aux Palestiniens négociant avec Tel-Aviv leur existence en tant que nation parmi d'autres. Avec la reprise du conflit et l'effort fait par le gouvernement israélien pour l'internationaliser, en identifiant Arafat à Bin Laden et en parlant systématiquement de conflit israélo-arabe, cet équilibre fragile s'effondre et les Palestiniens redeviennent le symbole de l'humiliation des Arabes et du double langage américain. Le sentiment d'être assiégé, nié et méprisé se vit alternativement au niveau du nationalisme et de l'islam.

Curieuse dissymétrie entre l'Occident, qui voit en l'islam une religion montante et conquérante, et les musulmans qui se vivent comme une minorité brimée, y compris dans les pays musulmans. C'est ce décalage qui est explosif, parce qu'il ne permet pas de penser une négociation, que ce soit sur le plan stratégique et diplomatique ou bien sur celui de l'identité [18].

---

18. Pour reprendre l'expression de Riva Kastoryano, *La France, l'Allemagne et leur immigrés. Négocier l'identité*, Armand Colin, 1997.

Chapitre 1

Entre nationalisme et parlementarisme : la banalisation des mouvements islamistes

De l'islamisme au nationalisme

Si les mouvements néo-fondamentalistes ont pu se développer et si un nouveau radicalisme, incarné par Bin Laden, mène combat contre l'Occident, c'est bien parce que les grands mouvements islamistes classiques ont abandonné l'internationalisme, se sont désidéologisés et sont rentrés dans le jeu politique comme une force nationale, sur un programme qui mêle lutte contre la corruption, conservatisme et nationalisme.

Nous appelons « islamistes » les mouvements qui voient dans l'islam une idéologie politique et qui considèrent que l'islamisation de la société passe par l'instauration d'un État islamique, et pas seulement par la mise en œuvre de la charia. De Maududi à Saïd Qotb, en passant par Hassan al-Banna, le politique et l'État sont bien au cœur de leur pensée, non pas parce qu'ils perpétueraient une tradition de confusion entre « religion » et « politique » qui serait propre à l'islam, mais justement parce qu'ils pensent que la tradition n'a pas tiré les conséquences de cette affirmation de l'inséparabilité entre religion et politique. Cette réhabilitation du politique se fait par la prise en compte de concepts modernes, comme ceux de l'économie, de l'idéologie et des institutions. Ils abordent les problèmes contemporains de société (statut de la femme, éducation, pauvreté, technologie, voire drogue) autrement qu'en cherchant dans la charia des paradigmes juridiques. Ces mouvements ont recruté parmi des intellectuels et des technocrates, souvent loin des ouélmas traditionnels. Ils ont été les vecteurs de la grande vague de contestation islamique des années 1970 et 1980, qui a culminé dans la révolution islamique d'Iran. Nous classons donc parmi eux la révolution islamique d'Iran, le Refah turc, le Jamiat-i islami pakistanais et ses épigones afghans, la plupart des Frères musulmans, le FIS algérien, le Hezbollah libanais, le Hamas palestinien, le parti Islah au Yémen, le Front islamique national de Tourabi au Soudan, le Nahda tunisien, le Parti de la Renaissance islamique tadjik, etc.[1].

Bien sûr, cette visibilité des islamistes ne doit pas occulter la complexité des mouvements de réislamisation. Les Frères musulmans égyptiens ne sont pas seulement un mouvement politique, mais aussi une sorte de confrérie religieuse. Les radicaux islamistes égyptiens se réclamant de Saïd Qotb ont développé un activisme qui ne se soucie guère de construire l'État, mais vise plutôt à s'attaquer aux symboles mêmes de ce qui est perçu comme le règne de l'impiété (assassinat du président Sadate en octobre 1981), et enfin les passerelles sont nombreuses entre des mouvements différents (le chef du Jihad égyptien, le docteur Ayman al-Zawahiri, a rejoint Bin Laden), de même que les itinéraires sont complexes (des militants comme Adel Husseyn et Abdul Wahhab al-Messiri sont d'anciens marxistes). Mais tous ces mouvements partagent la même caractéristique : ils ont voulu islamiser une société concrète (et non l'oumma en général) à partir de la prise du pouvoir d'État.

Or ces grands mouvements islamistes qui ont tenu le haut du pavé dans les années 1970 et 1980 furent étrangement absents, lors de la décennie suivante, tant de la violence islamique (mais pas des luttes nationales) que des courants de réislamisation. Trois grandes tendances se dégagent. D'une part, la pression islamiste, combinée avec la volonté des régimes en place de se donner une légitimité religieuse, a partout entraîné une réislamisation de la société sous des formes conservatrices (portant sur le droit et les mœurs) ; or cette réislamisation échappe aujourd'hui tant aux mouvements islamistes qu'aux gouvernements, car elle a permis l'émergence de nouveaux acteurs qui ne s'inscrivent pas dans la perspective d'une gestion du pouvoir étatique (notables, prédicateurs, mais aussi terroristes). La

---

1. La bibliographie sur les mouvements islamistes est longue ; on trouvera une liste de ces mouvements *in* Gilles Kepel, *Jihad, ascension et déclin de l'islamisme*, Gallimard, 2000.

réislamisation se fait en dehors des perspectives de la prise du pouvoir : c'est ce qu'on pourrait appeler le post-islamisme. D'autre part, les mouvements islamistes sont aujourd'hui dans une logique d'intégration au champ politique national : devenus « islamo-nationalistes », ils sont confrontés à la nécessaire reformulation idéologique qui leur permettrait d'entrer de plain-pied dans le jeu politique, lorsque celui-ci n'est pas verrouillé par des dictatures. Enfin, conséquence des deux premiers phénomènes, la radicalisation islamique et le terrorisme se sont déplacés aux marges du monde musulman, à la fois géographiquement (Afghanistan et... New York) et sociologiquement (le GIA, al-Qaïda) sous la forme d'un fondamentalisme sunnite, idéologiquement très conservateur mais politiquement radical. Cette dissociation entre un islamisme national et un radicalisme périphérique accroît la marge de manœuvre des régimes en place, mais elle ne les encourage guère dans la recherche d'une ouverture politique, ce qui fait que l'islamisme offre toujours la seule idéologie de mobilisation populaire protestataire, nourrie par le déficit démocratique et l'hostilité croissante de l'opinion publique musulmane envers les États-Unis.

Les grands mouvements islamistes ont presque tous quitté le terrain de la violence politique et sont devenus plus nationalistes qu'islamistes, même si leur programme de politique intérieure reste très conservateur. Sur les grands thèmes de politique étrangère, ils se retrouvent souvent en accord avec ce qui reste de la gauche nationaliste, en particulier le soutien aux Palestiniens et l'hostilité envers Israël, qui ne sont en rien la marque d'une islamité quelconque (même les formes d'antisémitisme qui se développent au Moyen-Orient – comme le thème du « lobby juif » qui dirigerait les États-Unis – sont tout autant partagées par une bonne partie des élites laïques).

L'exemple le plus typique de la nationalisation de l'islamisme est bien sûr l'Iran : depuis le cessez-le-feu avec l'Irak (en juin 1988), ce pays est peu à peu rentré dans le rang, menant une politique étrangère fondée sur ses seuls intérêts nationaux, sans considérations idéologiques, sinon dans le discours. Si la lutte entre conservateurs et libéraux est sévère sur le plan intérieur, elle n'a guère d'incidence en politique étrangère, sauf en ce qui concerne la symbolique des relations avec les États-Unis et Israël. Lors de la guerre du Golfe (1990-1991), l'Iran n'a pas gêné le déploiement de forces américaines. L'Iran a ainsi peu à peu cessé de soutenir ses relais traditionnels : les chi'ites irakiens en 1991, ceux de Bahrayn en 1996, les Afghans en 1998. Dans le Caucase, l'Iran soutient l'Arménie contre l'Azerbaïdjan, pourtant chi'ite, et a coopéré avec la Russie pour mettre fin à la guerre civile du Tadjikistan (juin 1997). En Afghanistan, lors de la campagne de 2001, l'Iran s'est aussi retrouvé dans le même camp que les Russes, les Indiens et les Américains pour soutenir l'Alliance du Nord contre les Talibans. Dans le Golfe, malgré le contentieux avec les Émirats sur le statut des îles de Tumb et de Moussa (d'ailleurs occupées par le chah en 1971), l'Iran s'est rapproché des pays arabes conservateurs (Arabie Saoudite et Qatar). Enfin, tout en soutenant matériellement le Hezbollah libanais et les Palestiniens, l'Iran est resté au second plan lors du déclenchement de la deuxième Intifada en 2000. Téhéran a vivement condamné l'attentat du World Trade Center, mais cette fois par la voix du Guide lui-même et pas seulement du président libéral Mohammed Khatami. En même temps, l'Iran veut être un acteur incontournable non seulement dans le Golfe mais aussi au Levant, et il cherche à profiter de l'échec des accords d'Oslo.

Cette « nationalisation » du mouvement iranien peut s'expliquer par la pratique du pouvoir, qui conduit à l'identification avec un État-nation et avec un espace politique spécifique, et donc au pragmatisme et au réalisme. Mais on l'observe dans presque tous les mouvements islamistes. Elle se double d'ailleurs dans tous les cas d'une recherche d'ouverture politique, d'alliances électorales et d'intégration dans le jeu politique national. Lorsque ce jeu est plus ou moins ouvert (Jordanie, Turquie, Koweït, Maroc), les islamistes occupent la place du centre droit ; ils sont nationalistes en politique étrangère, réactionnaires en politique intérieure (en particulier sur la question des droits des femmes). Le FIS algérien a renoncé à la lutte armée et défend, en vain, une approche pluraliste (sa branche armée, l'Armée islamique du salut [AIS], a proclamé la trêve après avoir été attaquée autant par le GIA que par l'armée). Le Hezbollah libanais s'est comporté avant tout comme un mouvement nationaliste et est largement reconnu comme tel par les chrétiens du Liban. Le parti yéménite Islah a joué un rôle dans l'unification du Yémen contre le souhait de son mentor saoudien.

Au Soudan, Hassan Tourabi a mené une politique tout aussi nationaliste avant d'être renversé par les militaires ; mais il est sans doute un peu rapide d'y voir une victoire de la laïcité sur le « totalitarisme islamique », car avec le général Bachir on retrouve une dictature militaire classique. Au Tadjikistan, le Parti de la Renaissance islamique (PRI) est devenu, une fois associé au pouvoir (1997), complètement nationaliste, défendant l'identité tadjik contre les Talibans (en soutenant le commandant Massoud) et les Ouzbeks. Le Jamiat-i islami afghan, le parti de Massoud, n'a plus aucune référence islamiste et se présente comme un parti national, avec une base fortement marquée sur le plan ethnique.

La nationalisation de l'islamisme est clairement illustrée par la Palestine. Les partis islamistes (Jihad, Hamas) ne critiquent jamais Arafat sur l'islam, mais sur ses compromis avec Israël : lors de la deuxième Intifada, mouvements laïques et islamistes sont devenus indiscernables (le FPLP adopte les commandos-suicides et les chefs des deux mouvements participent ensemble aux funérailles de leurs militants). En Algérie aussi, l'effacement de l'islam politique est clairement apparu lors des manifestations kabyles du printemps 2001 : même cause (l'accaparement du pouvoir et des richesses par l'oligarchie militaire) et mêmes acteurs (la jeunesse sans avenir) que lors de la grande vague électorale pro-FIS en 1991, sauf que l'islam a totalement disparu des slogans.

Le message social révolutionnaire des islamistes s'efface peu à peu au profit d'une insistance sur la charia. On le voit en particulier aujourd'hui dans la prudence des islamistes par rapport au thème de la justice sociale. Même le Refah, sans doute le plus politique des partis islamistes, n'a pas de message social : il prône l'entente entre patrons et ouvriers et son syndicat ouvrier (Hakkis) reste embryonnaire. Il n'a pas condamné les privatisations. Cette question de la privatisation est importante : en Iran, elle sépare en effet la gauche islamique des conservateurs. C'est en Égypte que l'abandon du terrain social par les islamistes est le plus marquant. La « contre-réforme » agraire, menée sous l'égide de Moubarak et entrée en vigueur en 1998 (elle libère les baux fermiers et permet donc aux propriétaires de les augmenter et de reprendre leurs terres), a été approuvée par les Gama'at Islamiyya au nom de la charia (prévalence du droit de propriété).

Cette normalisation touche même des mouvements jusqu'ici très radicaux, tel le Jihad islamique égyptien : comme on l'a vu, un des chefs du mouvement, Ousama Rushdi, a condamné l'attentat du 11 septembre et la ligne « jihadiste » prônée par Zawahiri et Bin Laden [2].

Un autre aspect important de cette priorité du jeu national est le relâchement des liens avec une diaspora qui ne suit pas le mouvement et devient plus internationaliste. Le cas le plus typique est celui du Refah turc (nous continuons à nous référer à ce nom après la séquence de dissolution et de scission entamée en 1998). Sa branche européenne, Milli Görüsh, a du mal à suivre l'évolution politicienne et les scissions du parti parce que les membres européens du mouvement ont d'autres intérêts que la mise en place d'un gouvernement de coalition à Ankara. Le Milli Görüsh tend à devenir plus internationaliste et plus « salafi » (insistant sur la stricte pratique de la religion), au lieu d'être la branche externe du parti. Il se lie aux Frères musulmans arabes et développe un programme de retour à la religion en totale rupture avec la sécularisation croissante du parti d'origine. Le FIS algérien a étonnamment peu percé dans l'émigration, pour les mêmes raisons, et les jeunes d'origine algérienne qui se radicalisent en France ne vont pas se battre en Algérie, mais en Afghanistan. En Grande-Bretagne, les jeunes d'origine pakistanaise se rendent par contre plus facilement au Pakistan, mais c'est justement parce que les réseaux activistes y sont internationalistes : on retrouvera d'ailleurs ces mêmes individus en Afghanistan et au Cachemire. Le fait que l'affaire autour du livre de Salman Rushdie, *Les Versets sataniques*, ait démarré en Grande-Bretagne et ait eu peu d'écho dans les rues du Moyen-Orient montre bien que la logique d'internationalisation radicale est plus forte dans les diasporas que dans beaucoup de pays musulmans.

D'une certaine manière, le même phénomène se produit pour les

---

2. Interview dans *Al Sharq al Awsat*, 25 janvier 2002.

Palestiniens : les réfugiés de 1948 rejoignent plus facilement les mouvements internationalistes (Abdoullah Azzam, Khattab) que les rangs de l'OLP ou du Jihad. De même, un peu partout, les Frères musulmans émigrés sont confrontés à un choix : soit l'intégration politique dans les nouveaux pays, soit au contraire une internationalisation qui les rapprochera des salafistes (que nous étudierons plus loin). Ce dilemme se lit par exemple dans les hésitations des grandes organisations musulmanes françaises comme l'Union des organisations islamiques de France (UOIF) : doit-on s'intégrer pleinement dans un islam français, ou bien faut-il privilégier la dimension internationaliste ? En choisissant de jouer la carte de la consultation des musulmans de France, l'UOIF semble faire le choix d'une certaine « nationalisation ».

La nationalisation est accentuée par la prédominance d'un espace stratégique international relativement stable sur les choix idéologiques supranationaux. Lors de la guerre du Golfe, en 1990-1991, les différentes branches des Frères musulmans ont pris position en fonction de la situation stratégique de leurs pays respectifs (le chapitre koweïtien a approuvé l'appel aux troupes américaines, le jordanien l'a condamné). Les réactions à l'attentat du 11 septembre 2001 ont bien montré comment partout, sauf chez les Talibans (qui ne sont pas des islamistes), c'est la raison d'État qui a fonctionné, y compris, et c'est nouveau, dans l'opinion publique, malgré l'hostilité envers les Américains et une certaine fascination pour la figure de Bin Laden.

On ne trouve que deux exceptions à cette nationalisation de l'islamisme : le Pakistan et l'Arabie Saoudite. Au Pakistan, seul le Jamiat-i islami se présente comme un parti de gouvernement, alors que la grande masse des mouvements radicaux relève du néo-fondamentalisme militant[3]. En Arabie Saoudite, l'absence d'un parti islamiste national et l'investissement massif des jeunes radicaux dans des réseaux internationaux de type al-Qaïda montrent la faiblesse de tout projet national. Mais, d'une certaine manière, ici aussi, les militants islamistes s'identifient dans le fond à leur pays : le Pakistan s'est

---

3. Maryam Abou Zahab, Olivier Roy, *Réseaux islamiques. La connexion afghano-pakistanaise*, Autrement, 2002.

présenté jusqu'à récemment comme un concept (l'État de tous les musulmans du sous-continent indien) plutôt que comme un territoire, alors que l'Arabie Saoudite oscille entre vocation panislamiste (protection des Lieux saints et expansion du wahhabisme) et royaume tribal (la dynastie des Saoud).

A la fin des années 1990, on peut constater que presque tous les mouvements islamistes sont devenus plus nationalistes qu'islamistes. Leur champ d'action est limité à un seul pays. Mais cette nationalisation va de pair avec la renonciation à un élément clé : l'exigence du monopole de la représentation du religieux dans le politique, remplacée par l'acceptation d'un espace politique autonome par rapport au religieux. Nationalisation, banalisation et primat du politique vont ensemble. C'est parce que leur action s'inscrit dans un champ politique national que les islamistes sont amenés à se poser la question du pluralisme politique.

L'intégration dans le jeu politique

Les mouvements islamistes, en mobilisant des catégories sociales exclues du jeu politique et en offrant une alternative idéologique au clientélisme et au clanisme, contribuent à structurer la scène politique nationale dans leur pays d'origine. La révolution islamique d'Iran, par exemple, a renforcé l'État, en politisant la population, en intégrant bien des « déshérités », en étendant le système éducatif (et donc l'usage de la langue officielle), en brassant les classes (au moins durant la guerre contre l'Irak), mais surtout en mettant fin à la dichotomie entre pouvoir politique et clergé. Cette homogénéisation de la scène politique ne va pourtant pas jusqu'au succès du processus d'idéologisation : au contraire, ce sont les islamistes qui se banalisent.

Les partis islamistes, hormis à des grands moments exceptionnels (révolution d'Iran, élections algériennes de 1991), plafonnent en général autour de 20 % des voix lorsqu'on les laisse participer aux élections (comme le Refah en Turquie). Aux élections de mai 1997 au Yémen, l'Islah a réuni 18,5 % des voix contre le Congrès général du peuple du président Saleh (57,4 %). Mais le cheikh al-Ahmar, leader d'Islah, s'est retrouvé président du Parlement avec le soutien du parti du président; ce qui illustre bien le primat d'un jeu surtout politicien. Le Jamiat pakistanais n'a jamais dépassé 5 % des suffrages. Alors même que les États auxquels sont confrontés les partis islamistes sont loin d'être solides, ils n'arrivent plus à capter l'essentiel de la contestation. Les Frères musulmans égyptiens, comme le FIS algérien, sont sur la défensive, pris entre la répression étatique et l'activisme de groupes plus radicaux. Les Frères jordaniens ou koweïtiens, intégrés dans le jeu parlementaire, se voient réduits à se faire les chantres d'une islamisation légale qui ne gêne pas le pouvoir. Les Frères syriens ne profitent pas de la disparition du président Hafez al-Assad. Seuls les Frères jordaniens pourraient élargir leur audience en se faisant les champions du nationalisme et du refus de l'humiliation face à la politique israélienne, mais, comme pour le Hamas palestinien, c'est bien le nationalisme (teinté de panarabisme) qui est le vecteur principal de la dynamique des islamistes jordaniens, et non l'islam, comme le montrent les manifestations en faveur de la Palestine. Le Refah turc, dissous en 1998 sous la pression de l'armée alors même qu'il avait dirigé un gouvernement de coalition (1996-1997), a fait appel contre sa dissolution auprès de la Cour européenne des droits de l'homme au nom de la démocratie, et non auprès des masses populaires. Deux partis l'ont remplacé : la vieille garde a fondé le Sa'adet Parti et les réformateurs le Ak Parti, dirigé par l'ancien maire d'Istanbul, Tayyip Erdogan, qui s'appuie sur les technocrates et les cadres du parti, rendus pragmatiques par l'expérience concrète de gestion municipale (en général positive). C'est bien la pratique politique, en Iran et en Turquie, qui fait le démocrate, et non pas la réflexion philosophique (raison de plus pour encourager la démocratisation des régimes autoritaires au lieu de se poser des questions oiseuses sur la compatibilité entre islam et démocratie).

Si le FIS s'est effectivement engagé en Algérie dans une lutte armée après 1991, tant sa représentation politique en Europe (par Rabah Kébir, et une aile plus radicale avec Kamareddine Kherbane à Londres) que son aile militaire en Algérie (l'AIS) sont restées dans une logique politique de recherche d'alliances sur la base de la nation algérienne, en dehors de toute idéologie d'exportation du *jihad*. Cette stratégie a été un échec, d'une part parce qu'un nouveau groupe plus radical, le GIA, a occupé l'espace de la contestation globale et terroriste, et ensuite parce que les gouvernements européens (et la plupart des médias et de l'opinion publique) se sont alignés sur les positions éradicatrices du gouvernement algérien, en refusant de faire du FIS un acteur politique à part entière. Le FIS, mal préparé à l'action clandestine, a très vite perdu la bataille du terrain au profit de l'armée et du GIA.

Les islamistes ne sont pas démocrates par idéologie. C'est parce qu'ils sont avant tout des politiques qu'ils passent peu à peu dans le camp du pluripartisme. Mais pourquoi le primat du politique s'est-il imposé aux islamistes ?

D'abord parce qu'il est inscrit dans leur idéologie elle-même. L'idée que la charia, tout en étant au cœur du système, doit néanmoins céder le pas à la logique politique de l'État, à condition que celui-ci soit islamique, est une constante. La Constitution iranienne organise une sorte de double souveraineté : Dieu, par l'intermédiaire du Guide, et le Peuple, car cette Constitution a été votée. Le Guide est élu par un comité d'experts lui-même élu, et surtout le Guide n'est pas le religieux le plus élevé dans la hiérarchie, mais celui qui est *agah be zaman*, « conscient de son temps », ce qui marque son inscription dans l'histoire et le politique [4]. Cette prééminence du politique sur la loi religieuse a été expressément rappelée par Khomeyni dans sa lettre au président Khamene'y (février 1988), où il déclarait qu'il était légitime de suspendre une obligation religieuse (en l'occurrence le pèlerinage) si la raison d'État (islamique bien sûr) l'exigeait [5]. Lorsqu'il a fallu élire un Guide à la mort de Khomeyni, on a choisi le successeur politique, Khamene'y, alors que celui-ci n'était même pas un ayatollah, au détriment des grands aya-

---

4. Voir Farhad Khosrokhavar, Olivier Roy, *Iran. Comment sortir d'une révolution religieuse*, Le Seuil, 1999.

5. Ce qui revenait à relativiser la place de la charia : la remise automatique des enfants à la famille du père lors de son décès et l'absence de pension alimentaire en cas de divorce, deux principes chariatiques combattus par les femmes islamistes elles-mêmes, ont été contournées par la jurisprudence officielle, car elles posaient des problèmes sociaux insolubles (les veuves de guerre se voyaient privées de leurs enfants).

tollahs encore vivants. Pour obtenir une cohérence entre ordre politique et religieux, les islamistes ont alors essayé de faire attribuer au chef politique de la révolution les titres qui lui manquaient en religion, ce que les grands ayatollahs, même favorables au régime, ont refusé. Un autre exemple, ou un aveu, de cette incapacité institutionnelle à concilier les deux logiques fut l'établissement, en 1987, par l'imâm Khomeyni, d'un « conseil de discernement », chargé de résoudre les inévitables conflits entre un parlement élu et le « conseil de surveillance » composé de douze juges (dont six religieux) chargé de se prononcer sur l'islamité des lois proposées. Or ce conseil de discernement est une instance avant tout politique, surtout après les nominations de mai 1997 : il est aujourd'hui composé de l'ensemble des cadres dirigeants ou ex-dirigeants, sans considération de savoir religieux. Par quelque bout que l'on prenne le problème, c'est toujours l'ordre politique qui décide de la place du religieux.

Ensuite, la « nationalisation » renforce la politisation, parce qu'elle oblige à prendre en compte les spécificités de la scène politique locale. Les procédures de désignation du Guide se font exclusivement dans un cadre iranien, excluant les chi'ites non iraniens. En réaction, on voit se dessiner, tant à Qom (capitale religieuse de l'islam) qu'au Liban (le centre de Nadjaf en Irak restant silencieux du fait du régime), une volonté de dissocier la fonction de Guide de celle de *marja'* (source d'imitation), voire de laisser tomber en déshérence la fonction de Guide, ce qui marquerait la fin du concept de fusion des pouvoirs religieux et politique, donc de l'islamisme. Cela ne signifie pas que l'islam cesse d'être « politique » : un candidat au titre de « source d'imitation » comme le cheikh libanais Fadlallah est un acteur on ne peut plus politique. Mais ce même cheikh a explicitement déclaré qu'il n'y aurait pas d'État islamique au Liban, car la dimension chrétienne fait aussi partie de l'identité du pays. En participant au processus de San Egidio (organisé par une communauté catholique), le FIS a lui aussi explicitement reconnu la nécessité de faire front commun avec les autres forces, sur un programme de démocratisation et non d'islamisation (c'est toute la différence avec les compagnons de route des mouvements léninistes, qui faisaient cause commune sur un programme de dictature du prolétariat). C'est l'idée de la fusion de l'ordre politique et du religieux qui devient caduque, car inopérante. L'islamisme n'est pas le triomphe de la religion mais du politique.

Que reste-t-il alors de l'utopie ? Les islamistes n'ont pas de projet social et économique. En fait, l'islamisme au pouvoir devient conservateur et rejoint le néo-fondamentalisme sur un point : la question des mœurs devient centrale. L'islamisme se définit alors largement en réaction contre l'impérialisme culturel occidental, mais il n'est pas porteur d'un modèle de culture autre que réactif, et il finit par confondre culture et police des mœurs. Il a intégré la modernisation (sociale comme technologique) dont il a été un facteur, mais il bute sur l'aporie d'une « culture islamique », ce qui se traduit par une approche néo-fondamentaliste des loisirs, fondée sur l'interdit et la limitation. Il est par exemple ironique de noter que la « drague » entre jeunes gens de bonne famille fonctionne de manière parfaitement identique à Téhéran et à Djeddah, rue Jordan pour la première ville et rue Tahliyya pour la seconde : jeunes filles voilées en groupe suivies par un autre groupe de jeunes gens, le contact se faisant en laissant tomber un papier avec un numéro de téléphone, le tout en évitant la police religieuse [6]. La seule différence est qu'en Iran les jeunes femmes arrivent au volant de leur voiture. On n'a pas fait la révolution pour rien. Mais la convergence entre les modèles iranien et saoudien est évidente, ce qui pour l'Iran est un aveu d'échec.

Quelles sont alors les perspectives politiques de l'islamisme ? En fait, elles dépendent largement du cadre politique de chaque pays. La tendance lourde de l'islamisme centriste est, selon nous, l'intégration dans le jeu politique sur un mode plus proche de la démocratie chrétienne que du Parti communiste français des années 1950, même si l'islamisme a pour vocation de conserver sa « fonction tribunicienne ». Si on laisse le jeu parlementaire fonctionner, les islamistes en quête d'alliance électorale et de pouvoir, mais limités dans leur action par les institutions, l'armée et ce qui se développe comme « société civile », doivent composer, intégrer des catégories plus

---

6. Pour Djeddah, voir Lisa Wynn, « The Romance of Tahliyya Street », in *MERIP Report*, n° 204, 1997, p. 30. Pour Téhéran, observation personnelle (non participante).

hétérogènes d'acteurs politiques, jouer sur le nationalisme plutôt que sur l'oumma musulmane.

La Jordanie est un bon exemple de cette banalisation des islamistes : le boycott annoncé des élections de 1997 par les Frères musulmans a été suivi par les syndicats professionnels et les partis de gauche, qui ont formé un front commun. En Égypte, le parti Wasat se positionne comme un parti exclusivement politique, ce qu'est devenu le Ak Parti en Turquie. Mais cette insertion et cette banalisation supposent sinon la démocratie, du moins l'ouverture du jeu politique. Or rien n'est acquis : les régimes « laïques », assurés du soutien de l'Occident, cherchent à faire l'économie de la démocratie ou la contournent aisément, comme en Turquie. Le terme « démocrate » perd son sens, puisque de solides laïques républicains, en Turquie comme en Algérie, comptent sur l'armée pour « éradiquer » (dans des sens certes différents) les islamistes. Bref, l'obstacle à la démocratisation ne provient pas tant des islamistes centristes que d'élites laïques conservatrices, soucieuses avant tout de verrouiller leur pouvoir et d'exclure les islamistes. Ce qui peut avoir deux conséquences divergentes : d'une part, un réalisme accru des islamistes et leur rapprochement avec d'autres exclus du jeu politique (Tadjikistan) ; d'autre part, une radicalisation désespérée de groupuscules terroristes, dont l'action justifie après coup la « fermeté » des régimes en place (Algérie).

La sécularisation va de pair avec le retour du religieux

La survalorisation de l'État par les islamistes a eu pour effet de dévaluer la religion, même en l'absence de toute conversion à la démocratie : car qui dit action politique dit violence, compromis sinon compromission, retombée dans la pratique empirique du pouvoir, voire dans la corruption. Bref, le risque est de juger l'islam à l'aune de l'exercice du pouvoir par les islamistes. L'islamisme, arrivé en fin de course, amène une question que d'autres idéologies ont connue : est-ce bien cela que nous voulions ? Non seulement en termes de prix à payer, mais d'évaluation du système final par rapport aux valeurs et aux intentions qui l'ont porté. Les critiques de l'ayatollah iranien Montazeri rejoignent ici la prudence du cheikh syrien Bouti : ce pour quoi d'aucuns ont appelé au *jihad* est-il bien l'idéal de l'islam ? N'a-t-on pas perdu, dans la traversée politique, l'idéal pour lequel on s'est battu ? Dans le jeu de tout ou rien qui caractérise toute volonté d'établir un ordre à la fois nouveau et définitif (révolution islamique, « ordre islamique ») avec son corollaire d'exclusion de tout ce qui n'est pas avec nous, ne perd-on pas l'universalité de l'islam ? L'identification de la révolution islamique avec un État donné (ici l'Iran) renvoie encore à cette crise de l'universel.

Une réaction purement religieuse se fait alors, afin de sauver la religion du politique. Elle vient bien sûr de théologiens libéraux, comme Kadivar et Mojtahed-Shabestari en Iran, qui prônent ouvertement la sécularisation afin de soustraire la religion au politique (à l'inverse de l'avènement de la sécularisation en France et en Turquie, qui visait à sauver le politique du religieux). Mais cette démarche apparaît aussi dans des milieux conservateurs et cléricaux (Shirazi et Khuy en Iran), qui protestent contre le contrôle étatique sur le clergé (centralisation des ressources, nomination des imams des grandes mosquées), même si ce contrôle se fait au nom de la religion. Ces conservateurs, ou plutôt ces traditionalistes, s'efforcent alors de restaurer une autonomie perdue, en particulier grâce à l'enseignement. La mise en place d'un nouvel espace autonome religieux est aussi une conséquence de l'échec de l'islamisme. Les islamistes au pouvoir ont tous fait passer la raison d'État avant l'idéologie. Mais cette logique politique se retrouve également dans les mouvements islamistes qui n'ont pas pris le pouvoir, comme le FIS ou le parti Nahda tunisien, dirigé par Ghannushi.

Cependant, un autre élément a contribué à dissocier le champ religieux du champ politique. Comme nous l'avons vu, les islamistes n'ont jamais pu obtenir le monopole de l'expression religieuse dans le champ politique : c'est-à-dire que des organisations comme des individus qui se revendiquent de l'islam refusent de leur donner carte blanche. Quelle attitude les islamistes vont-ils adopter envers les mouvements musulmans qui refusent de les soutenir ? Soit on les dénonce comme mauvais musulmans, soit on dissocie stratégie politique et représentation de l'islam, avec, comme conséquence, la dissociation du champ religieux et du champ politique. Même si tous les acteurs islamiques s'accordent à affirmer la fusion entre religion et politique, l'expression diversifiée de l'islam dans le champ politique contribue à la diversification interne des deux champs.

Les partis islamistes n'arrivent plus à se présenter comme la seule expression légitime de l'islam en politique. En Algérie, les résultats du parti Hamas de Cheikh Nahnah (5,35 % des voix en 1991 ; 25 % aux présidentielles de novembre 1995) montrent que le FIS n'est pas propriétaire des voix islamiques. Le cas le plus flagrant est la Turquie, avec les différentes confréries, Naqshbandiyya et Nurcu, qui n'ont jamais voulu s'identifier au parti islamiste Refah (dont le fondateur, Erbakan, était *naqshbandi*), mais qui jouent un grand rôle politique, ou plutôt politicien, en marchandant leurs réserves de voix (plusieurs millions). En 1983, Erbakan a rompu avec la branche principale des *naqshbandi*, dirigée par Esat Cosan qui avait soutenu la fondation de son parti. Les *naqshbandi* soutiennent alors discrètement Turgut Özal et son parti (l'ANAP – l'Anavatan Partisi), puis le frère de Turgut, Korkut, qui tente aux élections de 1995 (avec l'ANAP) et de 1997 (avec le Demokratik Parti – DP) de reconstituer un centre droit. Cela montre que l'électorat musulman sincère ne vote pas nécessairement pour un parti islamiste. Si celui-ci veut mobiliser au-delà du noyau dur, il doit faire des alliances et présenter un visage moins idéologique. Se réclamant ouvertement de la démocratie chrétienne, le nouvel Ak Parti (créé en 2001) n'exige de ses membres aucune affiliation religieuse (on peut être ouvertement athée) ; par contre, il défend des valeurs conservatrices qui sont partagées bien au-delà de la sphère religieuse (par exemple, la famille). La religion se retrouve ainsi hors de la sphère politique. Ce qui se dévoile derrière la crise de l'islamisme, ce n'est pas le retour d'idéologies antérieures (nationalisme arabe ou laïcisme de type kémaliste), elles-mêmes en crise, mais une désidéologisation dont les discours, ici et là, sur la « société civile » et le pacte politique sont des symptômes plutôt que des alternatives.

D'une certaine manière, la banalisation de l'islamisme marque la victoire de la réislamisation : si la marque de l'islam sur les sociétés musulmanes (en tout cas dans les apparences, entre autres vestimentaires) est aujourd'hui bien plus forte qu'il y a trente ans, est-ce un effet de l'islamisme ? Ce n'est pas si sûr car, inversement, on peut noter que cette banalisation de l'islam induit ce contre quoi l'islamisme se définissait : l'apparition d'un espace laïque, non pas au sens de « non religieux », mais au sens où cette réislamisation de la société (elle-même confuse, diverse et contradictoire) marque l'évitement du politique ; elle se fait en dehors de l'ordre politique, réduit alors à sa logique propre, ce qui souligne l'impossibilité de « totalisation » sociale propre à l'islamisme.

L'islamisation a investi des pratiques sociales multiples et complexes, mais la logique de ces pratiques n'est pas idéologique et ne débouche pas sur un projet d'État. En somme, c'est précisément la réislamisation qui a eu pour effet de diluer et de diversifier la référence islamique, au détriment des conceptions islamistes totalisantes. Une islamisation qui n'est que juxtaposition de pratiques individuelles est le contraire du projet islamiste de refondation sociale sur la base des principes de l'islam : elle accentue la diversité, elle reconnaît finalement l'extériorité du politique. La stratégie des régimes autoritaires, qui laissent cette réislamisation se faire tant qu'elle n'est pas prise en charge par un parti islamiste, serait moins à courte vue qu'on ne l'a dit. Notre thèse est donc que la forme d'islamisation post-islamiste correspond non à un déclin de la religion, mais à une forme de laïcisation de l'espace dans lequel les pratiques religieuses se développent. La contradiction entre le retour de l'islam et l'échec de l'islamisme n'est qu'apparente.

Le développement de l'islamisme a donc eu un effet paradoxal : celui de renforcer le champ politique au détriment du religieux. Ou plus exactement d'accentuer l'autonomisation du religieux par rapport au politique. La réislamisation se fait désormais en dehors du jeu du pouvoir (lorsqu'elle est imposée comme chez les Talibans ou en Iran aujourd'hui, elle produit son contraire, la sécularisation du politique).

Le retour du religieux s'est fait sous deux formes qui se sont renforcées mutuellement : une réislamisation conservatrice impulsée, surtout entre 1980 et 1995, par des États autoritaires qui voulaient trouver un contrepoids à l'islamisme, et un mouvement social de fond, plus centré sur l'initiative individuelle et l'action de notables.

La réislamisation conservatrice

Le fait que les sociétés musulmanes se soient largement réislamisées dans les années 1980 est une évidence visuelle (voile, symboles religieux, port de la barbe...). Sociologiquement, cette réislamisation, spontanée ou induite par l'État, s'est traduite par le développement des écoles religieuses étatiques (en Turquie sous Özal) ou privées (en Égypte, au Pakistan, mais aussi au Mali); ces écoles pallient d'autant plus les insuffisances de l'Éducation nationale qu'elles sont parfois financées par les « pétro-dollars ». En 1975, il y avait 100 000 étudiants (*taliban*) dans les séminaires pakistanais; en 1998, il y en avait entre 540 000 et 570 000, dont la moitié au Punjab [7]. Le nombre des instituts (du primaire au secondaire) dépendants de l'université d'al-Azhar en Égypte est passé de 1 855 en 1986-1987 à 4 314 en 1995-1996; les écoles primaires (qui sont mixtes) sont passées de 920 à 2 300. Dans le secondaire, le nombre d'instituts pour garçons a doublé, celui pour les filles a triplé [8]. Dans la décennie 1990, au Maroc, le nombre de thèses en sciences religieuses l'a emporté sur celles en sciences humaines et littérature, tandis qu'en Arabie Saoudite elles l'ont emporté, en quantité, sur toutes les autres.

Ces écoles jettent sur le marché du travail un nombre important de diplômés en « religion » pour qui l'islamisation du droit et des institutions est le seul moyen de valoriser leur formation. Ils cherchent un métier et pas seulement un statut de lettré. Si le contenu de l'enseignement est différent, la forme du diplôme des réseaux dits « modernes » (le cycle « 3-5-8 années » après le secondaire) s'impose et les diplômes ont souvent le même nom (master ou thèse) que dans l'enseignement laïque. Ces diplômés veulent eux aussi rentabiliser leurs études. Ils sont sur un marché du travail, ce qui veut dire confrontés à la concurrence et à la recherche d'un créneau porteur. Ils attendent aussi de l'État des postes, grâce à une politique d'islamisation.

---

7. *Jane's Intelligence Review*, Londres, 11-1 (janvier 1999), p. 34.
8. *Al Ahram Hebdo*, Le Caire, 3-9 avril 1996.

Pour contrer l'influence radicale, et iranienne en particulier après 1979, de nombreux États ont accepté de réislamiser le droit. L'article 2 de la Constitution égyptienne de 1972 précise que la charia est la source principale du droit. Le Soudan (avant Tourabi) a promulgué en 1983 un Code pénal islamique. Le Pakistan a introduit en 1985 le « Shariat Bill », qui vise à faire de la charia la seule source du droit et à remplacer les tribunaux à l'anglo-saxonne par des tribunaux chariatiques. Au Koweït, après la guerre du Golfe, l'émir Jabbar a institué un comité pour islamiser le droit. Le Code algérien de 1984 a réintroduit la charia dans le statut personnel, et le Yémen a étendu le statut personnel islamique sur tout le territoire après la réunification de 1994.

Les États se sont également efforcés de créer ou de renforcer un « islam officiel » pour mieux contrôler le développement d'une prédication sauvage. Cela a pu prendre la forme de l'institution d'un mufti officiel (Égypte, ensembles des républiques musulmanes issues de l'URSS, Syrie), d'une direction des Affaires religieuses (Turquie), ou d'un ministère des *waqf* (biens de mainmorte religieux) ou des Affaires religieuses (Jordanie). On donne à ce clergé officiel le monopole de la nomination des imâms des grandes mosquées et de l'enseignement religieux : c'est le cas au Maroc, en Algérie, Tunisie, Égypte, Syrie, Turquie, Ouzbékistan... En Turquie, après 1983, l'enseignement religieux a été rendu obligatoire, les diplômés des lycées religieux se sont vus ouvrir les portes de l'université et les prérogatives du Dyanet (direction des Affaires religieuses) ont été étendues. En Égypte, l'université d'al-Azhar s'est vue confier en 1994 par l'État une nouvelle mission de censure, en particulier concernant les médias électroniques. Il n'y a guère qu'en Arabie Saoudite, au Pakistan et en Afghanistan, que l'État ne contrôle ni la formation des imâms ni le prêche dans les grandes mosquées. L'Arabie Saoudite a développé les activités de la Ligue islamique mondiale (Rabita).

Mais, ce faisant, les États se sont appuyés sur un personnel religieux qui, s'il est loyal politiquement, est en général très conservateur sur le plan idéologique. Le personnel de la Rabita vient en fait largement des milieux Frères musulmans, qui tiennent nombre d'institutions que cette ligue finance. Sur les grands problèmes de société, la position d'al-Azhar est quasi identique à celle des Frères musulmans. L'intellectuel Faraj Foda a été assassiné en Égypte peu de temps après que le recteur d'al-Azhar l'eut déclaré apostat (1992). En Turquie, au niveau local, on voit souvent des fonctionnaires du Dyanet, une fois à la retraite, rejoindre le Refah. Les tribunaux chariatiques au Pakistan acceptent d'instruire des procès d'apostasie ou de blasphème. L'islamisation du droit a fourni des armes juridiques à des milieux conservateurs pour pousser leur cause. Au Bangladesh, l'écrivain Taslima Nasrin a été poursuivie pour blasphème devant les tribunaux de l'État; en Égypte, des plaideurs individuels ont obtenu d'une cour la dissolution du mariage de l'écrivain Abou Zeyd, contre son avis et celui de sa femme, au prétexte que, déclaré apostat, il ne peut être marié à une musulmane. Au Pakistan, plusieurs chrétiens ont été condamnés pour blasphème. On rencontre ici le problème majeur de la chariatisation du point de vue d'un État moderne : la charia n'est pas un système de droit positif, mais un ensemble de normes que le juge applique à des cas particuliers ; le juge n'est donc pas tenu par des lois votées ou promulguées, car la charia est un travail d'interprétation permanent ; l'État perd ainsi sa fonction principale, qui est de légiférer.

On peut même dire que certaines politiques ethniques ont eu pour effet une réislamisation. En Yougoslavie communiste comme en Chine, l'État a utilisé des marqueurs religieux pour définir un groupe ethnique, par exemple les Bosniaques et les Hui [9].

Vers 1995, le vent a tourné et les États ont tenté de reprendre en main les réseaux religieux. Au Yémen, en 1997, le président Saleh a annoncé un programme d'étatisation des 1 500 écoles religieuses du pays. L'armée turque a fait interdire le Refah en 1998. Au Pakistan, à partir de 1999, le gouvernement a tenté de reprendre en main au moins le contenu des programmes des écoles religieuses, mais c'est

---

9. Les marqueurs de l'identité hui reconnus par l'État chinois sont purement religieux (abstention du porc), alors même qu'il se réfère à une ethnie (*hui min*) et non à une religion (*hui jiao*). Pour ne pas « voir » l'islam, des États athées ont en fait renforcé le marquage par le religieux. D'autre part, l'État a favorisé dans les années 1980 l'action de mollahs pour islamiser les Hui (D. Gladney, *Making Majorities*, Stanford University Press, 1998, p. 127).

à la faveur des événements du 11 septembre que des mesures concrètes ont été prises. Le discours à la nation, prononcé le 13 janvier 2001, par le général Moucharraf, a marqué une véritable rupture, non seulement par rapport à l'époque du général Zia, mais par rapport aux déclarations antérieures de Moucharraf lui-même (en particulier sur le Cachemire et l'Afghanistan). Il affirme la prééminence de l'État et de la nation sur toutes les formes de panislamisme et réinscrit l'histoire du Pakistan dans le projet de son fondateur, Mohammed Ali Jinnah, en rompant avec la politique d'islamisation du général Zia (jamais mentionné dans le discours). Un débat récurrent agitait le Pakistan depuis 1947 : le pays, créé comme l'État des musulmans du sous-continent indien, doit-il être avant tout un État islamique, ayant vocation à représenter et défendre tous ceux qui luttent en tant que musulmans (vision de Maududi, du général Zia et des religieux radicaux), ou bien n'est-il qu'un État-nation parmi d'autres, pour qui les intérêts nationaux priment sur la solidarité islamique ? C'est cette dernière définition que défend le général Moucharraf.

Le post-islamisme

Le post-islamisme, c'est la privatisation de la réislamisation. Bien des conservateurs en viennent à contester une prérogative essentielle de l'État, celle de dire le droit (Pakistan, Égypte) en s'appuyant directement sur la charia. Profitant d'une libéralisation économique, nombre d'hommes d'affaires « islamistes » ont joué sur le marché de l'islamo-business (négoce de vêtements islamiques, institutions financières islamiques, mais aussi action humanitaire, bienfaisance, financement d'écoles privées). Même en Turquie, un secteur de PME dynamiques, regroupées dans le Müsiad, se distingue d'un grand patronat laïque et pro-européen (Tüsiad). Abandonnant le discours parfois socialisant des islamistes traditionnels influencés par la gauche, les acteurs islamiques actuels font dans le libéralisme et l'anti-étatisme, où l'enrichissement personnel est perçu comme positif si l'argent est « bien acquis » et s'il est purifié par l'impôt et l'aumône islamiques. Ils s'adressent à la petite bourgeoisie montante qui a profité (Égypte, Turquie, Tunisie, Iran, Maroc) ou voudrait profiter (Syrie, Algérie) de la libéralisation économique et de la crise des grands systèmes monopolistiques d'État [10]. Bref, le modèle du puritain selon Weber est désormais présent sur le marché. Cet antiétatisme des néo-fondamentalistes avait trouvé sa forme politique paradoxale chez les Talibans afghans, qui se souciaient si peu de l'État qu'ils avaient déclassé l'appellation de leur pays, passant d'« État » (*dawlat*) à « émirat » : la stricte mise en œuvre de la charia se faisait au détriment de l'ordre étatique.

D'un côté, les Talibans ont voulu être reconnus comme un État légitime, ils étaient par ailleurs héritiers d'une tradition étatique afghane, portée par les tribus pachtounes de la région de Kandahar, dont ils sont eux-mêmes issus (un État afghan construit par et pour les tribus pachtounes, mais dans un registre de légitimation islamique symbolisée par l'insistance sur la charia, qui permet d'associer d'autres groupes ethniques) ; mais, par ailleurs, loin de reconstruire l'État afghan, les Talibans l'ont « déconstruit ». La proclamation de la seule charia vide le droit positif de tout contenu. Comme, bien sûr, il faut pourtant une instance suprême pour déterminer ce que dit la charia en dernière instance, c'est le commandeur des croyants, *amir ol-momunin*, Mollah Omar, qui décidait de cette interprétation. Or celui-ci n'était pas à proprement parler le chef de l'État. Il ne résidait pas dans la capitale, ne présidait pas les conseils des ministres, ne recevait pas les ambassadeurs. Un paradoxe intéressant de cet « État islamique » était qu'il ne gérait pas à proprement parler la société, puisqu'il ne la régulait que par l'interdit. La gestion réelle était en fait sous-traitée à des ONG et aux agences de l'ONU, à condition qu'elles acceptent le code de comportement en vigueur (mais, par exemple, aucun contrôle des flux financiers n'était effectué). Le fait que l'économie de l'Afghanistan des Talibans ait été fondée essentiellement sur la contrebande (dont la drogue ne représente qu'une petite partie) sapait aussi l'État. Les Talibans ne s'intéressaient absolument pas à l'économie, ni à l'état de la société.

---

10. Les Gama'at islamiques égyptiennes, pourtant bien implantées dans la paysannerie du sud du pays, ont approuvé en 1997 l'abolition de la réforme agraire nassérienne.

Par contre, l'institution la plus puissante était le ministère de la Proscription du mal et de la Prescription du bien, qui mettait sur le même plan tous les types de prescriptions (de l'obligation de la prière à l'interdiction de l'espace public aux femmes, sauf pour mendier, jusqu'à la taille de la barbe). En un mot, c'est l'idée même de société et d'histoire qui disparaît, alors qu'on reste bien sûr dans une logique de pouvoir. La disparition de la référence explicite au politique ne veut pas dire que la politique est absente, mais qu'elle relève d'un autre niveau, non intégré dans le discours officiel (en l'occurrence la dimension ethnique, fondamentale chez les Talibans). Le paradoxe est que la prétention du néo-fondamentalisme à instaurer l'islam comme mode de vie total laisse, contrairement à l'islamisme, toute la politique sociale en dehors de l'islam. Cette indifférence à la dimension sociale est un autre signe que le néo-fondamentalisme est parfaitement compatible avec la globalisation, dans sa forme libérale cette fois-ci, ne posant comme limite que la question des mœurs et de la morale, thème que l'on retrouve aussi dans la droite religieuse américaine.

Le glissement au néo-fondamentalisme remet en cause la prééminence de l'État comme enjeu de pouvoir et maître d'œuvre de l'islamisation. La revendication typique des néo-fondamentalistes modernes est : 1) d'exiger que la suprématie de la charia soit inscrite dans la Constitution ; 2) d'obtenir le droit et les moyens de contester toute décision juridique au nom de la charia. Cette tactique est particulièrement utilisée en Égypte et au Pakistan. Elle revient en fait à vider de son contenu le droit positif et à poser l'État devant un dilemme : soit il s'en remet aux juges « chariatiques » pour l'interprétation et l'application des lois (et donc abandonne un pan entier de sa souveraineté) ; soit il constitue une instance finale de jugement et de cassation, mais il doit alors trancher dans les débats forts complexes posés par la charia, qui ignore les principes juridiques d'un État moderne (comme la nationalité). Le caractère forcément politique des choix permet alors de contester la légitimité islamique de l'État. Apparaissent alors d'autres champs d'investissement : l'individu, surtout déraciné, et la communauté universelle, surtout imaginaire.

Les mouvements islamistes n'arrivent pas à monopoliser cette réislamisation. Ils ne contrôlent jamais les réseaux de *madrasa* (écoles religieuses) privées. Même au Pakistan, les *madrasa* sont plutôt dans les mains du Jama'at-i ulama islami, qui est conservateur, et pas du Jamiat-i islami qui est islamiste. En Turquie, le poids du Refah est faible dans l'enseignement religieux, dominé soit par le Dyanet, soit par la secte des Fethoullah. De même, les formes socioculturelles de réislamisation échappent largement aux mouvements islamistes au profit de nouvelles catégories sociales (notables, hommes d'affaires, avocats...), qui y trouvent une forme d'affirmation sociale plus individuelle (par exemple, les tables de charité offertes en Égypte à la fin du ramadan et qui mettent en scène une compétition pour la notoriété)[11]. Le développement des néo-confréries (Fethoullah et Nurcu en Turquie, Kaftarrya en Syrie, Ahbash au Liban...) et le maintien de confréries traditionnelles en Égypte, au Soudan, au Maroc, captent aussi une clientèle populaire qui aurait pu rejoindre les islamistes. Le religieux se donne sous des formes multiples et plastiques et les itinéraires sont fluctuants et changeants. La religion imprègne des espaces séculiers tout en se sécularisant, au sens où elle est bien dans son siècle.

La banalisation de l'islamisme n'est la fin ni de la réislamisation ni du radicalisme. Aujourd'hui, c'est ce que nous appelons le néofondamentalisme qui occupe ces deux espaces : conséquence de la crise de l'État, islamique ou non, mais aussi de la déterritorialisation de l'islam, sous l'effet, entre autres, de son passage à l'Ouest.

---

11. Patrick Haenni, « Le Post-islamisme », *Revue des mondes musulmans et de la Méditerranée*, n° 85-86, 1999.

Chapitre 2

Les musulmans en Occident

Les phénomènes d'immigration ont été bien analysés d'un point de vue sociologique, mais l'étude de l'islam en Europe est encore trop souvent abordée dans une perspective de sociologie de l'immigration. Bien sûr, l'immigration ouvrière des années 1960 et 1970 en provenance du Maghreb, de Turquie, d'Afrique subsahélienne ou du sous-continent indien forme la base démographique de l'islam en Europe de l'Ouest. L'Union européenne compte ainsi une bonne douzaine de millions de musulmans. Mais l'apparition d'une deuxième, voire d'une troisième génération d'enfants d'immigrés, nés et éduqués en Occident, distend les relations avec pays et cultures d'origine. Les convertis européens à l'islam, même si l'on ne saurait les chiffrer, contribuent à dissocier l'islam européen du Moyen-Orient.

En outre, à côté de l'immigration économique, s'est développée une population mobile, en général éduquée, qui est effectivement transnationale pour différentes raisons. Cela va de l'exode de spécialistes (médecins, journalistes, informaticiens, en particulier algériens, égyptiens et pakistanais) aux réfugiés politiques au sens très large (classes moyennes palestiniennes, algériennes, irakiennes, iraniennes), en passant par les étudiants qui ne rentrent pas au pays. A quoi s'ajoutent déracinés et cosmopolites, par choix ou par accident.

La mondialisation du cursus universitaire (PhD et usage de l'anglais) produit aussi une catégorie d'intellectuels sans frontières, allant de poste en poste dans un espace « académique » de plus en plus large (Californie, Floride, Berlin, Florence, Singapour, etc.). Ce nomadisme universitaire n'est pas propre à l'islam[1]. Mais à cet axe universitaire de type plutôt anglo-saxon[2] s'ajoute celui des instituts islamiques et des *madrasa*, également de plus en plus mondialisé. Ces deux réseaux, quoique distincts, ont en commun d'être indifférents à la nationalité. Il ne s'agit plus ici de diaspora, parce qu'il y a de moins en moins de référence à un pays d'origine, sauf sans doute pour la Turquie : d'une part, parce que le pays d'origine n'offre plus de référent valorisant (pour les ressortissants d'Afghanistan et d'Irak ; les Kurdes d'Iran, de Turquie et d'Irak ne se perçoivent plus comme Iraniens, Turcs ou Irakiens dans l'émigration) ; d'autre part, parce que, en émigration, les identités se recomposent (Maghrébins, Arabes, « Beurs », « Asians », au lieu d'Algériens ou Bangladeshi).

Mais cet affaiblissement des identités nationales vient aussi paradoxalement du fait que les lois sur la nationalité n'ont jamais été à ce point strictes dans le monde musulman, alors qu'elles sont plus ouvertes dans la plupart des pays occidentaux. En Iran, en Arabie Saoudite, au Koweït, dans les Émirats, elles sont très rigoureuses et aggravées par la transmission uniquement patrilinéaire, ce qui contribue à accroître le nombre d'apatrides ou de déracinés, en particulier parmi les réfugiés produits par les guerres et les crises de la seconde moitié du XXe siècle (Palestiniens de 1948, Afghans)[3]. Le décalage des niveaux de vie à l'intérieur du monde musulman fabrique aussi une masse de travailleurs migrants et donc de mariages

---

1. Dans un champ qui ne concerne pas l'islam, mais l'Inde, voir le numéro de la revue *L'Homme*, « Intellectuels en diaspora et théories nomades », n° 156, octobre/décembre 2000.

2. On remarque en effet que les universités américaines et britanniques sont plus ouvertes à cette population flottante que les françaises, ce qui recoupe l'étude que nous avons faite sur les sites Web islamiques individuels, qui sont souvent hébergés par les serveurs d'universités anglo-saxonnes, et, pour les francophones, québécoises.

3. Les réfugiés des crises antérieures, arrivés dans des pays qui n'avaient pas encore le statut d'État-nation, ont été intégrés comme citoyens au moment du passage à l'État-nation : par exemple, l'immense diaspora balkanique, caucasienne et centre-asiatique qui s'est installée dans l'Empire ottoman ou bien dans les lieux saints de La Mecque. S'il y a des Tchétchènes syriens, jordaniens ou saoudiens, aujourd'hui un Kurde, un Afghan ou un Pakistanais n'obtient plus la nationalité syrienne, jordanienne ou saoudienne.

entre personnes d'origines différentes qui, pour les mêmes raisons, n'aboutissent souvent qu'à produire encore des apatrides : l'enfant d'une Koweïtienne et d'un réfugié palestinien n'aura jamais la nationalité koweïtienne, même s'il est né au Koweït [4]. Pour ceux-là, à part l'acquisition d'un faux passeport (forme d'ailleurs parfaite de la transversalité que nous étudions), il est plus facile d'acquérir une nationalité occidentale que celle d'un pays du Moyen-Orient.

La transnationalité est aussi un trait d'autres réseaux, comme ceux des néo-confréries soufies, des Frères musulmans mais aussi des réseaux Bin Laden : le mouvement al-Qaïda est incompréhensible si on le pense uniquement dans une dimension moyen-orientale. Des membres ou des sympathisants de la confrérie des Frères musulmans, issus du Moyen-Orient, jouent un grand rôle dans les organisations islamiques transnationales comme la Ligue islamique mondiale (la Rabita), contrôlée par les Saoudiens, ou bien dans des organisations de l'islam en Occident, comme l'Union des organisations islamiques de France (UOIF), fondée par un Libanais, Fayçal Mawlawi, actuel secrétaire général du parti libanais Jama'at al-islamiyya. Le mouvement pakistanais Jama'at ut-tabligh envoie des groupes de prédicateurs de toute origine prêcher dans des pays dont ils ne parlent pas toujours la langue, tandis que des communautés de travailleurs immigrés installés en Occident font appel à des imâms de tous pays (venus surtout du Golfe et du Pakistan) pour animer des mosquées de quartier. Enfin, la souplesse des lois britanniques sur le droit d'asile et la liberté d'expression a fait de Londres la capitale des opposants islamiques en tout genre, qui constituent ainsi un milieu internationaliste, soudé par l'usage de l'anglais et de l'arabe moderne : l'origine nationale n'y survit parfois plus que dans les

---

4. De manière anecdotique, outre le cas de Youssouf Ramzi (étudié plus loin), né au Koweït de père pakistanais et de mère palestinienne, citons celui, moins connu, de Khalid Mahmud Awad, né au Caire en 1958, égyptien, qui a fait sauter une bombe artisanale dans l'ambassade russe à Rabat en 1995. Son cursus le fait séjourner en Irak, Libye, Tunisie, Algérie, Suisse, Maroc (1991), où il épouse une Marocaine ; ils vont en Suisse, où elle travaille. Il divorce, est refoulé en Égypte, revient au Maroc, se remarie avec une autre Marocaine, divorce encore, travaille pour deux entreprises égyptiennes au Maroc (source *Le Matin du Sahara,* Maroc, 4 février 1996).

surnoms (cheikh Abou Hamza, dit « al-Misri », « l'Égyptien », qui anime la mosquée de Finsbury Park à Londres, où se côtoient toutes les nationalités).

Ces réseaux ont été étudiés dans leur dimension sociale et économique, voire politique[5]. Ce qui nous intéresse ici n'est pas une analyse de type sociologique, mais plutôt une approche de cet espace imaginaire, de l'effet de réel qu'il peut avoir, des productions intellectuelles, voire fantasmatiques qu'il suscite. Quel est le « réel » de cet espace ? Quel est le rôle des personnalités charismatiques qui animent les réseaux ? Quelles en sont aussi les conséquences politiques (délégitimation de tout État existant) ? Les nouvelles formes d'expression de l'islam sont très largement liées à la globalisation, particulièrement dans la reformulation du fondamentalisme traditionnel.

Comment penser l'islam minoritaire et sans État ?

L'islam est aujourd'hui passé en Occident. Pour la première fois dans l'histoire, une importante population musulmane s'est volontairement installée dans des pays qui ne sont pas musulmans et y a fait souche. Cette population doit apprendre à se vivre comme minorité. On a souvent posé que, puisque l'islam est une religion totalisante où les prescriptions juridiques sont inséparables de la loi religieuse, un musulman ne peut vraiment vivre sa foi que dans une société musulmane, ou du moins dirigée par des musulmans[6]. La présence d'un islam démographiquement minoritaire et politiquement dominé n'a cependant rien de nouveau. L'exemple le plus intéressant est celui des Tatars de la Russie, englobés à partir de 1552

---

5. Rappelons les travaux d'Ariel Colonomos, *Sociologie des réseaux transnationaux*, L'Harmattan, 1995 ; Alain Tarrius (avec Lamia Missaoui), *Arabes de France dans l'économie mondiale souterraine*, L'Aube, 1995 ; Dale Eickelman et James Piscatori, *Muslim Travellers*, University of California Press, 1990 ; Susanne Hoeber Rudolph et James Piscatori (sous la dir. de), *Transnationl Religion and Fading States*, Westview Press, 1997.

6. Pour un exposé de ce débat récurrent dans le monde musulman, voir l'introduction de B. Lewis à *Musulmans en Europe* (sous la dir. de Bernard Lewis et Dominique Schnapper), Actes Sud, 1992.

dans un monde slave et chrétien orthodoxe, où ils gardent encore aujourd'hui une forte identité religieuse et nationale, d'ailleurs reconnue depuis la Grande Catherine, en 1784, par tous les pouvoirs en place[7]. Les *mudejar* d'Espagne (musulmans restés sous contrôle chrétien après la Reconquête) ont aussi connu cette situation, avant d'émigrer ou d'être convertis de force, puis expulsés contre leur gré au début du XVIIe siècle.

On a certes pu dire que la présence de communautés musulmanes minoritaires était le résultat de conquêtes et de défaites militaires, ce qui confirmerait la difficulté qu'a l'islam à se penser comme minoritaire. L'immense majorité des oulémas ayant écrit sur le sujet se seraient opposés, selon Bernard Lewis, à la présence sur le long terme de musulmans en situation de minorité politique[8]. Ils ont valorisé le thème du *mohajer*, de l'émigré qui, sur le modèle du Prophète quittant La Mecque pour Médine, abandonne son pays contrôlé par des non-musulmans pour vivre en terre d'islam. L'Hégire (*hijra*) est un thème récurrent dans l'histoire du monde musulman : les « Andalous » quittant l'Espagne pour Fès, les Caucasiens se réfugiant en Turquie à partir de la conquête russe au XIXe siècle, les musulmans d'Inde passant au Pakistan en 1947, les Afghans quittant leur pays lors de l'invasion soviétique en 1980, etc. Mais en fait, derrière cet *ideal type*, les situations concrètes ont été plus complexes. D'abord, ceux des *mudejar* qui ont été convertis de force et transformés en « morisques » n'ont pas émigré : ils ont été expulsés. Ensuite, il y a bien eu des populations musulmanes minoritaires sur tous les plans, mais n'ayant jamais été conquises : les Hui de Chine, qui sont plusieurs dizaines de millions, comme les musulmans du Cambodge ou de Thaïlande, et aussi ... de l'Inde, qui ont choisi d'y rester après la partition de 1947. Enfin, le fait islamique, nouveau en Europe de l'Ouest, est bien ancré en Europe orientale et souvent inscrit dans la loi (le culte musulman est reconnu par la loi en Russie depuis 1784 ;

---

7. Le projet de loi présenté en juillet 1997 par le Parlement de Russie présentait l'orthodoxie, l'islam, le judaïsme et le bouddhisme comme des religions « nationales » russes. Les religions étrangères étant le protestantisme et... le catholicisme.
8. B. Lewis, *Musulmans en Europe, op. cit.*

en Autriche, par les lois de 1874 et 1912, sans parler des minorités musulmanes de Grèce).

Mais ce qui est nouveau, depuis les années 1960 et 1970, c'est un déplacement massif et volontaire de populations musulmanes vers des pays non musulmans. Si l'on additionne tous les cas de figure, aujourd'hui un tiers des musulmans vivent dans une société où ils sont minoritaires. Il n'est donc pas inutile de chercher dans des exemples historiques les paradigmes qui ont été utilisés pour penser l'islam minoritaire. Nous prendrons par exemple la typologie élaborée par Mikel de Epalza pour classer les réactions propres aux *mudejar*, musulmans restés en Espagne après la reconquête espagnole [9], en la comparant avec la gamme des positions émergeant aujourd'hui dans l'islam minoritaire. Cela nous permettra de voir ce qu'il y a de constant dans l'histoire du monde musulman et de nouveau dans la présence musulmane en Europe. Epalza indique un certain nombre de choix qui se sont offerts aux *mudejar* :

– l'**exode** ou *hijra* : c'est le départ de populations andalouses vers le Maghreb et le Moyen-Orient après la Reconquête. A l'époque contemporaine, l'émir du FIS, Belhaj, avait lancé, avant l'interdiction de son mouvement, un appel au retour en Algérie des Algériens vivant en Occident. A Londres, un mouvement radical, proche de Bin Laden, Al Mouhajiroun, fondé en Grande-Bretagne par Kalim Siddiqi et dirigé par Omar Bakri, prône le retour des musulmans vers un pays islamique, tout en reconnaissant... qu'il n'y a aucun pays vraiment islamique. Par conséquent, il n'y a pas non plus de pays de *dar ul-harb*, c'est-à-dire en guerre contre l'oumma musulmane : et donc le *mohajer* peut aussi bien rester à Londres, comme lui, que se rendre en Afghanistan [10]. Le paradoxe du titre, puisque

---

9. Mikel de Epalza, *Jésus otage. Juifs, chrétiens et musulmans en Espagne (VIᵉ-XVIIᵉ siècle)*, Le Cerf, 1987.

10. Ce mouvement très radical dans son expression est aussi très isolé. Mais son programme de 1997 (texte non daté, signé Mohamed Khaled Bayoun) comporte la clause suivante : « Porter le message de l'islam aux incrédules en Occident, leur montrer que cette religion est à la fois une doctrine et un système de vie, ce qui leur permettra de comprendre l'islam, de s'y convertir, ou du moins de l'accepter comme régime politique. » Sur la fin de l'opposition entre terre d'islam et terre d'impiété, dans un autre registre, on lira Tariq Ramadan qui

le terme *mohajer* désigne ici non pas ceux qui émigrent d'un pays qui n'est plus musulman vers la terre d'islam, comme le veut l'étymologie, mais l'inverse, montre bien que les disciples de Cheikh Omar évoluent dans un espace imaginaire, complètement déterritorialisé.

– La **volonté de reconquête**, thème populaire parmi les Andalous réfugiés au Maghreb après 1492. Ce thème du *jihad* armé se retrouve chez des groupes radicaux très minoritaires (comme al-Qaïda), qui le justifient en termes généralement défensifs, au prétexte que l'ensemble de la communauté des musulmans est attaquée aujourd'hui par les « juifs et les croisés »[11].

– La **conversion au christianisme**, qui, volontaire ou simulée, a été massive en Espagne, selon Epalza. Rare aujourd'hui en Europe, elle a cependant été importante parmi les musulmans syro-libanais émigrés en Amérique latine en ce XXe siècle (dont la famille de l'ex-président argentin Carlos Menem est un exemple).

– Le **communautarisme « ethnico-religieux »**, selon la formule du *millet* ottoman, c'est-à-dire où le marqueur religieux sert à constituer une communauté comme telle, indépendamment de la foi et de la pratique de ses membres, régie par son droit propre pour ce qui est du statut personnel. Par exemple, les *aljama* ou communautés musulmanes reconnues par le droit hispanique jusqu'en 1525. C'est la formule inversée du statut du *dhimmi* (chrétiens et juifs protégés) en pays musulmans. Ce thème revient à la mode, car il permet de penser les musulmans en Europe comme un groupe ethno-culturel qui serait doté d'un statut particulier, sans, bien sûr, la connotation d'infériorité légale propre aux *dhimmi* (impôt spécial, etc.). C'est aussi le cas pour certains islamistes turcs, comme l'intellectuel Ali

---

affirme clairement et courageusement que les musulmans sont souvent plus libres en Occident que dans certains pays « musulmans » (*Les Musulmans dans la laïcité,* Éditions Tawhid, Lyon, 1994, p. 101).

11. *Re*-conquête si l'on pense à l'Espagne, à la Sicile et aux Balkans. Le contraste est frappant entre la perception occidentale contemporaine d'un islam conquérant, et celle, plus commune parmi les militants islamiques, d'un islam « souffrant », opprimé, menacé dans son identité même, et de toute façon bien incapable de mobilisation générale, tant du fait de l'impérialisme occidental que des divisions inhérentes au monde musulman.

Bulaç, qui réclament un statut de *millet* pour les croyants, alors que les non-croyants, même musulmans, suivraient le droit kémaliste. Comme le statut d'infériorité du *dhimmi* a été largement amendé dans le Moyen-Orient contemporain (Iran), voire annulé (Égypte) dans le sens d'une plus grande égalité, il peut effectivement fournir un paradigme historique pour concevoir un multiculturalisme communautariste soutenu par le droit, sous une forme tantôt plutôt ethnique, tantôt plutôt religieuse, mais où finalement les deux termes renvoient l'un à l'autre.

– Un **processus de justification théologique** de la vie dans les sociétés non musulmanes [12], montrant que les *fatwa* prônant l'hégire n'ont pas de valeur générale. Des auteurs contemporains, comme Tariq Ramadan, insisteront sur le fait que la cohabitation est possible selon la loi religieuse, puisqu'il n'y a pas d'état de guerre entre chrétiens et musulmans. D'autres auteurs, comme Abou El Fadl (UCLA), définissent un islam libéral et tolérant.

– La nécessaire **islamisation de la société « chrétienne »**, en particulier grâce au prosélytisme, où l'on cherche à montrer aux chrétiens que l'achèvement de leur religion est dans l'islam. Il est intéressant de voir que les références polémiques de l'Espagne de la Reconquête se retrouvent aujourd'hui dans la littérature de prédication, mais uniquement du côté musulman : l'évangile apocryphe de Barnabé (qui, ayant annoncé la venue de Mohammad, aurait été éliminé du corpus par les Pères de l'Église [13]) a été réédité par l'ambassade d'Iran auprès du Saint-Siège et figure en bonne place dans

---

12. Epalza cite par exemple une *fatwa* de l'imâm al-Mazari autorisant les musulmans à rester dans la Sicile reconquise par les croisés, au XIe siècle.

13. M. de Epalza « Le milieu hispano-moresque de l'Évangile islamisant de Barnabé (XVIe-XVIIe) », *Islamochristiana*, Rome, 8, 1982. Il est intéressant de noter la dissymétrie de la polémique islamo-chrétienne : les militants islamiques reprennent les arguments traditionnels contre le christianisme, qui aurait occulté sa propre annonce de l'islam, alors que les polémistes chrétiens, en particulier catholiques, ont abandonné le terrain de la théologie pour attaquer la « déviation » fondamentaliste de l'islam sur des bases quasiment laïques, comme la condamnation du port du voile. En fait, les seuls chrétiens à poursuivre une polémique religieuse sont des fondamentalistes protestants américains (voir les débats sur Internet).

la polémique islamique[14]. Dans un style plus militant, on trouve de nouveau le mouvement des Mohajer, qui se donne pour mission d'établir un État islamique, y compris en Occident. Ce mouvement est célèbre pour ses outrances (dont l'appel lancé par Siddiqi à la conversion de l'ex-Premier ministre John Major). Mais il rejoint aussi une tradition musulmane concernant les mythiques et célèbres conversions, de Jean sans Terre au commandant Cousteau (et parfois à la princesse Diana).

– Les **révoltes armées**, évidemment sans commune mesure dans l'Espagne de l'après-Reconquête avec des attentats comme ceux menés par le groupe Kelkal.

– Le **cas des Morisques et des crypto-musulmans**, en apparence convertis mais gardant des coutumes musulmanes, ne fait pas sens aujourd'hui, faute de politique de conversion forcée et du fait (corollaire) que, contrairement à ce que croient encore beaucoup de musulmans, l'Occident n'est plus chrétien. Mais on pourrait peut-être ranger dans une catégorie comparable les « athées musulmans », qui ne croient pas mais maintiennent des coutumes plus ethniques que religieuses[15].

Cependant, si l'usage de paradigmes historiques permet de penser et légitimer des stratégies d'intégration, ou bien, *a contrario*, d'expliquer pourquoi l'islam serait inassimilable en Occident, il ne rend pas pleinement compte de l'évolution réelle des formes de religiosité chez les musulmans d'Occident.

L'acculturation et la reconstruction identitaire

La première conséquence du passage à l'Ouest est une reformulation de l'islam à la suite de sa déculturation, c'est-à-dire de son détachement d'une culture d'origine. Cette épuration est fondée sur

---

14. Ainsi dans le livre (sans nom d'auteur) traduit en français, *Islam et Christianisme*, n° 16, Éditions Waqf Ikhlâs, Librairie Haqiqat Kitabevi, Istanbul, 1990, p. 17.

15. Par exemple, selon une enquête de l'INED, 69 % des immigrés masculins nés en Algérie déclarent respecter le jeûne du ramadan, alors qu'entre 48 et 64 % d'entre eux déclarent soit ne pas avoir de religion, soit ne pas pratiquer (Michèle Tribalat, *Faire France*, La Découverte, 1995, p. 96 et 101).

un travail de refondation et de réappropriation individuelle du rapport à la religion, dans un contexte de perte de l'évidence sociale. Nous nous attacherons ici à deux aspects : au néo-fondamentalisme, comme tentative de définir une nouvelle communauté sur la base du respect d'un code strict de comportement (où la dimension juridique est fondamentale), et, à l'opposé, à la reformulation de la religiosité en termes de foi, de réalisation individuelle et de valeurs.

Nous ne disons pas ici que l'islam européen est un islam différent, plus moderne ou plus libéral. Il peut l'être, mais il peut aussi tendre à un néo-fondamentalisme de type taliban, comme nous le soulignions dans *L'Échec de l'islam politique*. Les jeunes qui sont allés rejoindre Bin Laden ou qui militent pour le port du voile à l'école ne sont pas des libéraux, et les tentatives d'élaborer une nouvelle théologie n'ont guère eu d'écho[16]. Ce qui change pour nous n'est pas ici la religion (un dogme et des rites), mais la religiosité, c'est-à-dire la manière dont le croyant construit et vit son rapport à la religion. Ce qui est nouveau, ce n'est pas non plus la réflexion sur la nature de la religion : comment penser l'islam comme « pure » religion au-delà des cultures données est une question récurrente dans l'histoire de l'islam (par exemple, tous les réformismes du sous-continent indien, comme celui de Shah Walliullah, se construisent contre une culture hindoue perçue comme pervertissant la religion). La nouveauté vient de ce que celui qui pose aujourd'hui la question est dans un univers vraiment déculturé ou acculturé. Il ne lutte pas contre une culture dominante, il se débat avec une crise de la référence culturelle.

L'immigration en Occident ne correspond jamais à l'importation de manière durable d'une population gardant les us et coutumes de la société d'origine. Cela ne veut évidemment pas dire que les nouvelles générations issues de l'immigration vont s'assimiler au modèle dominant. On assiste à la création de nouvelles identités, qui

---

16. Surtout quand on s'appuie sur l'État (non musulman) pour aller dans ce sens. La tentative avortée d'inscrire le droit à l'apostasie dans la charte de l'islam en France indique bien cette confusion : l'État n'a pas à s'immiscer dans la théologie (demande-t-on à la conférence des évêques de France de reconnaître le droit à l'avortement ?). L'État intervient quant à l'ordre public : attaque contre des médecins pratiquant l'avortement ou bien menace contre d'éventuels apostats.

peuvent, plus ou moins temporairement, s'incarner dans des sous-cultures et donner ainsi l'impression du maintien d'identités d'origines, alors qu'il s'agit toujours d'identités recomposées. Mais ces nouvelles identités peuvent être multiples (une même personne jouera sur plusieurs registres), contextuelles et transitionnelles (un « Beur » dans la France des années 1980 et 1990 est toujours jeune et de banlieue, il n'y a pas de « vieux Beur » ni de « riche Beur », tout au plus un « beurgeois »). La crise de la communauté culturelle et ethnique d'origine se marque donc par l'acculturation, qui n'est pas l'assimilation, mais la reformulation, à partir de catégories venues du pays d'accueil, d'identités qui ne sont plus l'expression de cultures d'origine.

Le premier élément à être mis en cause est la langue : les nouvelles générations s'expriment mieux dans la langue du pays d'accueil, surtout quand celle des parents ne correspond pas à une langue écrite officielle (dialectes berbères et kabyles, par exemple). Prenons l'enseignement de l'arabe dans le secondaire en France. Faut-il enseigner l'arabe parlé à la maison, pour faciliter la communication et la transmission entre enfants et parents ? La culture ainsi transmise est comprise au sens ethnologique et l'on se soucie d'abord du maintien symbolique de la transmission (revaloriser les parents aux yeux des enfants), mais l'inconvénient bien sûr est la démultiplication des dialectes enseignés et la déconnexion d'avec l'arabe moderne des chaînes de télévision par satellite. Faut-il enseigner l'arabe littéral moderne (le choix dominant) ? C'est donner accès au monde arabe, aux journaux, aux télévisions (comme Al Jazeera) et travailler à la construction d'une identité culturelle « arabe » transnationale. Faut-il privilégier l'arabe classique, celui du Coran, et donc l'écrit plutôt que la communication (c'est le choix des écoles religieuses) ? C'est alors encourager une identité musulmane, également transnationale, mais aussi supra-ethnique, car cet arabe sera enseigné à tous les élèves des écoles religieuses, quelle que soit leur origine ethnique (turque comme malaisienne).

On voit donc qu'un thème aussi banal que celui de l'enseignement de la langue d'origine pose tout de suite la question de la construction identitaire. Même si, pour certains pays d'origine – comme la Turquie, où l'alphabétisation est acquise et disposant d'un réseau scolaire à l'étranger pour les immigrés, d'une presse internationale et de télévisions par satellites –, la langue se maintient dans l'émigration (on parlera alors de diaspora), il n'empêche que les jeunes d'origine turque peuvent aussi se forger d'autres identités (par exemple, en s'affirmant avant tout musulman, contre le modèle kémaliste). On n'échappe pas même ici à la reconstruction identitaire. Mais celle-ci se fait aussi sous l'influence des modèles dominants dans les pays d'accueil. Il est clair que l'acceptation explicite du modèle multiculturaliste en Grande-Bretagne et jusqu'à récemment aux Pays-Bas pousse à la confusion entre religion et culture d'origine, alors que le modèle français, réticent par rapport aux cultures ethniques et prônant le cantonnement du religieux à la sphère privée, développe une approche de l'identité musulmane en termes plus individualistes et, paradoxalement, plus religieux.

Les grandes cultures musulmanes universalistes résistent mal à l'émigration, car elles deviennent, en terres étrangères, particulières et ethniques, sur le modèle des Mohajer pakistanais. Ce que je vis comme un universel chez moi devient un particulier lorsque j'émigre : l'ourdou, langue de littérature et de communication des musulmans du sous-continent indien devient à Londres quasiment un dialecte ethnique (d'une ethnie bien sûr recomposée, comme les Mohajer). Un Punjabi préférera converser à la mosquée en anglais avec un Bengali plutôt qu'en ourdou, car ni l'un ni l'autre ne sont de langue maternelle ourdou. Les cours d'arabe ne font pas recette chez les jeunes Beurs au collège en France, car ils ont l'impression qu'on les renvoie à leur identité maghrébine, et ils préfèrent les cours d'anglais, à l'exception bien sûr de ceux qui se réclament d'une identité musulmane (mais ils apprendront l'arabe ailleurs qu'au lycée).

L'identité musulmane n'est donc pas un donné. Elle s'incarne dans des catégories variables, ethniques ou religieuses, et le plus souvent elle n'est qu'un marqueur parmi d'autres. Comme pour les conflits dans le monde, il est fréquent de souligner le trait religieux alors qu'il n'est pas forcément explicatif. Mais ce qui nous intéresse ici, c'est la manière dont les intéressés vont être définis et se définir dans ce jeu entre identité ethnique et identité religieuse.

La néo-ethnicité

La néo-ethnicité est l'adoption d'une catégorie de type ethnique (groupe défini par une origine et une culture communes), fondée avant tout sur des critères d'origine géographique ; néanmoins, elle ne correspond pas à une translation en Occident d'une culture donnée, mais à une reconstruction d'un groupe à partir de marqueurs sélectionnés en fait par la logique du pays d'accueil, qui sépare la religion des autres sphères symboliques. Nous considérons que l'on emploie en Europe la catégorie « musulmans » comme catégorie néo-ethnique pour trois raisons : 1) toute personne d'origine musulmane est supposée participer d'une même culture musulmane, quelle que soit sa culture d'origine réelle (turque, arabe, bosniaque), c'est-à-dire que la religion est vue comme la composante essentielle de ces cultures, composante qui peut être isolée et posée comme une culture en soi ; 2) cette culture est attribuée à la personne, quelle que soit sa foi (on parlera donc éventuellement de musulmans athées), et donc elle n'est pas associée à la religiosité ; 3) l'ensemble de ces traits fonde une identité de groupe, différenciant ainsi les « musulmans » des « autres », mais l'autre, ici, c'est le « Français de souche », et non pas le chrétien croyant. Dans le terme « néo-ethnicité », nous employons le préfixe « néo » parce que, précisément, on ignore la culture concrète (soit d'origine, soit individuelle) ; parce que l'on ne veut pas voir dans ces traits une « simple » religion, qui ne serait actualisée que dans l'affirmation d'une foi, mais une donnée acquise par la naissance et l'origine. De plus, le choix des marqueurs qui vont définir la nouvelle ethnicité est fait par la culture dominante, qui met en avant des critères essentiellement religieux (en cherchant par exemple dans le Coran les normes sur la femme ou la tolérance).

C'est la déculturation par rapport aux cultures d'origine qui permet d'isoler des marqueurs strictement religieux. La définition de l'islam comme une culture en soi n'est justement possible que dans l'immigration et la déculturation. Le paradoxe est donc que l'ethnisation du musulman se fait à partir d'une matrice occidentale où la religion est d'abord posée comme objet séparé du reste de l'activité sociale, puis « objectivée », définie comme une culture en soi et considérée, chez le musulman, comme explicatif de l'ensemble de son activité sociale (entre autres, parce que l'on voit dans l'islam une religion communautariste). Le paradoxe apparent est que les néofondamentalistes reprennent à leur compte cette communautarisation appliquée de l'extérieur, et qu'ils vont être les premiers à parler de « culture musulmane » et de communauté musulmane en Occident, alors qu'il n'y a, au mieux, qu'une population d'origine musulmane. Les néo-fondamentalistes fonctionnent en fait sur des catégories occidentales. Mais bien sûr le mythe de l'islam comme communauté définie par des critères strictement religieux, ainsi partagé par les non-musulmans et les néo-fondamentalistes, permet à ces derniers de s'imposer comme interlocuteurs privilégiés de ceux-là mêmes qui dénoncent leur « communautarisme ».

Or cette idée d'une culture musulmane est acceptée un peu vite par trop de monde, à gauche comme à droite. D'abord, les traits que l'on isole ne définissent pas une culture au sens plein du terme. Peut-on penser, en dehors d'une culture d'origine, une musique musulmane, une cuisine musulmane, une littérature musulmane ? Non, au sens où chacun de ces éléments renvoie à une culture précise qui n'a rien de musulman en général. La cuisine libanaise peut être aussi bien chrétienne que musulmane et diffère de la marocaine. Il y a plus de rapport entre la cuisine turque et l'arménienne qu'entre la turque et la marocaine, etc. Si l'on cherche un marqueur musulman, alors il est en fait islamique : le caractère *hallal* de la viande par exemple. Mais des cuisines extrêmement variées peuvent répondre au critère de « hallalité » : un hamburger peut être *hallal* et, dans les quartiers à forte population musulmane d'origines diverses, un fast-food *hallal* aura plus de succès qu'un restaurant de couscous. Si bien que ce qui est perçu comme un trait culturel est en fait un marqueur religieux qui peut s'incarner dans des cultures différentes sans définir une culture en soi.

C'est la même chose pour le vêtement : le *hijâb* est un concept, mais non un vêtement particulier ; il signifie que la femme ne doit montrer que son visage sans que l'on voie ses cheveux. La manière dont une femme met en œuvre (ou détourne) cette exigence est soit une réappropriation individuelle (l'imperméable, le pantalon et le foulard des islamistes modernes turques ou immigrées de seconde génération, voire le « tcha-Dior » des élégantes de Téhéran), soit une inscription dans le cadre d'une culture donnée (le *tchadri* afghan, la *burqa* pakistanaise). De même, un certain rapport au corps (réticence par rapport à l'incinération, à l'autopsie), une valorisation de l'honneur et de la pudeur des femmes, une réticence à la mixité (qui peut s'exprimer dans un contexte sans rapport direct à l'islam, comme le machisme des jeunes de banlieue) peuvent apparaître comme la conséquence de l'intériorisation de normes religieuses, mais ils ne définissent pas une culture en soi, dans la mesure où ils peuvent s'incarner dans des cultures différentes, y compris non musulmanes.

Pour ce qui est de la musique et des arts en général, l'aporie est encore plus grande. Pour nombre de religieux, la notion de « ballet » musulman ne fait évidemment pas sens. On peut certes parler de musique arabe (encore qu'elle soit proche de la musique persane), mais d'autant moins de musique islamique qu'une bonne partie des oulémas en contestent la possibilité même. Développer une identité arabo-musulmane est tout aussi absurde : ou bien l'on parle du monde arabe, ou bien l'on parle du monde musulman. Un juif marocain ou un chrétien libanais font partie de la culture arabe, mais pas de l'islam. En revanche, un Iranien, et encore plus un Pakistanais, n'a aucune raison de se référer à la culture arabo-musulmane. On voit donc que tous les efforts pour définir une « culture » musulmane en soi ne ramènent finalement qu'à des critères religieux de différenciation qui sont adaptables à des cultures différentes et ne définissent en rien une culture spéficifiquement musulmane.

Pourtant, concrètement, cette référence à une identité musulmane sur une base quasi ethnique fonctionne, parce qu'elle correspond à une demande implicite des deux « côtés » : la population d'origine musulmane et l'État en Occident, car elle esquive l'identité purement religieuse. Ainsi, le gouvernement belge a fait procéder à l'élection d'un conseil représentatif des musulmans en 2001. Mais il a été décidé d'ouvrir le collège électoral aux musulmans non pratiquants (en organisant le vote en dehors des lieux de culte) et en enregistrant les électeurs sur la seule foi, si l'on peut dire, d'un document montrant leur origine musulmane. En ce sens, loin de faire place à une religion, on construit une communauté ethnique, ou plutôt néo-ethnique : les « musulmans », qui peuvent donc compter des Arabes, des Turcs et des Pakistanais sur la seule considération de leur origine, mais on inclut les convertis, qui, eux, se définissent justement sur la seule considération de la foi et sans relation avec l'origine (et même en rupture avec leur origine). Lorsque le consulat marocain de Bordeaux s'oppose à l'incinération en France d'un citoyen français (d'origine marocaine), alors que ce dernier en avait fait la demande expresse, c'est bien que l'on considère l'homme en question comme musulman par définition, indépendamment de ses croyances personnelles [17].

C'est la même démarche, dans l'autre sens, que celle effectuée par des musulmans britanniques voulant obtenir le bénéfice pour l'islam du Race Relations Act (« Loi sur les relations entre races »), qui date de 1976 et protège les différentes ethnies (sens du mot *race* en anglais britannique) de toute discrimination et diffamation. Un certain nombre de dirigeants communautaires voudraient ainsi faire reconnaître les musulmans comme une *race*, c'est-à-dire un groupe ethnique, sur le modèle des sikhs qui bénéficient de la loi (un des paradoxes est en effet qu'un sikh ne peut être licencié pour port du turban, alors qu'une musulmane voilée peut l'être, puisque le turban est considéré comme un signe ethnique et le voile un signe religieux).

Dans cette conception, peu importe en fait la pratique réelle : est musulman celui qui est d'origine musulmane, plus les convertis. On négocie sur cette base un statut avec l'État, pour être reconnu comme un groupe spécifique. On joue la carte du multiculturalisme et du droit des minorités, définissant ainsi la religion comme constituant un groupe donné et non à construire. Mais les catégories utilisées sont précisément celles des pays d'accueil et de la culture « occidentale ». On construit un groupe selon les catégories présentes sur le marché identitaire occidental, qui tendent à passer dans le droit depuis les années 1970, de l'Indien d'Amérique à l'homosexuel, promiscuité qui finira par poser problème aux musulmans les plus conservateurs.

17. « Le consulat du Maroc empêche l'incinération d'un Français », *Libération*, 13 février 2002.

Des auteurs musulmans de diverses obédiences entretiennent systématiquement cette confusion entre culture et religion, dont la conséquence est de fait l'ethnisation du religieux. Cela leur permet de faire entrer le fait musulman dans les catégories occidentales de l'ethnie – et donc du discours dominant à l'Ouest. Ce faisant, ils se donnent une base pour construire une action politique, en se présentant comme les représentants du groupe qu'ils ont défini. La confusion des deux niveaux permet de ratisser large dans un public pour qui il y a un rapport entre religion et culture d'origine (même si ce rapport est à la fois mythifié et ignoré quand il le faut).

Reste à ajuster le discours multiculturaliste à la tradition musulmane. C'est le concept du *millet* ottoman qui joue ce rôle de pont entre les deux systèmes de gestion de la différence. Le *millet* définit le groupe minoritaire sur une base exclusivement confessionnelle (les « gens du Livre », chrétiens et juifs, sont ainsi reconnus comme sujets de droit, en tant que « protégés » ou *dhimmi*). Tariq Ramadan développe en ce sens une réflexion approfondie sur le statut du *dhimmi* en monde musulman, qu'il transpose en Europe en dégageant un statut général de la « communauté » dont les membres sont citoyens d'un État, tout en relevant d'une identité et d'un droit spécifiques. Le *dhimmi* désigne ici tout minoritaire (Ramadan récuse d'ailleurs le terme), qu'il soit musulman en Occident, chrétien au Moyen-Orient, ou juif... dans l'Empire austro-hongrois (Ramadan cite positivement Otto Bauer). La problématique religieuse est ainsi insérée dans celle, plus large et plus « moderne », du multiculturalisme, le point commun étant un communautarisme explicite chez Ramadan. Si nous rangeons Ramadan parmi les tenants d'une néo-ethnicité de fait (lui-même ne peut évidemment accepter ce terme), c'est qu'une telle société suppose que chacun puisse indiquer sa communauté, donc qu'il y ait symétrie entre la définition des groupes ; en Europe, où bien peu de citoyens accepteraient de se définir juridiquement comme chrétien ou juif, la définition de la communauté des musulmans ne peut se faire que sur un critère extérieur au choix personnel (essentiellement l'origine, l'« ethnie »), même si Ramadan privilégie le choix personnel en termes de religion, ce qui est sans doute l'aporie de sa conception de l'islam en

Europe. « Vivre sa foi et sa culture [18] », écrit-il, mais quel est le statut du « et » ? Religion et culture sont-elles interchangeables ? Peut-on vivre l'islam en dehors d'une culture ? Ou bien appelle-t-on « culture » ce qui n'est que l'ensemble des normes explicites d'une religion ? Ce communautarisme s'insère dans une problématique du multiculturalisme qui doit peu à l'histoire des religions et qui est en réalité une pure production de l'Occident récent, puisqu'il ne privilégie pas la religion en tant que telle, mais des marqueurs « culturels », c'est-à-dire détachés des croyances qui leur ont donné naissance.

Le noyau dur de l'identité devient alors un système de valeurs (virginité des jeunes filles avant le mariage, insistance sur la famille, condamnation de la « dépravation » morale, donc de l'homosexualité). Ces valeurs, sérieusement remises en cause par la mixité culturelle, sont souvent préservées par des pratiques d'endogamie : les travailleurs sociaux disent que le nombre de mariages arrangés, en général avec un cousin resté au pays, augmente chez les Maghrébins et les Turcs, alors même que la scolarisation des enfants dans le système français est totale [19]. Cela va souvent de pair avec un retour de la pression sociale dans certains quartiers du fait qu'ils tendent à devenir plus homogènes ethniquement suite au départ de nombreux Français de souche. On parle donc d'une communautarisation de certains espaces urbains, autour du fait musulman.

Mais si, dans la décennie 1990, il y a bien eu un repli identitaire perceptible, en réaction sans doute aux ratés de l'intégration et à la récupération politique du phénomène beur (la marche des Beurs pour l'égalité et contre le racisme en 1983 et la déception qui suivit du fait de son instrumentalisation par le gouvernement socialiste), la question est de savoir sur quoi se fonde ce repli. Or il y a un décalage très net entre les valeurs affirmées, qui relèvent plus de sociétés traditionnelles et d'un conflit de générations, et la sociologie réelle des quartiers difficiles, plutôt marquée par la crise des structures

---

18. Pour la vision de Ramadan, voir *Islam, le face-à-face des civilisations*, Éditions Tawhid, Lyon, 1995, en particulier p. 162-182.
19. « L'Éducation nationale se mobilise contre les mariages forcés », *Le Monde*, 8 mars 2002. Notons la confusion entre mariage arrangé et mariage forcé (le premier relève de la sociologie, le second de la loi).

familiales, le poids économique des jeunes dans cette structure, le taux important de divorces-répudiations-abandons, ce qui va à l'encontre de l'idée qu'il y aurait une population structurée autour de l'islam et qui demanderait la préservation de ses valeurs. Au contraire, toute l'action des prêcheurs, quelle que soit leur tendance, est axée sur l'idée que c'est la disparition de ces valeurs qui explique la déstructuration sociale. Il ne s'agit donc pas de préserver une communauté mais de la reconstruire autour de valeurs disparues qu'on lui présuppose. Si l'on parle beaucoup du retour du voile, on voit moins le développement de la prostitution chez les jeunes filles d'origine musulmane. Comme souvent, le raidissement sur un discours des valeurs et la volonté de l'inscrire dans une continuité culturelle ou religieuse interviennent dans un contexte de crise de ces valeurs et surtout de la structure sociale qu'elles prétendent exprimer.

La distance que l'immigration et le fait minoritaire instaurent entre le croyant, d'une part, et le pouvoir politique, voire le reste de la société, d'autre part, conduit à reformuler le concept de communauté, à trouver un sens nouveau au fait de se dire croyant. Le problème de la communautarisation néo-ethnique me paraît clair : le marqueur choisi, l'islam, vise à dépasser les identités ethniques d'origine pour constituer une identité commune strictement religieuse, englobante et universelle, mais il se retourne en marqueur d'une nouvelle ethnicité, où le musulman n'est qu'occasionnellement croyant et pratiquant. On le voit bien dans la confusion entre « Arabe » et musulman en France, « Asian » et musulman en Grande-Bretagne. Tout « arabe » est supposé musulman potentiel ; tout musulman est perçu comme « importé », y compris les convertis, en général classés dans la rubrique de l'exotisme ou de l'excentricité.

On retrouve cette confusion entre religion et culture chez presque tous les auteurs qui veulent promouvoir un statut de « groupe minoritaire » pour les musulmans. Le sociologue Muhammed Anwar, qui écrit pour un institut typiquement néo-fondamentaliste, passe constamment d'un niveau à l'autre : « La religion est une part importante et sensible de l'identité ethnique, et les besoins religieux des différentes communautés en Grande-Bretagne sont vraiment considérables. Ces besoins sont tout aussi importants pour la deuxième et la troisième génération de musulmans britanniques, nés et élevés dans un environnement autre que celui de la première génération des musulmans émigrés, qui a vécu des tensions entre culture majoritaire et culture minoritaire [20]. » Plus loin, il définit la culture musulmane en termes anthropologiques : « Le système traditionnel de la famille chez les musulmans est la famille étendue [21] », sans voir qu'il s'agit d'un système qui n'a rien de musulman, mais qui est très méditerranéen et oriental (de la famille romaine à la famille corse). Puis il constate que la famille étendue tend à perdre de son importance pour la deuxième génération : il indique que 58 % des jeunes musulmans interrogés dans son enquête préfèrent la famille restreinte.

Quelles conclusions en tirer ? L'auteur n'en dit rien, mais il est clair qu'il faut faire un choix : ou bien la famille étendue est un schéma anthropologique qui a à voir avec des cultures traditionnelles méditerranéo-orientales, et il n'y a pas de *muslim culture* en ce sens, ou bien les jeunes qui passent à la famille restreinte sont de mauvais musulmans – ce que l'auteur n'affirme pas. Le concept de culture musulmane, qu'on le prenne dans sa dimension anthropologique, sociologique ou civilisationnelle (production littéraire et artistique), ne fonctionne pas. Mais ici aussi, il est paradoxal de voir que les premiers à s'opposer en terres d'islam à la définition d'une culture qui dépasserait le champ religieux (à savoir les néo-fondamentalistes) récupèrent le concept occidental de culture pour faire reconnaître en Occident une communauté islamique.

Ce va-et-vient entre religion et culture n'est pas propre à l'islam en Occident. Le « retour du religieux » tourne souvent moins autour du renouveau de la pratique que de l'utilisation de marqueurs religieux pour définir des groupes communautaires, à partir de l'effacement ou de la délégitimation d'autres marqueurs identitaires (linguistiques, culturels, territoriaux). En ce sens, nous avons affaire à un phénomène d'ethnisation du religieux, mais sur le mode de la recomposition communautaire. Cette communautarisation est perceptible sur

---

20. *Young Muslims in Britain*, The Islamic Foundation, Leicester, 1994, p. 12.
21. *Ibid.*, p. 24.

différents espaces : le conflit en Bosnie, l'opposition entre chi'ites et sunnites au Pakistan, les musulmans en Inde, les Mohajer du Pakistan, les Hui en Chine... Le terme « *mohajer* » désigne les musulmans qui ont quitté l'Inde pour le Pakistan, afin de vivre dans un État musulman, quelle que soit leur identité ethnique ou régionale d'origine. Leur langue est l'ourdou, langue « musulmane » et non ethnique. Ils s'identifient donc entièrement au projet pakistanais, car, contrairement aux Pathans, Baloutches et Punjabis, déjà présents sur le territoire pakistanais, ils n'ont pas d'identité de rechange. Le général Zia, promoteur de l'islamisation du Pakistan, était un Mohajer. Et pourtant, dans les années 1980, l'identité *mohajer* devient uniquement une identité « ethnique ». Le Muhajer Qawmi Movement (Mouvement national mohajer, rebaptisé vers 1997 Mottahed Qawmi Movement), basé à Karachi, lutte pour que la communauté soit reconnue comme une ethnie au même titre que les Punjabis, Pathans, Sindhis et Baloutches. Le problème est que, par définition, les Mohajer n'ont pas de territoire et sont des urbains. La logique de la revendication ethnique pousse donc à exiger un territoire : la ville de Karachi et une portion du Sindh, où les autres « minorités », qui sont indigènes, se verraient reconnaître, cela va de soi, un statut. La boucle est bouclée : un marqueur au départ religieux (l'*hijra* ou hégire) est devenu exclusivement ethnique, mais cette ethnie est une construction.

On retrouve peut-être un phénomène de même type avec les alévis turcs. L'alévisme (minorité musulmane chi'ite) recrute aussi bien parmi les Turcs que les Kurdes. Jusqu'à récemment, les alévis s'identifiaient à la laïcité, tandis que nombre d'alévis kurdes, dans la province de Dersim, adhéraient à un Parti des travailleurs du Kurdistan (PKK) alors marxisant. Mais un double mouvement s'est fait jour à la fin de la décennie 1980 : d'une part, l'État kémaliste officialise l'islam (en particulier, par l'obligation de l'enseignement religieux) et, d'autre part, le PKK quitte ses références antireligieuses et donne une coloration musulmane à sa propagande. Or l'islam officiel turc, défini par la direction des Affaires religieuses (le Dyanet), est un islam exclusivement sunnite, à forte connotation anti-chi'ite. Un mouvement d'opinion émerge parmi les alévis, obligés de faire un choix (l'enseignement religieux reconnaît les chrétiens, mais non les athées ; il oblige les citoyens à se définir selon une religion) pour être reconnus comme communauté religieuse. De même, l'évolution musulmane sunnite du PKK du début des années 1990 pousse certains alévis kurdes à se définir non plus comme Kurdes, mais comme *zaza* (nom du dialecte parlé par les Kurdes du Dersim, en majorité alévis, et jusqu'ici considéré comme un dialecte kurde). On voit donc se dessiner un double mouvement pour définir les alévis comme communauté, soit à partir d'un marqueur religieux, soit à partir d'un marqueur linguistique, alors que la question ne se posait pas jusque-là. D'où le paradoxe d'un État qui se prétend laïque mais qui, en islamisant l'enseignement, contraint la communauté à faire le choix de son critère de différenciation [22].

La religion est donc bien souvent un marqueur communautaire sans rapport avec la pratique religieuse réelle, et son effet se répercute d'abord dans le champ du politique. Ce phénomène n'est pas propre à l'islam : on mentionnera pour mémoire l'Irlande du Nord, mais aussi certaines Églises orthodoxes, qui sont ethniques et peuvent précéder l'apparition de l'État-nation (l'Église orthodoxe macédonienne a été fondée en 1967), ou bien l'ignorer (les syriaques de Turquie). Cette communautarisation par la religion n'est pas due à une conviction : on n'est pas ici dans une structure du type des guerres de Religion comme dans l'Europe du XVIe siècle, où le choix de la religion est largement idéologique, dans le sens où il met en cause une vision du monde, un rapport différent à l'autorité, voire à l'argent (l'éthique du protestantisme, selon Max Weber). Lorsque la religion devient le marqueur essentiel d'une communautarisation, cela n'entraîne pas nécessairement un regain de la pratique religieuse [23].

Mais cette ethnicisation est souvent assumée positivement, même par des mouvements néo-fondamentalistes, pourtant supposés être

22. Martin van Bruinessen, « Nationalisme kurde et ethnicités intra-kurdes », *Peuples méditerranéens*, n° 68-69, p. 11-37. Voir aussi la thèse (non publiée) d'Élise Massicard, Institut d'études politiques, Paris.
23. Les protestants de l'Ulster ne sont guère pratiquants, comme le note Elizabeth Picard *in* « De la domination du groupe à l'invention de son identité », *Cartes d'identité* (sous la dir. de Denis-Constant Martin), Presses de la FNSP, 1994, p. 157.

universalistes. Ce qui pourrait la remettre en cause serait un mouvement massif de conversions, qui casserait la relation entre groupe ethnique et religion. Or peu de mouvements néo-fondamentalistes sont vraiment prosélytes, contrairement à leurs homologues chrétiens (une exception serait la secte des Ahbash, d'origine libanaise, mais elle reste très isolée). Si les baptistes, mormons et témoins de Jéhovah sont très prosélytes, les tablighis (comme d'ailleurs les loubavitch pour les juifs) prêchent uniquement chez les musulmans considérés comme tels. La conversion à l'islam en Occident reste numériquement marginale, même si elle est symboliquement importante, comme le montre l'impact dans l'opinion publique occidentale de la découverte de dizaines de convertis parmi les combattants d'al-Qaïda à l'automne 2001. On constate cependant une certaine méfiance par rapport au converti, y compris du côté musulman. Celui-ci sera mis en avant, mais jamais investi de fonctions réelles : Youssouf Islam, ex-Cat Stevens (qui de plus est riche), et Roger Garaudy ne jouent aucun rôle dans l'organisation d'une communauté musulmane en Europe.

En fait, les néo-fondamentalistes vivent sur une vision défensive d'une communauté musulmane qui serait menacée de destruction (Bosnie, Tchétchénie, Palestine), mais surtout d'assimilation. Comme le dit Abu Hamza : « Si vous êtes incapables de préserver une identité islamique, pourquoi penser à John ou Shirley qui se font musulmans tous les 36 du mois pour disparaître ensuite... Vous n'avez pas à vous intéresser à cela, vous avez à vous intéresser au maintien de votre propre identité dans votre propre société et à préserver les musulmans comme musulmans. » Cet « islam du ressentiment », très bien décrit par Abdelwahab Meddeb [24], explique le repli sur l'identitaire de milieux que leur idéologie devrait en fait pousser au prosélytisme.

---

24. *La Maladie de l'islam, op. cit.*, p. 19.

La sous-culture urbaine et occidentale des jeunes des banlieues

En écartant l'idée d'une communauté musulmane constituée, nous ne voulons pas dire que l'intégration fonctionne à tout coup. Il y a bien une « communautarisation », qui est aussi la conséquence d'une différenciation sociale, générationnelle et urbaine, et qui s'exprime dans un deuxième temps selon une terminologie néo-ethnique : les quartiers difficiles tendent à devenir plus homogènes en termes d'origine des populations. Le rôle de l'islam est souvent mentionné en Europe dans la perspective d'une radicalisation des « jeunes de banlieues ». En France, la majorité des détenus sont d'origine musulmane [25] ; chaque crise au Moyen-Orient fait craindre une flambée de violence (guerre du Golfe en 1991, seconde Intifada en septembre 2000, campagne d'Afghanistan en automne 2001) ; enfin, les jeunes Français qui ont rejoint Bin Laden ou qui ont commis des attentats dans la décennie 1990 sont presque tous issus des quartiers difficiles. Il est certain qu'un mouvement d'islamisation a pénétré dans les banlieues à la fin des années 1980, avec quelques points forts comme la banlieue de Lyon, d'où était originaire Khaled Kelkal, et où plusieurs jeunes liés à al-Qaïda ont été identifiés en janvier 2002 (comme, à Vénissieux, Nizar Benchellali, fils d'un imâm d'une mosquée de quartier). Les affaires de voile porté par des jeunes filles dans les collèges et les lycées ont aussi agité la presse. Enfin, depuis la seconde Intifada, plusieurs agressions ont eu lieu dans certaines banlieues contre des synagogues ou des écoles juives.

Nous étudions par ailleurs la question de la radicalisation islamique chez les jeunes. Mais il convient de faire une remarque préalable : les cas en question touchent quelques centaines de jeunes sur une classe d'âge d'enfants de deuxième génération comptant des dizaines de milliers de membres. D'autre part, les mouvements de solidarité envers les jeunes radicaux, lors de leur mort ou de leur arrestation, ne touchent que des milieux très restreints (les militants

---

25. Voir la recherche en cours sur l'islam dans les prisons, par le Centre d'analyse et d'intervention sociologiques (EHESS, Paris).

ou leur quartier d'origine, sur une base plus souvent localiste qu'idéologique). Enfin et surtout, la réislamisation se fait d'abord de manière sectaire (une mosquée autour d'un leader charismatique), en rupture avec la culture et les codes de jeunes de certains quartiers (condamnation de la drogue par exemple). Elle ne s'étend à l'ensemble d'un quartier que de manière sporadique et dans la mesure où elle conforte une identité de repli (la pratique du ramadan comme expression d'une identité collective locale, ou bien l'exclusion des filles de l'espace public).

Ce que l'on voit dans les banlieues ou les quartiers difficiles relève plus de l'ethnisation d'un espace d'exclusion sociale que de la mise en place d'un ghetto culturel ou religieux. D'abord, la culture des jeunes Beurs est une sous-culture urbaine occidentale et non pas une importation du Moyen-Orient. Par leur langage (le verlan bien français, précisément hérité des espaces indigènes d'exclusion sociale de la fin du XIXᵉ siècle), leurs vêtements (casquettes de base-ball, chemises Lacoste, chaussures Nike), leur musique (rap et hip-hop), leur goût culinaire (fast-food) et leur soif de consommation, les jeunes Beurs sont plus proches de leurs homologues français de souche et des Blacks américains que du bled d'origine des parents. Sur certains aspects, leurs comportements vont à l'encontre de ce qui constituerait un trait culturel musulman (par exemple, la mode des pit-bulls élevés en appartement, alors que l'islam répugne à voir un chien dans une maison).

Bien entendu, on trouve aussi des formes de métissage culturel (comme le raï), mais même s'il y a un raï islamique, il s'agit d'une musique maghrébine contemporaine et non pas d'un apport de l'islam. En fait, la réislamisation s'attaque justement à l'identité beur, au nom d'un discours ascétique et puritain de refus de la consommation de biens culturels et de signes occidentaux, même si certains veulent réhabiliter une forme de délinquance au nom de la lutte (ce qui rappelle l'« expropriation révolutionnaire » des gauchistes de naguère). Les islamistes récusent évidemment l'appellation « beur » au profit de « musulman », ou à la rigueur d'« arabe ». Comme le pasteur méthodiste qui prêche au milieu des jeunes Noirs des quartiers pauvres aux États-Unis, l'imâm de banlieue, quelle que soit sa vision politique, appelle les jeunes à une rupture avec leur mode de vie. Mais le discours puritain fascine et repousse à la fois : pour quelques dizaines de vrais combattants, combien de jeunes Beurs ont fait le voyage à Peshawar et en sont bien vite revenus, écœurés par la discipline des camps d'entraînement ? Si l'identité beur relève bien d'une forme de néo-ethnicité, combinant statut social, localisation urbaine et origine familiale, la réislamisation s'inscrit précisément en rupture avec les formes d'identité acquises à la suite du phénomène migratoire.

Chapitre 3

L'individualisation de la religiosité

La séparation entre religion et culture est donc un fait. La reconstruction néo-ethnique n'est qu'une manière illusoire de rétablir un lien nécessaire entre religion et culture, en définissant une contre-société ou une sous-culture dans un ensemble qui n'est pas musulman. Illusion, parce que en fait c'est la société dominante, l'autre, qui définit non seulement la place mais la nature même de ce qu'on appellerait la « communauté musulmane ». L'expérience minoritaire conduit nécessairement à penser l'islam comme une expérience religieuse, peut-être totalisante pour le croyant, mais sans possibilité d'inscrire cette totalisation dans la société existante. Bien plus, comme nous le soulignons régulièrement, cette séparation de fait entre l'expérience religieuse, le politique et le culturel, c'est-à-dire, en un mot, la sécularisation, s'impose peu à peu aux sociétés traditionnellement musulmanes.

Ce à quoi nous assistons, sous des noms divers, c'est bien en réalité à des tentatives de constituer l'islam comme une « simple » religion, fondée avant tout sur la foi individuelle et le libre choix de rejoindre (ou non) la communauté. Mais ces reconstructions peuvent prendre des formes très différentes, y compris fondamentalistes. Ce que nous voulons montrer ici, c'est que ce sont les mêmes mécanismes qui sont à l'œuvre dans le néo-fondamentalisme et dans les reconstructions libérales et humanistes (individualisation, insistance sur la foi, refus des cultures incarnées), mais assurément selon des registres très différents. C'est ce qui explique la difficulté de classer les expressions de l'islam : tel imâm, violemment opposé au radicalisme politique, soutiendra fermement l'obligation du port du voile pour les jeunes filles croyantes, sans vouloir l'imposer pour autant.

Entre radicaux et libéraux, toute une frange de conservateurs va concilier la défense de valeurs traditionnelles (non-mixité, mariage) précisément en termes de valeurs, c'est-à-dire selon une expression moderne et non juridique de la norme. Mais alors que les libéraux et certains conservateurs assument cette transformation de l'islam et reprennent explicitement un discours des valeurs, de la foi et de la sphère privée, les néo-fondamentalistes continuent à se référer à la primauté de la communauté, qui devient alors virtuelle.

Cette communauté se définit d'abord en termes de code (faire, ne pas faire) et de frontière (on est dedans ou dehors), et non en termes de culture ou de territoire. Dans tous les cas, nous sommes dans la nécessaire explicitation, à la fois sollicitée de l'extérieur (un journaliste de télévision exige de son interlocuteur musulman, quel qu'il soit, qu'il se prononce immédiatement sur Bin Laden, Rushdie ou le voile) et imposée par la disparition de l'évidence sociale de la religion. Nous examinerons donc ici les effets de la perte de l'évidence et de la crise d'autorité, puis les formes d'individualisation et enfin les réponses humanistes et néo-fondamentalistes.

La perte de l'évidence religieuse

Le passage à l'Ouest modifie le rapport à la religiosité qui prévalait dans le pays d'origine, pour trois raisons : la dilution de l'identité et de la communauté ethnique d'origine, l'absence d'autorités religieuses islamiques légitimes dans les pays d'accueil, qui puissent dire ce qu'est la norme, et enfin l'impossibilité d'une coercition juridique tout autant que sociale, communautaire et coutumière, qui inscrive la pratique religieuse dans l'ordre de l'évidence et du conformisme social. La religiosité doit donc s'éprouver comme choix et comme foi. Certes, ce n'est pas le passage à l'Ouest en soi qui entraîne l'individualisation de la pratique religieuse : choix, contrainte sur soi-même, spiritualité, intériorité… ont toujours été des éléments clés de la religiosité musulmane (de toute religiosité d'ailleurs). Ce qui est nouveau, c'est que ce choix doit être constamment renouvelé, mis en avant et explicité, dans une société où rien n'encourage l'islam passif, communautaire et conformiste, et où le droit religieux ne peut se maintenir que comme norme éthique.

La perte de l'évidence vient d'abord de la disparition d'un horizon social de sens. Dans les sociétés musulmanes, le ramadan, même s'il est transgressé, est indiqué et facilité par l'environnement social : publication et « sonorisation » de l'*iftar* (rupture du jeûne), compréhension envers le jeûneur, éventuellement modification des horaires de travail, transformations de l'*iftar* en formes de sociabilité (on invite ses amis, les hommes politiques reçoivent). On dispose de lieux où prier. Le vocabulaire, les formules de salutations, les boutiques, la cuisine : tout porte l'idée que la pratique est soutenue par le contexte social, même si elle est épisodique. Le mollah ou l'ancien n'est jamais loin. Or le passage à l'Ouest fait disparaître l'islam du paysage et de l'évidence sociale. Ce qui était simple car dans le non-dit, dans l'habitus, dans le consensus…, doit soudainement se formuler explicitement. L'islam devient un objet de réflexion.

Cette perte n'est bien sûr pas propre à l'islam. Elle va de pair avec un glissement général de la religion comme principe organisateur de la société dans son ensemble aux « groupes volontaires, dont l'existence dépend de l'adhésion des individus[1] ». « Qu'est-ce que l'islam ? » devient une question préalable… Eickelman et Piscatori parlent d'une « objectivation » de l'islam, c'est-à-dire que ce dernier est posé comme objet de réflexion et non plus vécu comme partie intégrante d'une praxis et d'une culture[2], une réflexion à rapprocher du « christianisme objectif » de Michel de Certeau[3].

Cette question préalable n'entraîne pas nécessairement une nouvelle réflexion philosophique ou théologique, mais souvent se suffit à elle-même dans la mesure où elle installe en tant qu'acteurs ceux qui posent la question. L'interrogation a valeur heuristique, plus que la réponse. Le passage à l'Ouest implique sinon une reformulation de l'islam, du moins la nécessité de réfléchir sur ce qu'est le « vrai islam » détaché de ses incarnations culturelles et de son évidence

---

1. D. Hervieu-Léger, *La Religion pour mémoire*, *op. cit.*, p. 131.
2. D. Eickelman, *in* Eickelman et Piscatori, *Muslim Politics*, Princeton University Press, 1996, p. 38.
3. Cité par D. Hervieu-Léger in *La Religion pour mémoire*, *op. cit.*, p. 91.

sociale. Il pousse penseurs et militants (comme Tariq Ramadan) à définir un islam qui n'est plus lié à une société donnée, et encore moins à une société musulmane, ce qui implique un glissement du social à l'individuel et/ou au communautaire : individualisation et reconstruction d'un lien identitaire à partir de choix individuels relèvent d'une même logique. Certains auteurs vont jusqu'à valoriser ce passage, faisant paradoxalement de l'émigration un parallèle inversé de la *hijra* du Prophète : émigrer vers des terres non musulmanes permet de mieux revenir à un islam authentique. Tariq Ramadan le dit explicitement, en soulignant que les musulmans sont souvent plus libres de pratiquer leur religion en Europe que dans maints pays d'origine, au sens bien sûr de la pratique véritable et non d'un simple conformisme social [4].

Un autre auteur (libéral celui-ci), Muqtedar Khan, écrit : « En fait, l'opportunité pour tant de groupes ethniques musulmans de se rassembler [en Occident] pour une cause islamique, sans être divisés par des nationalismes stupides, a reproduit, au bout d'un certain temps, une vraie communauté en microcosme, dégagée des sentiments nationalistes et des cultures ethniques [5]. » Un autre auteur écrit : « L'oumma signifie une communauté construite sur certaines valeurs. Par exemple, les fondateurs de ce pays [les États-Unis] ont quitté l'Europe et sont venus ici avec certaines valeurs. Ils n'ont pas trouvé la place pour développer ces valeurs en Europe, et ont donc décidé de trouver un autre lieu. Ils sont venus avec leurs valeurs construire ce pays. C'est une oumma et non pas une nation, car la nation est construite sur un territoire et non sur des valeurs [6]. » Explicitement, la référence aux valeurs a remplacé ici l'évocation d'une permanence culturelle.

La perte de l'évidence fait que l'islam doit s'affirmer de plus en

---

4. *Les Musulmans dans la laïcité, op. cit.*, p. 101.
5. *Political Islam Discussion List*, 2 juillet 2001. La solution que propose Muqtedar Khan est une sorte d'américanisation de l'islam (voir le titre de l'article : « Emerging American Muslim Perspectives »). Ses conclusions sont donc rejetées par les fondamentalistes, mais non pas l'analyse de départ.
6. « There is no justice with dictatorship », interview de Cheikh Taha Jabir Alalwani, président de la Graduate School of Islamic and Social Sciences, sur *Political Islam Discussion List*, 13 janvier 2002.

plus comme un choix individuel, comme l'expression d'une foi affichée et proclamée mais aussi tenue de se dire, voire de s'expliquer, à la fois devant des coreligionnaires qui ont une autre conception de l'islam et devant des « Occidentaux » qui demandent des gages d'insertion. C'est aujourd'hui la problématique du voile volontairement porté : il est réappropriation et affirmation de soi, et non plus signe de conformisme social [7]. D'où, parfois, ce qui peut apparaître comme un certain exhibitionnisme dans l'inscription d'une islamité personnelle dans l'espace public. Même les formes de recommunautarisation se font sur une problématique « individualiste », ne serait-ce que parce que le retour à une stricte observance reste de l'ordre du choix personnel, faute d'un environnement social coercitif, du type saoudien ou taliban. Dans les néo-confréries, par exemple, souvent issues de branches traditionnelles, l'adhésion du croyant est individuelle et ne repose plus sur son appartenance à un groupe de solidarité antérieur. La norme doit toujours être reprise à son compte personnel. Cependant, si elle ne fait pas sens, ce n'est pas, encore une fois, une conséquence du libéralisme des prédicateurs, mais précisément parce que l'islam européen est déterritorialisé, dépourvu d'institutions qui imposeraient ses normes. En Grande-Bretagne, depuis peu, un conseil chariatique donne des *fatwa* à la demande des croyants, mais sans aucune possibilité de les imposer, et il accepte bien entendu le volontariat de la démarche [8] : cela donne un sens tout à fait différent à la notion même de loi, même si ces *fatwa* sont parfaitement orthodoxes. La *fatwa* redevient une simple consultation juridique, un avis autorisé, et non un ordre ou un jugement. En fin de compte, c'est le croyant qui décide, et non la loi ni la société.

La distinction entre l'énonciation (toujours individuelle) et son contenu (qui peut être aussi bien libéral que fondamentaliste) permet de comprendre que des formes apparemment très différentes d'affirmation du fait islamique (réformisme, humanisme, « salafisme », et même le renouveau des ordres soufis) participent de cette individualisation. Il n'est pas évident de voir que tant la reconstruction huma-

---

7. Voir le livre de Farhad Khosrokhavar, *L'Islam des jeunes*, *op. cit.*
8. *Fatwa Committee* du centre culturel islamique de Park Road, Londres ; voir aussi *islamonline.org*, et son extension *searchfatwa*.

niste de l'islam – centrée sur l'épanouissement de soi, la foi et le respect de normes éthiques et de valeurs – que les nouvelles formes de fondamentalisme radical relèvent d'un même processus d'individualisation, d'une même réaction à la perte de l'évidence. Ce qui explique les ambivalences apparentes de nombre de penseurs et d'acteurs (Tariq Ramadan est-il un Frère musulman, un communautariste ou un libéral ?) et la difficulté (voire l'inutilité) de classer les différentes approches sur un axe qui irait du fondamentalisme communautaire au libéralisme humaniste. Le retour à l'islam des jeunes de banlieue, à partir d'une matrice commune (« s'en sortir »), peut déboucher sur des choix totalement différents : les deux frères Moussaoui (l'un deux, Zacarias, a été inculpé aux États-Unis pour la préparation de l'attentat du 11 septembre) n'ont pas été élevés de manière religieuse ; tous deux ont rejoint l'islam, mais sur des bases différentes – l'un en faveur d'al-Qaïda, l'autre d'une confrérie, les Ahbash, portée sur le prosélytisme en milieu non musulman. Ce que nous appelons le souci de soi ou la quête du salut peut fonctionner sur les deux registres de l'humanisme libéral ou du néo-fondamentalisme.

Il ne faut donc pas réduire le néo-fondamentalisme à une vision strictement juridique de l'islam : il y a une dimension mystique, voire quiétiste. Chacun doit œuvrer pour la satisfaction (*rizayat*) de Dieu, sans attendre nécessairement le succès sur terre, donc se comporter individuellement en bon musulman et tenter d'influencer les autres (ce qui est effectivement bien loin de la volonté des islamistes de réaliser collectivement un projet de société islamique). Effort sur soi, quête du salut, relation directe à Dieu sans passer par des intermédiaires, qu'il s'agisse d'un parti, d'institutions savantes ou de théologiens : tous ces éléments se retrouvent aussi bien chez les tenants d'un néo-fondamentalisme radical que chez ceux qui développent un spiritualisme humaniste.

Cette individualisation se retrouve dans les thèmes (l'islam comme facteur d'épanouissement de l'individu, par exemple ; comme discours de rupture par rapport à la tradition, ou bien comme explicitation de la conversion), dans les modes d'énonciation (« moi qui vous parle, je vous dis ce qu'est l'islam »), ou bien dans l'adresse (« je m'adresse à vous, à toi, pour donner une réponse à un problème concret dans votre, ton, rapport à la société »), même si le contenu du discours reste très orthodoxe, voire fondamentaliste. La réinvention du religieux se fait à partir de l'individu, même dans la recherche d'une nouvelle forme de communauté [9]. L'individualisme va aussi de pair avec l'égalitarisme : nul ne peut se prévaloir d'une hiérarchie due au savoir.

Cette soudaine liberté inquiète bien sûr les éléments traditionalistes : comment imposer la norme ? On a alors parfois recours à des formes de coercition propres aux sociétés traditionnelles (marier les filles jeunes, les ramener au pays, voire perpétrer les « crimes d'honneur »), ou bien à des techniques modernes d'intimidation (les fameuses *fatwa* politiques contre l'écrivain Salman Rushdie). Mais comme souvent, ce combat d'arrière-garde ne fait que masquer l'inéluctabilité du changement et entraîne un rejet violent de l'opinion non musulmane. Il est d'ailleurs de bon ton aujourd'hui, dans les milieux hostiles à l'islam, de se réclamer d'une *fatwa* contre soi pour se mettre en avant, en général en écrivant sous pseudonyme [10].

Une autre formule consiste à demander aux autorités des pays d'accueil d'assurer la défense du dogme, par exemple en réclamant le bénéfice de la loi britannique contre le blasphème à propos de l'affaire Rushdie. Il s'agit en quelque sorte de faire entériner par un État non musulman une partie du statut juridique islamique. C'est tout l'enjeu de l'affaire du voile en France, qui, dans le fond, a été bien gérée par le Conseil d'État : en accordant le droit de porter le voile s'il n'y a pas de prosélytisme, le Conseil fait bien la distinction entre ce qui relève de l'affirmation de la foi personnelle (légitime) et ce qui relève d'une affirmation communautaire avec une dimension

---

9. Voir *Paroles d'Islam : individus, sociétés et discours dans l'islam européen contemporain* (sous la dir. de Felice Dassetto), Maisonneuve et Larose, European Science Fondation, 2000. Nous reprenons dans ce chapitre des exemples concrets tirés des différentes contributions de cet ouvrage.

10. Daniel Pipes, « Khalid Duran, an American Rushdie ? », 4 juillet 2001, GAMLA. En France, le livre d'Abou Warraq, *Pourquoi je ne suis pas musulman* a été promu sur le thème qu'une *fatwa* menacerait l'auteur. Bien sûr, on trouvera toujours un petit cheikh quelque part, prêt à délivrer des *fatwa* (c'est l'objet même de ce livre), mais la référence à des *fatwa* marginales ou imaginaires est désormais un argument de vente.

coercitive (du fait de la pression sociale sur les jeunes musulmanes non voilées). Les tentatives d'obtenir ainsi un statut symétrique à celui de *dhimmi* (reconnaissance d'un droit communautaire) n'ont pas de succès.

Mais si cette évolution est rapide en Occident, le monde musulman traditionnel est aussi en pleine mutation et ne cesse de s'interroger sur son rapport à une modernité perçue d'abord comme exogène. Le Moyen-Orient reste producteur d'écrits et de normes et fournit encore des imâms et des prédicateurs qui voyagent en Occident. La plus grande université islamique (al-Azhar au Caire), les réseaux de *madrasa* et la plupart des instituts islamiques se trouvent au Moyen-Orient. D'autre part, un certain nombre de processus à l'œuvre en Occident se déroulent également dans le Moyen-Orient. Un bon exemple en est la Turquie (qui refuse d'ailleurs d'être un pays du Moyen-Orient), où, paradoxalement, bien des « musulmans confessants » se vivent comme des minoritaires, à la fois dans la société et par rapport au pouvoir politique ; on peut observer en Turquie, comme en Europe, une problématique du voile, et la quête d'un cheminement professionnel et social qui soit à la fois compatible avec et balisé par des normes éthiques islamiques. Sous d'autres espaces, des oulémas s'efforcent aussi de penser l'islam en termes de morale pratique (le cheikh Bouti en Syrie par exemple). Mais, plus globalement, on pourrait peut-être indiquer que les processus que nous étudions font partie intégrante de la globalisation de l'islam, de son détachement par rapport à un territoire historiquement déterminé (le Moyen-Orient), qui a de toute façon perdu depuis des siècles sa suprématie démographique dans le monde islamique, et, depuis la chute de l'Empire ottoman, toute prétention à un leadership politique. Il est sans doute aussi en train de perdre son leadership religieux et intellectuel (la conjonction d'un néo-fondamentalisme militant et de régimes conservateurs peu soucieux de débats intellectuels n'augure pas d'un renouveau islamique *in situ*).

La crise de l'autorité et les acteurs du nouveau discours religieux

Le paradoxe de la réislamisation à laquelle nous assistons depuis plus de vingt ans est que, en multipliant les lieux de formation et en mettant l'énonciation religieuse à portée de tous, elle contribue à délégitimer les institutions traditionnelles, au moment où ces dernières sont en général récupérées par les régimes en place pour leur fournir une caution religieuse dans leur lutte contre l'islamisme. Le développement des réseaux de *madrasa*, que nous avons noté plus haut, ne revient pas à mettre en place un nouveau clergé ou de nouvelles autorités religieuses, mais il contribue au contraire à la crise de l'autorité et au développement de l'individualisation de la pratique religieuse, tout en contribuant à diffuser une nouvelle orthodoxie, très proche du wahhabisme saoudien (la doctrine officielle en vigueur dans le royaume), et que j'ai appelée néo-fondamentalisme.

L'islamisme avait en son temps contesté fortement les oulémas traditionnels. Dans le post-islamisme, ce n'est pas la critique qui prévaut mais le brouillage des catégories : la juxtaposition des cursus (religieux et séculiers), l'autodidactisme, le développement d'instituts de formation au cursus comparable aux écoles et universités profanes, la circulation de savoirs religieux dans des réseaux non contrôlés (cassettes, brochures, conférences, Internet), tout cela remet en cause le statut spécifique des oulémas, d'autant que l'information est désormais aisément accessible grâce à la généralisation de l'enseignement et au développement de supports bon marché. Les figures opposées de l'intellectuel et du savant religieux se brouillent toutes deux : le développement de réseaux de *madrasa* privées et la vulgarisation d'un savoir religieux peu élaboré, grâce aux nouveaux supports, font que beaucoup de jeunes se croient devenus savants en religion, mais à la manière des oulémas et non des intellectuels, c'est-à-dire par référence à un savoir dogmatique et non critique.

La dissémination des nouveaux savoirs suppose la généralisation non seulement de l'alphabétisation, mais aussi de techniques d'accès au savoir (livres, cassettes, Internet) et une familiarisation avec un certain langage, une certaine aptitude à l'idéologisation, même vide, bref d'un cadre scolastique, d'un enchaînement des raisons, et aussi, tout récemment, de l'accès à l'ordinateur et à la Toile [11]. L'abondance de « textes » va de pair avec leur faible profondeur et leur répétition. On retrouve un côté incantatoire, un rituel de la parole et un type de polémiques en quelque sorte réactualisés et réhabilités par les lieux de débat modernes. Si Internet n'a pas encore largement pénétré les sociétés traditionnelles [12], il est nettement plus répandu chez les musulmans en Occident, où l'usage de l'anglais (et dans une mesure moindre du français) permet l'accès et la circulation d'un savoir vulgarisé. En un mot, il n'y a plus ni une langue (l'arabe savant) ni un corpus dont l'accès soit contrôlé par les seuls oulémas. Le post-islamisme continue le brouillage des catégories que l'islamisme avait impulsé. Mais les questions juridiques et l'activisme l'emportent sur tout ce qui est de l'ordre de la réflexion intellectuelle. Le brouillage se fait par le bas.

La production religieuse s'est donc diversifiée ; elle est souvent le fait d'individus sans liens avec les institutions traditionnelles d'enseignement islamique, et ils sont eux-mêmes sans formation religieuse particulière (une bonne partie d'entre eux sont des scientifiques) ; ils travaillent la plupart du temps en « électrons libres », sans constituer d'écoles, soit comme courants de pensée, soit comme institutions spécifiques. Abou Hamza, l'un des imâms les plus virulents du « Londonistan » des années 1990, est fier d'être autoproclamé [13]. Il a fait des études d'ingénieur et déclare à une question sur son *ijaza*, c'est-à-dire l'autorisation donnée par un savant reconnu : « Les gens qui ont reçu une *ijaza* ne nous donnent rien d'autre qu'un mal de tête... A quoi sert tout ce savoir "islamique" s'il ne fait rien de positif pour le peuple musulman et l'islam ? » Mais ce détachement des institutions traditionnelles se retrouve autant chez des conservateurs apolitiques, comme Jamil Badawi, professeur d'éco-

---

11. W. R. Roff (sous la dir. de), *Islam and the Political Economy of Meaning*, Croom Helm, 1987, p. 26. Sherif Mardin, cité par D. Eickelman, explique que l'extension du nourdjouisme n'est possible que par celle de l'éducation.
12. Mamoun Fandy, « Information technology, trust, and social change in the arab world », *The Middle East Journal*, t. 54, n° 3, Washington, été 2000.
13. *www.supporterofshariat.org/eng/abuhamza.html*, 23 décembre 2000.

nomie en Amérique du Nord, que chez des libéraux comme Soroush, ingénieur à l'origine, ou Khaled Abou El Fadl, entièrement formé dans le cadre des universités américaines.

En fait, à part les membres d'un mouvement sectaire comme le Hizb ut-tahrir, qui ne cite aucun théologien contemporain, les jeunes activistes autoproclamés utilisent volontiers des sources théologiques en provenance du monde musulman. Il y a bien une littérature en provenance des pays d'origine qui est lue et distribuée en Occident (des auteurs comme Qaradawi, Ghazali, Nadwi...). Le succès d'Ahmed Deedat (décédé en 2001) et de ses cassettes vidéo s'explique largement parce qu'il était lui aussi en position de musulman minoritaire (en Afrique du Sud). Seulement, cette littérature est appréhendée par les musulmans désireux de se donner une meilleure formation religieuse sur le mode de l'autodidactisme. C'est-à-dire que, quelle que soit l'origine de la littérature religieuse, elle fait l'objet d'une réappropriation sur un mode individuel et non d'une diffusion normée par la pédagogie et le contrôle institutionnel d'un réseau de *madrasa*. Bien sûr, à travers l'analyse des ouvrages populaires dans l'islam européen, il faudrait sans doute s'interroger sur ce qui fait la popularité de tel ou tel ouvrage. L'accessibilité dans une langue européenne est certainement un critère de choix ; mais il y a justement une sélection des ouvrages opérée par les traducteurs, qui ne sont presque jamais des clercs eux-mêmes. Il y a ici un rôle de médiateurs des interprètes, en particulier, pour le français, des musulmans originaires du sous-continent indien et vivant à la Réunion ou à l'île Maurice (Deedat est sans doute dans cette catégorie pour les anglophones).

Cette relation relâchée à l'autorité n'est pas seulement une conséquence de l'occidentalisation de l'islam : on la trouve aussi parmi les musulmans du Moyen-Orient. La délégitimation des autorités religieuses est aussi un phénomène *in situ*. Ce que l'Occident apporte, c'est un espace de liberté. Londres a été, au moins jusqu'à la fin 2001, une base importante pour ces « cheikhs » (Abou Hamza, Bakri, Qatada). C'est la fin du contrôle étatique. Le découplage entre islam « occidental » et islam moyen-oriental ne signifie pas que l'on ait affaire à deux islams différents et de plus en plus divergents, mais au contraire que l'on assiste à une reformulation en miroir, accentuée par le nomadisme d'une partie des élites intellectuelles islamiques. Le paradoxe est que cette crise de l'autorité, qui conduit à un phénomène d'autodidactisme et d'autoproclamation, et cette liberté prise avec la tradition comme avec les autorités savantes débouchent rarement sur un discours critique et une recherche de la compréhension, mais plus souvent sur l'affirmation dogmatique de principes intangibles.

Chacun énonce ce qu'est l'islam, non certes à partir de sa fantaisie, mais plutôt d'un savoir commun, d'une vulgate assez pauvre, que l'on adapte et ajuste pour servir d'abord à énoncer la logique de sa pratique, ou à mettre un nom sur une pratique. La faible littérature religieuse en est signe, non pas par sa quantité, mais par sa qualité : répétition incessante des principes de base, comparatisme facile (du genre : « islam et christianisme »), apologétique (du style : « la réponse de l'islam au problème de... »). Il s'agit ici d'un savoir qui circule de manière horizontale, une tendance renforcée par l'usage d'Internet. Celui-ci délégitime les lieux institutionnels de production du savoir. La relation « émetteur-récepteur » est brouillée [14] : tout le monde produit et reçoit. Les discussions jusqu'ici confinées aux cercles privés (*dowre* en Iran) sont désormais dans l'espace public.

On assiste en fait à une remise en cause des hiérarchies. Dans la mouvance Tabligh, même s'il doit suivre le cheikh, chaque membre d'un groupe de missionnaires est censé changer de fonctions au cours de la mission : cela va du prêche au lavage des vêtements [15]. L'usage du terme « Taliban » (étudiant en religion) indique aussi une différence par rapport à la hiérarchie traditionnelle : être étudiant et non savant – *alim* – est une valeur en soi. Dans les réunions de jeunes musulmans en Occident se mettent en place des règles démocratiques de discussion (élection d'un président de séance, parole donnée à la salle, refus de limiter le temps de parole).

Mais si beaucoup de non-spécialistes se prennent pour des théolo-

---

14. Voir J. Anderson, *New Media in the Muslim World*, D. Eickelman et J. Anderson (sous la dir. de), Indiana University Press, 1999, p. 44.
15. Barbara Metcalfn, « Islam and women. The case of the Tablihi Jama'at », *Contested Polities*, Stanford University Review, t. 5, n° 1, 27 février 1996.

giens, les grandes institutions islamiques n'échappent pas à cette tendance vers l'individualisation de l'énonciation du religieux. La diffusion et la banalisation de l'enseignement islamique dévaluent les grandes institutions religieuses, qui parfois en prennent acte : ainsi le cheikh Tantawi, recteur d'al-Azhar au Caire, a déclaré en 1997 que sa fille n'était pas excisée, mais il a refusé de prendre parti sur la question, la laissant aux médecins, comme si, dans le fond, il renonçait à son rôle de dernière instance du savoir. Même le développement d'al-Azhar, en termes de recrutement, et son ouverture aux savoirs « modernes » et séculiers n'ont pas eu pour conséquence le renforcement d'un appareil azharite, mais au contraire la multiplication des mollahs « privés »[16]. De même, nombre de savants religieux se tournent vers de nouveaux espaces de transmission du savoir : la vulgarisation populaire ou bien l'expression savante mais dans le cadre de systèmes universitaires modernes, ou dans des revues laïques, c'est-à-dire en dehors du contrôle de leurs pairs (d'où les procès faits en Iran devant les tribunaux ecclésiastiques à des clercs, tels Saïdzadeh ou Kadivar, accusés moins d'hérésie que d'avoir perdu l'esprit de corps en portant sur la place publique des débats qui auraient dû rester entre religieux).

Le religieux s'est « sécularisé » non pas au sens de « laïcisé », mais au sens où le divin est l'affaire de chacun et n'est plus aux mains d'un corps de professionnels qui l'externalise en se l'appropriant. L'articulation du religieux et du social est ainsi modifiée. Ce n'est pas un hasard si la question de la société civile surgit en Iran sur fond d'une grave crise de la fonction cléricale. La crise du clergé, c'est-à-dire celle d'une fonction de professionnalisation du savoir qui assure ainsi un espace « laïque » (de fait et non de droit, bien sûr), fait de chacun le dépositaire et l'acteur de ce savoir et brouille la division entre le « mondain » (*duniawi*) et le « divin » (*illahi*), et elle pousse à réitérer de manière incantatoire l'idée de la confusion entre le religieux et le politique, mais sur un mode qui pérennise une sécularisation déniée. En ce sens, la laïcité (définition de deux espaces irréductibles l'un à l'autre) est le contraire ici de la sécularisation (où le religieux s'est justement mondanisé). Ce qui explique

---

16. Voir Malika Zghal, *Gardiens de l'islam*, Presses de la FNSP, 1996.

que l'échec de l'islamisme aille de pair avec la réislamisation et la diffusion du religieux dans des espaces variés, mais qui justement laissent désormais au politique son autonomie de fait.

En même temps, la réappropriation individuelle du sacré est en général profondément orthodoxe : elle tient à retrouver la religion, c'est-à-dire la tradition normée et sanctifiée par les ancêtres, à condition bien sûr de renouer avec la période fondatrice, celle de la société du Prophète. C'est ici sans doute que les formes d'individualisation de la religiosité contemporaine de l'islam se séparent de la dilution de la religion et du décalage entre sacré et religion propre au christianisme[17]. Du coup, le débat consiste le plus souvent à aligner des versets du Coran et des *hadith* et à les interpréter dans le sens que l'on privilégie, en général selon deux lignes. Une de ces lignes, libérale, justifie de vivre en paix et de collaborer avec les non-musulmans et « oblitère » les éléments les plus problématiques des prescriptions coraniques par des interprétations rationalisantes (Dieu a condamné l'ivresse, mais non pas l'alcool), spiritualistes ou très pragmatiques (pour appliquer la peine de mort en cas d'adultère, il faut quatre témoins mâles de la pénétration, ce qui est impossible : donc Dieu ne veut pas la peine de mort). Dans l'autre sens, les fondamentalistes en rajoutent sur leur conception de la lettre (en faisant par exemple du *jihad* une obligation personnelle).

Chez les néo-fondamentalistes, le texte, intouchable, est ramené à un simple code qui, parce qu'il évacue toute référence à une société concrète, est adaptable à toute société. Celui-là même qui s'auto-proclame se réclame de techniques très traditionnelles de recherche de la vérité : par exemple, on citera un *hadith*, un « dit du Prophète », en présentant son *isnad*, la chaîne des transmetteurs. On ne trouve pas en islam la dissociation notée par Danièle Hervieu-Léger dans le christianisme entre le sacré et la religion, où l'on relativise le dogme pour mieux accéder au sacré[18]. Ou plutôt, en islam, c'est la religion qui devient le sacré, c'est-à-dire que le corpus déclaré orthodoxe est considéré comme intouchable. Mais ce raidissement

---

17. D. Hervieu-Léger, *La Religion pour mémoire, op. cit.*, p. 87*sq* et p. 156.
18. *Ibid.*, p. 156.

dogmatique cache la mutation du rapport au religieux. La diversité et l'ouverture se trouvent beaucoup plus dans les choix individuels et concrets que dans les théories : le sectarisme est dans l'attitude, non pas dans les concepts.

Le rétrécissement du corpus est d'ailleurs la condition d'accès à ce corpus, car la démarche du théologien savant (vingt ans d'études avant d'avoir le droit à la parole) est refusée : on veut être « taliban » (étudiant) et en même temps savant tout de suite. Mais l'énoncé final est celui que l'on attribue au savant : le vrai, référé à la tradition. L'autodidacte n'invente pas, il mime. D'où l'obsession pour l'apostat et pour la frontière : la quête individuelle du vrai conduit à une fétichisation de la religion, du corpus normé transmis par la tradition, qui, faute d'un vrai savoir, se définit par l'exclusion de ce qui n'est pas lui. Il est soudainement fragile, car il n'existe que par son énonciation permanente et non par la réalité tangible d'un savoir écrit et conservé dans une bibliothèque et une tradition d'école et d'enseignement. Il n'est ordonné ni dans le temps (la gradation entre livres de plus en plus savants), ni dans l'espace (lieu spécifique de formation). On retrouve dans le fond la fragilité des textes qui circulent sur la Toile : où sont-ils donc stockés ? Où existent-ils en dehors de leur actualisation par la parole ou l'écran ?

Cette difficulté à se repérer dans la géographie du savoir renvoie aussi à la difficulté de situer les acteurs. Ils ne sont guère saisissables dans le cadre d'une analyse sociologique, car ils ne s'inscrivent pas nécessairement dans un champ social (d'appartenance à une catégorie définie par une stratégie sociale, économique ou politique). Nous rencontrons sans doute ici les limites d'une analyse sociologique : comment référer des discours (de la Toile aux prêches des mosquées) à des stratégies sociales qui paraissent de moins en moins évidentes, car de moins en moins inscrites dans le réel d'une société donnée ? D'autant qu'une partie de ces discours joue justement sur des espaces fantasmatiques, qui trouvent en particulier leur réalisation dans l'espace virtuel de la Toile. La déterritorialisation suscite des communautés virtuelles (Internet), déconnecte les acteurs d'enjeux sociologiques précis (même si on rencontre de telles stratégies parmi les confréries néo-soufies ou dans les logiques de sectes de certains groupes). Certes, lorsque la reformulation identitaire se fait *in situ*, c'est-à-dire dans une société musulmane donnée, par exemple l'Égypte [19], alors la sociologie des groupes humains et de leurs stratégies retrouve ses droits. Mais la déterritorialisation casse l'ancrage sociologique, même si la sociologie de cet espace public a été tentée [20] : classes moyennes professionnelles, éduquées, « internationalisées », voire déterritorialisées. Elle mine les analyses en termes de groupes sociaux (ainsi des populations néo-urbaines : déshérités d'Iran, hittistes d'Algérie) ou de situation économique (rien ne conforte l'idée que la paupérisation renforce le radicalisme religieux).

Pourtant, il y a bien des éléments d'explication sociologique.

Il existe un marché du religieux qui s'est lui aussi privatisé, non seulement dans les savoirs, mais dans le commerce des biens et des symboles. Le développement de ce marché autour des produits religieux (de l'enseignement au négoce de la viande *hallal*, en passant par l'édition de livres et de cassettes, les pèlerinages, etc.) crée un monde de l'islamo-business qui échappe aux autorités religieuses traditionnelles, mais aussi aux États dans le contexte actuel de libéralisation et de globalisation : le *waqf* traditionnel (bien de mainmorte attaché à une fondation religieuse) n'est plus le pivot de l'économie liée à la religion. La libéralisation économique (Égypte, Turquie) et l'insertion dans des réseaux transnationaux (émigration) permettent une activité économique intense sans bénéficier nécessairement de soutiens dans l'État. Des petits chefs de bande ou commandants de guerre (Afghanistan, Liban, Égypte [21]) utilisent, dans des jeux de négoce et de pouvoir, une légitimité acquise dans le militantisme islamique. Or beaucoup de ces nouveaux acteurs individuels se réfèrent à un discours de type néo-fondamentaliste. Ils préconisent la prédominance de la charia tout en esquivant une instance étatique qui n'est plus une condition ni de leur légitimité ni de leur promotion sociale ou économique. Ces acteurs interviennent

---

19. Patrick Haenni, « Banlieues indociles », thèse, Institut d'études politiques, 2001.
20. Voir Anderson, *New Media in the Muslim World*, *op. cit.*, p. 47*sq*.
21. Patrick Haenni, « Banlieues indociles », *op. cit.*

directement et individuellement, au nom de la vérité, dans le champ de l'énonciation pratique du religieux (« que faut-il faire ? »).

Dans le domaine éducatif, Égypte, Pakistan, mais aussi Turquie mettent sur le marché des diplômés d'écoles religieuses dont les perspectives de promotion sociale sont largement liées à celles de l'islamisation. Dans les années 1980, le gouvernement turc a multiplié les places dans les lycées religieux gouvernementaux (*imâm hatep*) et leur a accordé l'équivalence des diplômes. Au Pakistan, la faiblesse du réseau gouvernemental d'éducation, l'équivalence accordée par le général Zia avec les diplômes d'État, la localisation dans des quartiers populaires ou à la campagne, le financement en pétro-dollars, expliquent le brusque développement des *madrasa* dans la décennie 1980. En 1975, il y avait 100 000 étudiants en religion au Pakistan (*taliban*); en 1998, leur nombre était passé entre 540 000 et 570 000, dont la moitié au Punjab [22]. Une masse de jeunes *taliban* apparaissent sur le marché : leur promotion sociale dépend de l'islamisation des carrières et des institutions (comme en Algérie avec l'arabisation), d'où les surenchères pour étendre encore l'islamisation [23].

L'encouragement donné par l'État au développement des études islamiques met sur le marché de jeunes diplômés que l'État ne peut embaucher. Du coup, la volonté étatique de contrôler le religieux produit son contraire : la privatisation. Les jeunes diplômés ouvrent des écoles religieuses privées et se lancent dans de multiples activités (économiques, mais aussi politiques, toutes dans une perspective d'islamisation). Ce foisonnement d'institutions islamiques entraîne paradoxalement une décléricalisation et une perte d'influence des grandes *madrasa* traditionnelles au profit des petites *madrasa* locales, ainsi qu'une confusion des registres de savoir : les nouveaux oulémas intègrent (ou croient intégrer) le savoir séculier. Le jeune ouléma ne se réclame plus que de lui-même ou de son maître, ce qui entraîne une surenchère, au moins verbale, sur l'islamisation. On peut noter que les conflits communautaires entre chi'ites et sunnites

---

22. *Jane's Intelligence Review*, Londres, 1er janvier 1999, p. 34.
23. A. Rashid, « Schools for soldiers : Islamic schools mix religion and politics », *Far Eastern Economic Review*, Singapour, 9 mars 1995.

au Pakistan se développent en même temps que les réseaux de *madrasa* et s'étendent même entre sunnites, opposant violemment les Déobandis et les Barelvis. L'autoproclamation va de pair avec l'anathème. La solidarité corporatiste n'est plus assurée par la formation dans une même institution et la moindre différence devient prétexte à énoncer soi-même la barrière entre celui qui est un vrai musulman et celui qui ne l'est pas.

Une conséquence de la crise de l'autorité est que la polémique, voire l'anathème, devient un trait caractéristique des nouvelles communautés, puisque leurs frontières ne peuvent se marquer que par l'évitement et le déclaratif, faute de s'inscrire aussi dans un champ social structuré et territorial. En réalité l'insistance sur la petite différence, sur le marquage de la distance, sur la forme, vient du fait que l'islam se fond dans le paysage occidental. Une bonne illustration est la polémique sur la participation aux festivités non musulmanes, même devenues totalement laïques : cartes de vœux pour le Nouvel An, arbre de Noël, cadeaux, etc. On remarque souvent, depuis une vingtaine d'années, une réticence croissante chez certains musulmans à se prêter à ces rites sociaux envers leurs relations chrétiennes. De nombreux prêches récents émis par la télévision saoudienne par satellite (Iqra) condamnent fermement cette complaisance envers ces coutumes, alors que la République islamique d'Iran, par exemple, envoie des cartes de vœux à l'occasion de Noël...

On en rajoute par rapport aux interdits traditionnels : pour le cheikh Albani, très lu par les néo-fondamentalistes, une femme musulmane doit rester voilée aussi bien devant des femmes non musulmanes que devant un homme (même si ce sont des « gens du Livre »)[24]. De même, en Afghanistan, l'interdiction faite à des chrétiens de montrer des signes extérieurs de leur foi a été promulguée par les Talibans, pour la première fois dans l'histoire d'un pays[25]. Ce raidissement

---

24. Interview sur le site des étudiants islamiques de Houston, *www.uh.edu/campus/msa/articles/tape_.htlm*, 1999.

25. Nous nous situons bien sûr dans l'époque contemporaine pour montrer qu'il y a un raidissement des oulémas sur les contacts avec les chrétiens, ce qui ne veut évidemment pas dire qu'à certaines périodes historiques de telles *fatwa* n'aient pas été émises.

s'explique aussi parce que de plus en plus de musulmans célèbrent les fêtes occidentales, au moins dans leur version laïque (nouvel an). Le raidissement sur les formes est d'autant plus fort que l'occidentalisation sur le fond s'est effectuée. On comparera par exemple l'attitude des Talibans avec l'indulgence dont les Afghans, pourtant très rigides sur leur propre islam, ont toujours fait preuve envers les coutumes chrétiennes au cours du XXe siècle : bonnes sœurs en tenue, autorisation de construction d'une église à Kaboul, etc.

La polémique s'exacerbe d'autant plus que les marqueurs sociaux s'effacent, ce qui produit une violence verbale, souvent attribuée à tort à l'énonciation de stratégies de rupture (et donc de violence sociale), alors qu'il s'agit avant de tout de constituer une identité en l'absence d'une structuration sociale qui seule permettrait de mettre sur pied de vraies stratégies. Cette individualisation de l'affirmation d'appartenance pose le problème de la frontière de la communauté, à la fois externe (par rapport aux juifs et aux chrétiens) et interne : on remarquera que la question de l'apostat et du « vrai islam » est aujourd'hui un thème dominant des polémiques en milieux musulmans, de l'affaire Rushdie et Abou Zeyd (voir plus haut) à la dénonciation des *qadyani* ou Ahmediyya (une secte d'origine indienne qui considère que Mohammad n'est pas le dernier prophète), en passant par le procès fait par les Talibans aux humanitaires de l'organisation Shelter Now [26]. Ce sentiment d'être une communauté « poreuse » s'accompagne aujourd'hui d'un discours récurrent sur l'influence du christianisme et du judaïsme, soit par le rôle des ex-convertis [27], soit par la crainte d'une conversion à l'une de ces deux religions [28]. Bin

---

26. Les débats sur Internet mettent en évidence quantité de déclarations contre les Qadyanis (secte apparue dans le sous-continent indien, qui remet en cause le sceau de la prophétie), un débat sans commune mesure avec l'influence réelle du mouvement.

27. Les publications islamistes en Turquie dénoncent régulièrement le rôle des *dönme*, juifs convertis à l'islam (de même que le PKK est souvent accusé d'être dirigé par des Arméniens).

28. Voir par exemple la décision prise par Mollah Omar d'appliquer la peine de mort à tout Afghan qui se convertirait au judaïsme ou au christianisme (janvier 2001), cas de figure hautement improbable, puis d'exiger que les hindous et les sikhs portent une marque distinctive.

Laden a intitulé son mouvement « Front islamique de lutte contre les juifs et les croisés », c'est-à-dire les chrétiens. Le dialogue interreligieux devient ainsi suspect [29].

Derrière la valorisation de l'orthodoxie, de l'imitation des anciens et de la communauté, c'est pourtant un véritable mouvement d'individualisation de la religiosité et de l'énoncé dogmatique qui se met en place, non seulement par l'appropriation individuelle du savoir, mais aussi par l'action. Les acteurs agissent de plus en plus de leur propre chef et pour leur compte, mais au nom d'une vision néofondamentaliste de la société. Pour maints auteurs néo-fondamentalistes, le *jihad* devient une obligation *fard al ayn* (individuelle) et non plus collective (c'est-à-dire devant être effectuée par ceux-là seuls qui sont confrontés à la menace, ce qui est la vision classique des oulémas) [30]. Tout un chacun se permet de lancer des *fatwa* comminatoires, alors que dans le droit islamique une *fatwa* n'est qu'un avis en réponse à une question concernant la licéité d'un comportement ou d'une action. Les autorités traditionnelles essaient bien de contre-attaquer pour maintenir leur monopole : le cheikh saoudien Albani, pourtant respecté dans les milieux radicaux, déclare ainsi : « Il n'est pas permis à un musulman du XIVe siècle [de l'Hégire] de commencer à donner des *fatwa* sur la base de quelques *hadith*, simplement parce qu'il est tombé dessus dans un livre quelconque », tandis que les salafistes saoudiens consacrent tout un opuscule à défendre les « vrais » cheikhs, c'est-à-dire les oulémas, contre ceux

---

29. Le site *rida19@hotmail.com* in *angelfire.com/islammail* (16 octobre 1999) cite un *hadith* d'Abu Daud, intitulé « The goal of the assimilation » : « Celui qui imite un peuple devient un d'entre eux [...] Les musulmans en Occident sont une réalité et le but des Kuffar [infidèles] est de nous modeler selon leurs traits, de nous assimiler. »
30. *Al Qods al Arabi* (Londres, 23 février 1998) donne le texte d'une *fatwa* de Bin Laden : « L'obligation de tuer tous les Américains et leurs alliés – civils et militaires – est un devoir individuel pour chaque musulman, qui doit le faire dans tout pays où cela est possible, pour libérer Al Aqsa et les lieux saints. » Cette idée de l'« obligation absente » des cinq piliers de l'islam avait été lancée par l'Égyptien Farrag dans les années 1960 (voir Gilles Kepel, *Le Prophète et le Pharaon*, Le Seuil, 1993).

qui se sont autoproclamés, comme Zarabozo[31]. Mais l'impact de telles déclarations est faible. Les activistes se réfèrent « à la carte » aux déclarations des grands théologiens : on prend ce qui arrange.

Une dernière conséquence de la crise de l'autorité est que les nouveaux activistes, sûrs de leur vérité, n'hésitent pas à commettre ce qui, aux yeux des oulémas, relève de l'innovation, ou *bid'a*. Des cheikhs pourtant eux-mêmes très fondamentalistes, comme Qaradawi, n'ont aucun mal à dénoncer le discours de légitimation religieuse tenu par Bin Laden et à montrer que l'assassinat aveugle d'innocents dans un attentat comme celui du 11 septembre n'a rien d'islamique, tout en refusant de condamner les attentats-suicides en Israël[32]. Faire du *jihad* une obligation personnelle au même titre que la prière n'a aucun sens pour les oulémas. Mais l'innovation est constante, même sous un discours de l'orthodoxie. Une autre forme de cette innovation consiste à mettre soudainement l'accent sur des thèmes jusqu'ici marginaux dans la tradition coranique, telle la *hisba*, voire carrément absents dans le Coran, tel le califat, qui n'y est jamais présenté comme une forme de pouvoir politique.

L'individu, cible de la prédication

Le revivalisme islamique contemporain, sous toutes ses formes, met en avant l'individu, comme acteur mais aussi comme fin. Même ceux qui insistent sur la nécessaire reconstruction de la communauté le font à partir d'individus plus ou moins coupés de leurs racines. Les prédicateurs du Tabligh font du porte-à-porte et s'adressent justement à des personnes chez qui le lien communautaire est rompu. On ne s'adresse plus à un groupe constitué (village, clan, quartier), parce qu'il n'y a plus de communautés constituées, mais surtout parce que le discours de la prédication s'articule de plus en plus sur la solitude de l'individu et sur la perspective de mise en place d'une

---

31. « A refutation of the some statements of Jamal-ud-din-Zarabozo », réunis par Addullah Lahmani, *www.SalafiPublications.com*, 2002.
32. Sur le site *www.islamonline.net/English/News/2001-09/12/article25.shtml* ; déclaration faite à Doha par le cheikh Qaradawi, le 12 septembre 2001.

nouvelle communauté. Ce n'est pas un hasard si, en France comme aux États-Unis, la prison est un lieu privilégié de prédication : l'individu y est saisi à partir de son isolement [33].

Sur le plan politique, tout montre qu'une organisation comme al-Qaïda « pêche à la ligne » les gens qu'elle recrute et n'approche pas des groupes déjà constitués. Loin de montrer un effacement de l'individu au profit du groupe, les attentats-suicides liés à al-Qaïda expriment au contraire une survalorisation de la quête du salut et une forme de démiurgie, où quelques individus isolés font l'histoire. Même s'il n'y a rien de nouveau dans le thème du martyr qui entre directement au paradis pour y être accueilli par soixante-dix houris, son importance chez les auteurs des attentats contre le World Trade Center, ainsi que leur souci du corps (comme l'indique de manière presque névrotique le testament d'un d'entre eux, Mohammed Atta), contraste avec celle que lui accordent les auteurs des attentats-suicides palestiniens, beaucoup moins soucieux de leur salut personnel, car partie prenante d'une lutte de libération nationale et donc d'une communauté. Même dans l'horreur, les kamikazes de Bin Laden participent de la reformulation du religieux. Leur fanatisme n'est pas un fanatisme de communauté mais celui d'individus qui ne rejoignent la communauté que dans la mort. Les récits des fantassins « terrestres » d'al-Qaïda, ceux qui sont restés combattre en Afghanistan, sont aussi édifiants : tous parlent de la chaleur humaine, de l'esprit de corps et de sacrifice qui caractérisent les brigades d'al-Qaïda, mais tous ont rejoint ces brigades à partir de parcours individuels, et non sur la base de la participation antérieure à une organisation politique (sauf pour les voisins, c'est-à-dire les Ouzbeks et les Pakistanais).

Un autre exemple de ce processus d'individualisation de l'islam est la multiplication en Égypte des plaideurs privés qui interviennent contre des tiers au nom de la *hisba*, c'est-à-dire du devoir de faire respecter les prescriptions religieuses. L'action individuelle remplace l'action collective. Le cas le plus célèbre est l'action intentée par Semeida Abdul Samad qui, en 1996, a demandé et obtenu au nom de la *hisba* la dissolution du mariage du professeur Nasr Abou

---

33. Khaled Kelkal s'est réislamisé lors d'un séjour en prison, Richard Reid s'est converti en prison (celle de Feltham, en 1995).

Zeyd (contre l'avis du couple), accusé d'être un apostat et donc de ne pas pouvoir rester marié à une musulmane. Le cheikh Youssof Badri a porté plainte en mars 1997 contre le ministère de l'Éducation nationale accusé de pervertir la jeunesse. Il a aussi porté plainte contre le journal *Roz al Youssof*, accusé d'indécence, à titre personnel et avec trois autres personnes, mais il a perdu son procès. L'écrivain féministe égyptienne Nawwal al-Sadawi a vu son divorce requis devant le tribunal par l'avocat Nabih al-Wahsh (juillet 2001). En juin 1996, un groupe de médecins et d'avocats égyptiens, menés par Mounir Fawza, lui-même médecin, a attaqué en justice le ministre de la Santé qui avait interdit l'excision dans les hôpitaux : le tribunal administratif du Caire leur a donné raison (*Al Ahram Hebdo*, 2-8 juillet 1997), mais ils ont perdu leur procès devant le Conseil d'État.

Il est intéressant de constater d'une part que ces actions supposent qu'un individu s'autorise à dire qui est islamique, donc que n'importe qui se donne le droit d'énoncer ce qu'est l'islam ; et, d'autre part, que l'accusateur n'ait pas demandé de *fatwa* des autorités religieuses compétentes mais se soit adressé au tribunal civil. Les plaignants ne sont pas en effet des « clercs » professionnels, mais des médecins, des essayistes, des avocats, etc. Paradoxalement donc, la multiplication des *madrasa* et le renforcement des filières religieuses dans l'enseignement ne « cléricalisent » pas la demande de l'islam, mais au contraire la « laïcisent ».

Dans le seul pays où existe un véritable clergé, l'Iran chi'ite, on peut même parler de décléricalisation : le clergé se divise sur la question du *velayat-i fâqih*, c'est-à-dire la fonction du Guide de la révolution ; le conseil de discernement, chargé d'harmoniser les conflits entre le Parlement et le conseil de surveillance (lui-même chargé de vérifier l'islamité des lois), est, depuis 1997, composé d'une majorité de laïcs, enfin le débat théologique ignore le statut de clerc, si fort dans le chiisme (le philosophe Soroush se retrouve avec l'ayatollah Mojtahed Shabestari). Le néo-fondamentalisme participe donc aussi, à son corps défendant, à cette individualisation de l'énonciation religieuse et à la dissolution de l'autorité religieuse.

Chapitre 4

Un islam humaniste ?

Les prêches de certains imâms (par ailleurs fort différents, comme le recteur Larbi Kéchat de la mosquée de la rue de Tanger à Paris, l'imâm Boussouf à Strasbourg ou Tariq Ramadan, certes plus politique, sans parler de multiples imâms locaux qui ne publient pas) et les interviews de jeunes musulmans montrent l'insistance dans la pratique religieuse de la réalisation de soi et d'un humanisme absent de la vision pessimiste (presque calviniste) d'un Saïd Qotb[1]. Il ne s'agit pas d'un islam réformé, puisque non seulement le dogme mais le corpus des interprètes et des légistes restent incontestés. Cependant le corpus est référé à, voire relativisé, par l'appel aux finalités, le rappel de l'esprit et du sens, dans des prêches avant tout pragmatiques, où le but n'est pas d'accorder le dogme au monde moderne, mais de donner à un croyant peu formé en religion (comme c'est parfois d'ailleurs le cas du prédicateur lui-même) un sens pour vivre dans un monde où la stricte charia ne peut pas être une norme sociale.

Un fil directeur est l'insistance sur des thèmes d'éthique et de spiritualité, dans la perspective de l'épanouissement personnel et de la quête de la plénitude et de la dignité. Les valeurs de l'intériorisation sont mises en avant : la patience, l'épreuve, la résistance à la

1. On trouvera des recherches de terrain dans le livre publié sous la direction de F. Dassetto : *Paroles d'Islam : individus, sociétés et discours dans l'islam européen contemporain* (*op. cit.*), et dans celui de F. Khosrokhavar, *L'Islam des jeunes* (*op. cit.*). Nous nous appuyons aussi sur des enquêtes personnelles faites auprès d'associations de jeunes musulmans. Enfin, une enquête du *Monde* recoupe notre analyse : « Les imâms de France prêchent un islam moralisateur et non belliqueux », *Le Monde*, 8 février 2002.

tentation, où les interdits sont autant d'occasions de développement spirituel parce qu'ils doivent exprimer la foi et non le conformisme social. On insiste sur l'homme, certes un homme de devoirs plus que de droits, mais dont l'enjeu est la réalisation personnelle dans sa relation à Dieu, et non le strict respect d'un code fondé sur le licite et l'illicite. Le langage peut être philosophique comme chez Ramadan, ou bien porté par un lyrisme foisonnant, comme chez Kéchat, dont le maniement du français rejoint, dans l'invention des termes (l'homme doit « s'enciéler »), un mode d'appropriation de la langue venue d'une tradition du prêche rhétorique que l'Occident a perdue. Pnina Werbner fait au sujet de mosquées « barelwis » (soufis originaires du Pakistan) à Manchester une comparaison semblable : « Tout comme des prêcheurs méthodistes profanes, les hommes s'occupant des affaires de la mosquée s'adressent à l'homme ordinaire et non aux dignitaires particuliers de leur courant religieux... [Ils] ont introduit une rhétorique radicalement différente, non pas l'autoritarisme islamique mais un islam d'amour, d'égalité et de liberté individuelle [2]. » Tariq Ramadan parle ainsi d'« humanisme musulman [3] ». Les écrits et conseils du cheikh syrien Bouti, visiteur régulier des mosquées de Paris et de Strasbourg, dont les prêches sont diffusés en Europe, insistent aussi sur la réalisation de soi en islam et évoquent, notamment dans la rubrique qu'il tient dans une revue médicale de Damas, les problèmes d'éthique (dons d'organes, fécondation artificielle, etc.), autrement que par un simple rappel des interdits. Ce qui est en jeu, c'est la quête d'une morale pratique, et non du simple respect, certes sincère, des piliers de l'islam. En ce sens, les positions de ces musulmans sont plus proches de celles des protestants européens (voire des non-croyants) que de celles de l'Église catholique (par exemple sur l'interruption volontaire de grossesse, qui, sans être approuvée, n'est pas l'objet de scandale et de croisade qu'elle est pour la hiérarchie catholique).

Cette littérature et ces prêches sont accessibles (niveau de langue, termes utilisés) et répondent à une utilité pratique : donner des

---

2. Pnina Werbner, « Le radicalisme islamique et la guerre du Golfe », in *Musulmans en Europe, op. cit.*, p. 146.
3. *Les Musulmans dans la laïcité, op. cit.*, p. 79.

réponses concrètes à des questions concrètes (nourriture, comportement, statut de la femme), tout en abordant les grandes questions métaphysiques (science et religion). L'enjeu est clair : comment peut-on être concrètement un bon musulman dans un univers occidental ou occidentalisé ? Il relève de la finalité du salut et du bonheur, deux thèmes qui sont très liés dans le processus d'individualisation que nous étudions. Comme le dit la préface du livre *Le Licite et l'Illicite en islam* : « Lorsque cette législation interdit quelque chose, elle ne le fait que pour le bien de la société et des hommes afin de les rendre meilleurs et de sauvegarder leurs biens, leur santé, leur famille, leur honneur dans ce monde [4]. » Ces textes didactiques partent souvent d'une question qui émane d'une personne privée et porte sur un choix de comportement (« faut-il faire ceci ou cela ? ») ; la question est concrète et non pas rhétorique ou casuistique, comme souvent dans les manuels de droit islamique (en effet la forme question/réponse n'a rien de nouveau dans la littérature didactique islamique : ce qui est nouveau, c'est le caractère concret, l'urgence, l'immédiateté de la question aujourd'hui posée).

Par exemple, une jeune Américaine (qui précise qu'elle est blanche) a un enfant d'un Pakistanais sans être mariée et veut savoir si elle peut épouser le père sans autorisation explicite de son futur beau-père. Ce type de situation est évidemment impensable dans une société traditionnelle. La réponse de l'imâm est bien sûr celle qu'aurait faite n'importe quel prêtre catholique en confession : ce n'est pas bien du tout, mais il vaut mieux régulariser par le mariage [5]. Il s'agit d'une constante des *fatwa* (encore une fois, il s'agit simplement d'un avis légal) données sur la Toile par des sites très différents (en général, conservateurs modérés) : on ne dénonce pas la situation de péché de ceux qui posent la question (et qui aurait fait bien sûr l'objet de verdicts beaucoup plus sévères dans une société « réelle »), ne serait-ce que parce qu'ils sont en dehors de toute sanction légale, mais on recherche une solution acceptable. Par contre, on refuse les solutions de convenance, comme faire semblant de se convertir pour épouser

---

4. *Le Licite et l'Illicite en islam*, Al Qalam, Paris, 1992.
5. Mufti Muhammad Kadwa, *www.islam.tc/ask-imâm/view.php?q=5276*, mai 2002 (le centre est en Afrique du Sud mais la question vient d'une Américaine).

un ou une musulmane [6]. La perte de l'évidence rend la réinvention nécessaire, mais celle-ci se cherche un garant, une expertise sur laquelle s'appuyer. Ural Manço évoque les questions très directes que les disciples posent au cheikh de confréries (de néo-confréries, en fait) [7].

Encore une fois, il n'y a pas innovation théologique en soi dans ce recentrement sur l'homme. L'idée que l'islam est une religion qui répond à la nature (*fitrat*) de l'homme et satisfait donc ses besoins vitaux et ses instincts, tout en les ordonnant dans un système de valeurs et en les finalisant par rapport au jour du Jugement, est une constante de l'exégèse islamique. L'humanisme islamique n'est pas nouveau, mais il devient ici la matrice qui met en perspective l'ensemble des prescriptions coraniques.

Cette distance vis-à-vis du juridisme s'explique pour deux raisons : 1) l'impasse d'une perception strictement juridique dans un contexte d'islam minoritaire, la seule voie pour maintenir cette primauté du licite ou de l'illicite étant le néo-fondamentalisme ; 2) l'intériorisation de l'islam comme foi et expérience personnelle. La pratique religieuse dans le contexte européen est, on l'a vu, nécessairement un choix individuel. Ni la loi ni la pression sociale ni la simple coutume ne poussent le « musulman » d'origine à pratiquer sa religion. La fréquentation de la mosquée ne va pas de soi, il faut y attirer le client, convaincre le musulman qu'il est musulman. Il y a là un rapport entre le prêcheur et ses ouailles potentielles qui est proche de ce que connaissent les Églises chrétiennes aujourd'hui : il leur faut aller chercher le fidèle, il ne vient pas spontanément. Il faut donc le convaincre et lui tenir un discours qui aille au-delà du conformisme moral ou ambiant, du rappel des châtiments divins ou de l'admonestation. Les retours à la pratique religieuse se font en général comme des retours sur soi, dans une expérience intérieure et non dans des grands mouvements communautaires. A leur manière, tous les grands mouvements islamiques en Occident sont élitistes, non pas au sens social, mais au sens de l'importance attachée à l'engagement individuel dans la sélection des membres,

---

6. *Ibid., fatwa* 3897.
7. Ural Manço *in* F. Dassetto, *op. cit.*

selon des critères qui varient bien sûr d'un mouvement à l'autre. A la suite de l'affaire Kelkal, les articles de journaux ont souvent mentionné (et en général pour s'en inquiéter) les conversions effectuées dans les prisons par des « aumôniers » musulmans ou des compagnons de cellule. Mais, sans exagérer la portée du phénomène, c'est bien la preuve que la conversion marche surtout quand le sujet est dans la solitude et facilement accessible au prêcheur, quand il n'a pas d'autre horizon, quand ce discours est le seul qui lui est proposé.

Dans *L'Islam des jeunes*, Khosrokhavar s'interroge avec raison sur la pérennité de ces conversions, et même sur leur caractère vraiment religieux. Il s'agit d'expérience, de crise, d'un parcours, que l'on peut d'ailleurs faire dans l'autre sens. L'islamisation ne connaît pas de verrouillage possible. Il faut rester à l'écoute de celui qui est revenu à la foi. Il faut qu'il y trouve son compte, au sens où cela doit lui apporter quelque chose; d'où l'importance du discours sur la réalisation de soi, la vraie vie, voire le bonheur. L'islam est remède à la crise, à la souffrance. « Comment trouver la paix? » écrit Tariq Ramadan en introduction d'un de ses livres [8]. La psychologie du sujet entre ici en ligne de compte : on retrouve le thème de la rédemption [9], cher à la prédication protestante en milieu populaire, et en particulier celle de l'Armée du Salut (« je buvais, je me droguais, j'ai volé, mais... j'ai rencontré Dieu, et depuis je suis un homme nouveau »), parfois dans une langue très populaire (« bien dans ma peau », « j'étais dépravé et malheureux, je suis aujourd'hui croyant et heureux »). C'est bien une problématique du salut, spirituel bien sûr, mais aussi social.

---

8. *Les Musulmans dans la laïcité*, *op. cit.*, p. 10.
9. Sur la version islamique de ce thème, voir Khosrokhavar (*op. cit.*, p. 196). On citera aussi une cassette de chants, « Ya Allah », dont le texte de promotion dit en résumé ceci : Les jeunes de banlieue sont souvent présentés comme des incapables ou des loups qui s'entre-tuent. Beaucoup veulent s'en sortir à travers la religion et ils savent que c'est la voie de Dieu qui mène vers la sérénité et la tranquillité. Par ce chant, nous désirons redonner de la volonté aux jeunes dans tous les domaines, et sachez que ce sont des jeunes comme vous qui adressent ce message : « Écoute-moi, j'étais comme toi... », *islamya.net* (2002).

La comparaison avec le protestantisme populaire fait sens à plusieurs niveaux. D'abord, chaque individu peut s'ériger en énonciateur de vérité. Ensuite, le prêche l'emporte sur la théologie. On parle en s'adressant à quelqu'un et à soi-même, on (se) prêche plus qu'on ne médite. La réislamisation dans les quartiers difficiles ressemble plus à l'action des églises protestantes, surtout baptistes, dans les ghettos noirs américains qu'à la mise en place de l'ordre islamique des Talibans ou aux *fatwa* des juristes d'al-Azhar. La convergence n'est pas tant entre deux religions qu'entre deux religiosités, deux insertions du religieux dans l'espace social. On est loin de l'islam souffrant et vengeur des islamistes radicaux algériens ou égyptiens, obsédés par l'enfer.

Puisque l'islam est une expérience individuelle, réapparaît ici une problématique de la « foi », c'est-à-dire de l'adhésion individuelle intériorisée, toujours remise en cause, d'autant que l'environnement communautaire n'est pas acquis. La foi n'est pas soutenue par la culture ambiante ou par les lois : elle devient donc le centre de la préoccupation du croyant, d'où cette interrogation sur sa propre foi, sa propre sincérité, proche du christianisme et totalement absente dans un contexte de société islamique (en Afghanistan, nous n'avons jamais entendu des musulmans dissertant sur la foi, ce qui ne veut pas dire que la dimension spirituelle est absente, bien entendu, mais que cette dimension n'est pas une interrogation du sujet sur lui-même). L'évocation de la foi permet aussi de toucher un registre commun avec le christianisme, où la foi est sans doute l'élément de religiosité le plus valorisé, celui qui marque l'appartenance, au sens aussi où « la foi est mienne » est conçue non pas comme expression d'un ordre religieux ou d'une transcendance divine, mais comme « intimité », expression profonde de soi. La religion se vit comme une praxis, une expérience et non pas une culture ou un code juridique. Tariq Ramadan parle ainsi du port du voile comme d'un « témoignage de foi », même s'il est pour lui une obligation pour les croyantes [10].

Cet exemple est typique. On voit que l'effort de « modernisation » de l'islam ne passe pas ici par une tentative de justifier en théologie

---

10. *Les Musulmans dans la laïcité*, op. cit., p. 121.

une plus grande souplesse des prescriptions (en l'occurrence, l'idée que le port du voile est facultatif pour la musulmane, ce qui est la voie des réformistes libéraux), mais de les inscrire dans une perspective de spiritualité, de quête de soi, d'épanouissement. Par conséquent, le port du voile ne peut être qu'un choix personnel et ne saurait être imposé par l'entourage ou la loi (Ramadan est parfaitement explicite à ce sujet). La norme reste incontestée, mais elle doit être choisie. On est loin de la police religieuse. Cet argument est d'ailleurs constamment mis en avant par les idéologues turcs du parti Refah, qui n'ont jamais revendiqué l'inscription dans la loi de l'obligation du port du voile, mais le droit de porter le voile.

On peut considérer que l'« européanisation » évidente de la Turquie induit le même glissement dans la pratique de l'islam, du moins dans les milieux urbains de l'Ouest. Cependant, en Turquie, outre la permanence d'une société traditionnelle, les institutions religieuses ont encore un certain poids. Alors qu'en Europe cette individualisation et cette quête de l'éthique sont aussi favorisées par la faiblesse institutionnelle de l'islam européen : il n'y a pas d'autorité. On choisit son imâm, voire son « gourou », on bricole son islam, en ayant à l'esprit une réponse à la société ambiante laïque, réponse dans les deux sens du terme : alternative face à ce qui est perçu comme un rejet ou une incompréhension, mais aussi quête d'une formulation compréhensible par l'autre (ce qui est à l'opposé du néo-fondamentalisme). On exprime volontiers sa foi par rapport à un mal-être ambiant : ennui, dérive, drogue, mais aussi difficulté d'avoir une vie sexuelle « licite », échec scolaire, violence, etc.

Cette reformulation en termes de foi permet aussi la mise en avant de la norme éthique (*ekhlaq* en arabe et en ourdou, *ihlak* en turc), non pas par opposition au couple licite/illicite, mais comme explicitation et clé du licite et de l'illicite, qui ne sont alors plus au cœur de la religion, ou qui ne le sont que glosés dans des termes universalistes : ce qui est en jeu derrière les interdits et les normes, ce sont des valeurs. Ce qui est licite et illicite s'explique parce que cela définit un ordre de valeurs et pas seulement des interdits. Bref, le sens l'emporte sur l'observance. On voit comment le thème de l'éthique semble par exemple l'emporter dans les confréries soufies modernes sur celui de l'expérience mystique [11]. La référence à l'éthique est, de plus, communicable à qui n'est pas musulman, ce qui n'est pas le cas du mysticisme. Comme la foi, la référence à l'éthique permet aussi de s'adresser au croyant chrétien, comme au militant laïque, parce que eux aussi tendent à s'exprimer en termes d'éthique et d'humanisme.

Mais cette référence est aussi ambiguë : elle peut être une reformulation d'une stricte adhésion aux principes de base de l'islam, une redéfinition de ces principes en termes de valeurs, ou une simple affirmation de la responsabilité individuelle et de la nécessité de formuler soi-même ce qui est bien. En un mot, elle peut contribuer à universaliser l'islam, soit en le banalisant (toute religion est bonne), soit en en faisant la quintessence d'une perfection humaine (la meilleure des religions). La référence à l'éthique, même strictement orthodoxe, met en avant ce qui est commun aux religions et banalise en quelque sorte le fait islamique. C'est ainsi qu'on voit apparaître, en totale rupture avec le néo-fondamentalisme, des associations et des sites de musulmans « gays » [12]. Mais la relecture en termes de valeurs n'est pas forcément ni automatiquement « libérale » : elle permet aussi l'émergence d'un culturalisme islamique qui reprend un certain discours tiers-mondiste sur l'authenticité et la différence culturelle, dont les valeurs (entre autres morales et familiales) sont fondamentalement conservatrices, ce qui permet aux imâms en Europe de faire appel à une sorte de solidarité des croyants de toute religion pour lutter précisément contre la reconnaissance de l'homosexualité et pour la défense de la famille ; ces valeurs traditionnelles sont aussi portées par une littérature de fiction [13]. Même l'insistance

---

11. Manço, *in* Dassetto, *op. cit.*
12. Par exemple celui des organisations al-Fatiha (*www.al-fatiha.org*) et Queer Jihad (*www.stormpages.com/newreligion/*).
13. Voir *Iran. Comment sortir d'une révolution religieuse* (*op. cit.*), chapitre 7, pour un roman édifiant iranien, et Maimuna Huq dans *New Media in the Muslim World* (*op. cit.*) sur le Bangladesh. Voir aussi des auteurs féminins de romans populaires en Turquie, comme M. Inal, S. Y. Senler, citées dans la thèse d'Ipek Merçil, « Les intellectuelles islamistes en Turquie contemporaine », EHESS, 2001.

sur la charia, typiquement néo-fondamentaliste, peut se formuler en termes d'éthique et d'horizon de sens (entre autres, d'affirmation identitaire), ce qui est une piste nouvelle, explorée par des juristes contemporains : la norme l'emporte sur la règle, car son respect rend la règle inutile [14]. La « spiritualisation » va aussi de pair avec cette individualisation de l'énonciation de l'islam.

Apparaît ici un thème moderne : le « souci de soi ». La relecture en termes de valeurs remet en avant le thème du salut, non pas seulement comme récompense future, mais comme réalisation *hic et nunc* de soi. Le salut est en effet autant céleste que terrestre (retrouver sa dignité, sortir de la misère spirituelle, de la « galère », « être bien dans sa peau »). La damnation est terrestre, c'est la vie actuelle ; le salut est aussi terrestre avant d'être céleste : c'est le retour à l'islam. Ce qui prévaut alors n'est pas le pessimisme profond des islamistes radicaux mais, au contraire, la quête du bonheur et de l'insertion dans la société. L'islam est alors la clé du bonheur, des retrouvailles avec soi-même. La « culture du soi » fait ainsi son entrée dans le monde musulman [15]. On voit apparaître des livres ou des sites qui développent les thèmes de la réalisation de soi : « Comment faire pour... » (*how to*) conserver son calme, réussir dans la vie, éviter le stress (« Modern Stress and its Cure from Qur'an », « Modern Cure for Believers, Contemporary Issues ») [16], garder la forme (« Health and Fitness in Islam ») [17]. L'interdiction de fumer, très classique en islam, est reformulée en termes modernes (« Smoking : a Social Poison », qui parle entre autres des dégâts pour l'environnement – *harm to the environment* – et de la faible estime de soi qu'implique l'usage du tabac – *low self-esteem* [18]). On reprend les slogans des féministes occidentales (*My body is my*

---

14. Nous empruntons à Beaudoin Dupret la distinction enre norme et règle appliquée à l'islam. Voir *Au nom de quel droit,* CEDEJ/MSH, Paris, 2000.
15. Voir le concept de « Practical sufism », *in* Julia Howell, « Indonesia's urban sufis : Challenging stereotypes of islamic revival », *ISIM Newsletter*, n° 6, Leiden (Pays-Bas).
16. Voir deux articles du docteur Shahid Athar sur *www.islam-usa.com/*.
17. Sur le site *www.halal.com.my/halal1/info_health.asp).*
18. Article de Mohammed al-Jibaly, publié par l'organisation salafie Al Qur'an was-sunnah, sur le site *qss.org/articles/smoking.htm.*

own business), mais cette fois pour justifier le voile[19]. Des sites offrent des boutiques islamiques[20]. On voit même apparaître le thème du marché religieux, où le prêcheur « vend » sa marchandise à un « client »[21].

Ce souci de soi et de vivre dans une société de consommation réglée par une éthique de la consommation vaut aussi bien pour une jeunesse en difficulté que pour une nouvelle bourgeoisie musulmane croyante, désireuse de jouir des biens acquis dans ce monde, au grand dam souvent des islamistes purs et durs, qui dénoncent entre autres les complexes de loisirs islamiques, que l'on trouve par exemple en Turquie : le Caprice Hotel, à Didim en Turquie, est un cinq étoiles, sans alcool et avec piscines séparées pour hommes et femmes[22]. On voit ainsi apparaître un consumérisme islamique, qui va de pair avec l'émergence d'une bourgeoisie à la fois islamique et occidentalisée, ce qui remet aussi en cause l'image d'une communauté musulmane qui transcenderait les clivages sociaux. La reformulation religieuse, dans sa visée universaliste, rencontre la diversité socioculturelle. Si la formulation d'un code de comportement islamique transcende les origines ethniques, il retrouve tôt au tard une diversité socio-économique recomposée et accentuée par les modalités d'intégration dans les sociétés occidentales.

On a pu de manière très légitime mettre en rapport cette éthique morale et une éthique économique, ou plutôt professionnelle, sur le même plan que le protestantisme et le capitalisme selon Weber. Manço parle très justement d'une « conception comptable du salut »[23], même si, en islam, le salut résulte aussi des œuvres. On trouve effectivement en Turquie une éthique à la fois du travail et du bonheur, tant dans la littérature populaire que dans la vision des

---

19. Naheed Mustafa, « My body is my own business », *The Globe and Mail*, Toronto, 29 juin 1993.
20. *Shop.store.yahoocom/islamicshoppingnetwork/*.
21. « Les prédicateurs musulmans sont des vendeurs. Si les vendeurs se disputent avec les clients, pensez-vous que les gens achèteront le produit ? Les vendeurs sont tenaces et jamais satisfaits tant qu'ils n'ont pas vendu le produit. Les bons vendeurs sont ceux qui fournissent le service après-vente. »
22. Mucahit Bilici, « Caprice Hotel », *ISIM Newsletter*, juin 2000.
23. Manço *in* Dassetto, *op. cit.*

membres du Müsiad, l'organisation des petites entreprises proche des islamistes [24]. Travail, réussite, vie de famille, respect d'une éthique... : le bonheur sur terre va avec celui de l'au-delà. C'est en fait le véritable message des puritains historiques, si l'on en croit le livre d'Edmund Leites [25].

Le thème du choix individuel est alors primordial : pourquoi ai-je choisi l'islam, pourquoi suis-je retourné à l'islam ? On comprend que la question du converti devienne également centrale, même si leur nombre est faible, et même si, dans le fond, ils servent souvent plus de faire-valoir sans être véritablement intégrés [26]. En fait, conversion et retour se font sur le même modèle : la crise et la prise de conscience. La crise peut être personnelle, identitaire, métaphysique. Le thème de l'impasse est fréquent, y compris dans les formes paroxystiques que sont la drogue ou la délinquance. Bien sûr, il ne faut pas exagérer. Les discours de rupture sont mis en avant, alors qu'une telle crise ne correspond certainement pas au vécu de la majorité de ceux qui s'affichent comme musulmans. Le thème de l'islam comme réponse est aussi une constante des témoignages et de la littérature de prosélytisme. On insiste donc, dans cette vision de l'islam, sur la rationalité et la simplicité de la religion, sur son côté englobant, non pas au sens politique (économie, institutions juridiques), mais au sens de réponse à la nature profonde de l'homme, nature désormais ordonnée, orientée par des valeurs, et qui se réalise dans un univers éthique. L'éthique l'emporte donc sur la peur de Dieu comme origine de l'acquiescement. L'éthique est réalisation, il y a un plus pour soi-même à être musulman. Même si cette religiosité n'est en rien en désaccord avec la totalisation islamiste (l'islam gère la totalité des sphères de l'activité humaine), elle en est assez éloignée dans l'esprit : car la totalisation ne vient pas d'une transformation préalable de la société, mais de la transformation de soi-

---

24. Voir le mémoire de DEA de Gultekin Burcu, « L'instrumentalisation de l'islam pour une stratégie de promotion sociale à travers le secteur privé : le cas du Müsiad », FNSP, 1999.

25. Edmund Leites, *La Passion du bonheur. Conscience puritaine et sexualité moderne* (trad. de l'anglais par Sylvie Courtine-Denamy), Le Cerf, 1989.

26. Voir Allievi, *in* Dassetto, *op. cit.*

même. Le changement social est une conséquence de cette « conversion » de soi, et non une cause nécessaire, comme dans la vision la plus commune chez les islamistes. L'islam n'est plus souffrant, le martyr n'est plus le modèle. Le sage fait retour. Le bonheur est une idée neuve.

Chapitre 5

L'occidentalisation :
entre nouvelles institutions et air du temps

Comment cette nouvelle religiosité s'inscrit-elle dans l'espace non musulman ? Nous verrons plus loin comment se mettent en place des espaces islamisés, ou des néo-fondamentalistes tentent de créer une communauté fermée. Mais la tendance dominante est, pour les associations islamiques, de mettre sur pied des institutions capables d'intervenir dans le champ public et politique des sociétés occidentales et, pour les individus, de formuler leur vision de l'islam en des termes qui soient audibles par le nouvel environnement. On voit bien comment l'islam hésite entre deux modèles identitaires pour se faire reconnaître en Europe : la communauté ethnico-culturelle, d'une part ; l'Église, d'autre part – empruntant ainsi deux modèles déjà mis en place par d'autres et pour d'autres. La demande d'être reconnu, défendu et donc inscrit dans la loi va forcément de pair avec cette occidentalisation, car la loi ne va pas inventer de nouvelles catégories mais simplement utiliser des catégories antérieures pour donner sa place à l'islam. Chaque pays européen puise ainsi dans son fond de paradigmes.

La constitution d'« Églises » musulmanes

L'individualisation de fait de la religiosité ne diminue pas l'insistance sur la nécessité de vivre en communauté. Tariq Ramadan ne cesse de dire que l'islam est une religion communautaire et que « la foi islamique ne peut être réduite à une affaire strictement privée »[1].

---
1. *Les Musulmans dans la laïcité*, *op. cit.*, p. 43.

Le problème est le statut de cette communauté. Elle peut être imaginaire, comme nous le verrons chez les néo-fondamentalistes, par refus de toute inscription dans un espace tant géographique que conceptuel – qui serait en fait mis en place par l'Occident. Elle peut se faire au niveau de micro-communautés, centrées autour d'une mosquée, d'une association, d'un quartier; ce sont les néo-communautés dont parle Khosrokhavar [2]. Mais elle peut aussi se construire dans un cadre légal, reconnu par les autorités, et s'adapter à la législation en vigueur. Ce qui suppose que l'islam s'inscrive dans des catégories juridiques non islamiques (en France, la loi de 1905 qui régit la séparation de l'Église et de l'État et les associations cultuelles).

Mais le droit comme la diversité de l'espace public, associés à l'absence de clergé en islam et à l'importance que revêt la communauté de base, celle qui se forme autour d'un lieu de prière, font que les musulmans en Occident tendent d'abord à se regrouper sur une base locale (mosquée de quartier, association d'étudiants, centre culturel) – ce qui permet d'ailleurs de vivre sans drame l'hétérogénéité naturelle de la population musulmane, à la fois de par ses origines et dans sa demande religieuse. Les tentatives de dépassement de cet éclatement viennent de deux sources : des nouveaux acteurs islamiques qui veulent reconstruire une communauté détachée des origines et, parfois, de l'État – qui cherche un interlocuteur. En ce sens, on peut parler d'un communautarisme légaliste, qui est celui des grandes organisations musulmanes en Europe et en France (Union des organisations islamiques de France et Fédération nationale des musulmans de France), souvent créées par des étudiants. Dans ces nouvelles communautés, les formes de socialisation ne sont pas « traditionnelles », car elles ont entériné l'« occidentalisation », en particulier l'entrée des femmes dans l'espace public. La « mixité pure », celle où garçons et filles peuvent se rencontrer en tout bien tout honneur, est possible [3]. La mise en place d'associations d'étudiants casse le poids des familles et des liens communautaires traditionnels au profit d'une adhésion personnelle et volontaire.

2. *L'Islam des jeunes, op. cit.*
3. *Ibid.*, p. 157.

Même lorsque ces associations sont critiques par rapport à la société occidentale et aux gouvernements en place, elles ont pour stratégie de se faire reconnaître comme interlocuteurs tant par les administrations locales que par l'État, entre autres parce que c'est aussi une manière de faire officialiser leur version de l'islam et de la diffuser en retour en direction d'une population musulmane plutôt réservée. La demande de reconnaissance comme « communauté » nationale est donc minoritaire ; elle émane non pas d'une population qui se serait rassemblée, mais de médiateurs qui se posent en représentants d'une communauté virtuelle, censée acquérir une existence réelle par sa légalisation. La communauté musulmane se crée ainsi par en haut, dans une relation triangulaire où l'État non musulman est le médiateur de la relation entre les organisations qu'il reconnaît comme représentatives et la masse des musulmans. On le voit bien avec la mise en place en France, au printemps 2002, sous l'égide du ministère de l'Intérieur (en charge des cultes), de la consultation des musulmans de France. Son but est de procéder à l'élection de représentants dans le cadre des grandes organisations (UOIF, FNMF) et des mosquées (qui disposent d'un nombre de voix correspondant à leur superficie, qui rappelle un peu le suffrage censitaire au XIXe siècle). L'État n'engage pas, ici, une grande stratégie, mais il fait un constat : la forme spontanée d'organisation de l'islam en Occident reste la mosquée, et non le parti politique, le syndicat ou un grand mouvement national. Or l'État a besoin d'interlocuteurs avec qui discuter. Il y a donc bien ici une étatisation de la représentation religieuse, dans le sens où la logique d'État s'impose aux croyants. Demain, il pourra très bien s'agir d'une logique européenne, déjà anticipée par des militants, et ce sera alors autour de Bruxelles que se structurera l'islam européen.

Cette « étatisation » (au sens d'une adaptation au cadre étatique) est, nous l'avons vu, une constante dans le monde musulman : création d'un clergé plus ou moins officiel, contrôle des filières d'enseignement, certification d'aumôniers dans les prisons, les lycées ou bien aux armées, législation de l'abattage rituel. En France, le paradigme, depuis 1988, lorsque Pierre Joxe était ministre de l'Intérieur, est représenté par l'intégration des juifs sous Napoléon Bonaparte (dans un cadre impérial et concordataire, pourtant assez loin de la République laïque). Ici aussi, le modèle dominant s'impose aux musulmans – ce que beaucoup d'entre eux souhaitent, justement pour être placés sur un pied d'égalité avec les catholiques et les juifs : cette analogie est sans doute le plus bel exemple de la banalisation de l'islam.

Mais, comme pour la réislamisation conservatrice que nous avons étudiée dans les pays du Moyen-Orient, on est confronté à un dilemme dont la résolution risque de poser des problèmes dans un avenir proche. L'institutionnalisation de l'islam peut en effet conduire au renforcement d'un islam conservateur et bien-pensant qui propagerait un modèle salafi. Pour le contrer, un État occidental pourrait être tenté de coopter des « bons musulmans modérés », en enrôlant les nouvelles élites dans la défense d'un « islam laïque », qui les discréditerait largement auprès des jeunes musulmans. Dans le premier cas, on pousse à la reconstitution d'une autorité légitime, au moment où, on l'a vu, elle se délite ; on n'est plus en phase avec l'évolution des musulmans et l'on risque justement d'ignorer cette individualisation du rapport à la religion, qui est la vraie marque d'une intégration de l'islam.

La gestion de la question du port du voile en classe en France le montre bien : lorsqu'il y a négociation, c'est-à-dire reconnaissance d'un choix individuel, l'affaire s'arrange en général localement. En revanche, lorsque, de part et d'autre, l'approche du problème est avant tout communautariste, il y a blocage : soit que l'administration refuse par principe d'autoriser le port du voile, soit que les promoteurs de l'affaire du côté musulman exigent la reconnaissance non pas d'une expression individuelle, mais d'un droit communautariste (accepter le voile comme expression en soi de l'islam, c'est admettre que toute fille musulmane devrait être voilée et donc transformer en obligation ce qui au départ n'était qu'un choix). Dans l'autre cas, on retrouve le dilemme du bon musulman : il passe immédiatement de la reconnaissance à la caution. On lui demande des gages qu'on ne demanderait pas à d'autres religieux et on le somme d'intervenir pour tout sujet concernant l'islam dans le monde (attentats terroristes, lapidation, *fatwa*, etc.), recréant ainsi le mythe d'une indivisibilité du monde musulman que l'on voudrait justement remettre en cause. Il n'est pas aisé de gérer politiquement les questions religieuses…

Certaines organisations contournent certes l'État. Cependant, la plupart font la démarche d'entrer dans un cadre légal, autant par souci de bénéficier des avantages de la légalité que pour manifester leur volonté d'intégration. Or, par définition, la loi définit des catégories qui s'imposent aux acteurs. Il est intéressant de constater la différence des formes d'organisation de l'islam en France, et en Grande-Bretagne ou en Belgique. On peut certes considérer que, pour les deux premiers pays, il ne s'agit pas des mêmes musulmans (majorité arabe contre majorité indo-pakistanaise), mais l'argument tombe avec la Belgique. En Grande-Bretagne, les écoles religieuses musulmanes (*faith schools*) sont très développées, sans doute du fait que la confessionnalisation est grande dans l'enseignement secondaire. Cette confessionnalisation flirte avec le communautarisme dans la mesure où, on l'a vu, de nombreuses associations demandent le bénéfice pour les musulmans du Race Relations Act, qui ferait des musulmans un groupe néo-ethnique. Le système des *faith schools* s'est durci au point qu'un rapport officiel (rédigé en 2001) préconise l'introduction dans ces écoles d'un quota d'élèves d'autres confessions. En France, aucun système d'écoles religieuses musulmanes ne s'est vraiment développé – alors que la loi est pourtant très ouverte (écoles privées sous contrats ou hors contrat). Cela signifie bien que la majorité des musulmans ne ressentent pas le besoin d'écoles confessionnelles – ils ont sans doute intégré le mythe de la grande école publique. En même temps, le choix de l'État est de considérer comme membre d'une communauté religieuse seulement celui qui déclare explicitement en être membre : ce qui revient à définir le croyant par son choix individuel et non par ses origines. En revanche, l'option de la Belgique, apparemment très libérale, va dans le sens de la néo-ethnicité : toute personne d'origine musulmane, même athée, peut voter pour élire les représentants de l'islam.

On voit donc que l'islam s'institutionnalise selon les structures déjà en place dans les sociétés européennes, ou mises en place plus récemment par les gouvernements. Les politiques de création d'« Églises musulmanes » sont importantes dans la mesure où elles contribuent à figer les identités selon les lignes que nous évoquons dans ce livre, entre néo-ethnicité et pure religion. On oscille entre communauté religieuse et ethno-ethnicité. Or cette dernière position est risquée : un individu peut, du simple fait de son origine, se voir ramener à une identité primaire qui ne l'intéresse pas, comme s'est arrivé dans le cas cité plus haut, où le consulat marocain s'est opposé à l'incinération d'un citoyen français. Par contre, la tentative brève, lorsque Jean-Pierre Chevènement était ministre de l'Intérieur (1997-2000), d'imposer la mise en place d'un islam explicitement laïque relève d'un volontarisme qui ignore l'évolution réelle de la religiosité (celle-ci se développe, comme nous le disons dans ce livre, en dehors des débats doctrinaux). Derrière des logiques étatiques et administratives, ce sont des choix de société qui se font, mais sans que les politiques s'en aperçoivent clairement.

Le paradoxe veut que la République française, laïque par sa Constitution, pousse les musulmans de France à s'organiser sur une base strictement religieuse, alors que Grande-Bretagne et Belgique, qui ont une tradition confessionnelle plus forte (Église d'État en Grande-Bretagne, et pour la Belgique scission avec la Hollande protestante sur une base confessionnelle), ont une perception plus ethnique de l'appartenance religieuse. Mais c'est un paradoxe apparent, car justement, en faisant de l'islam une « simple religion », l'État peut esquiver un communautarisme encore plus contraire à ses traditions. Quand l'islam est une religion, alors le musulman est celui qui, volontairement et individuellement, déclare être musulman. Il reste bien cantonné à la sphère privée parce qu'il est l'expression d'une communauté construite par ses membres, et non pas d'une communauté définie sur des bases ethniques La laïcité est moins fondée sur le confinement du religieux au privé que sur l'individu et sa liberté de choix (et de rétractation). Qui niera en effet que la religion est bien une chose publique, puisque d'une part l'État légifère et que d'autre part les autorités religieuses chrétiennes et juives sont reconnues dans leurs corps constitués ? C'est en traitant l'islam dans un cadre strictement religieux que l'on sauvera la laïcité.

L'occidentalisation inconsciente

Le rôle de l'Occident est donc plus important qu'une simple acculturation. L'occidentalisation joue sur les registres mêmes qui permettent à l'islam de se penser en face d'elle. Autrement dit, lorsque des musulmans tentent de définir ce qu'est un islam non territorialisé, ils le font souvent en reprenant plus ou moins consciemment des catégories typiquement occidentales, comme celles de « communauté ethnique ou culturelle », voire, plus subtilement, comme celle de « religion ». Les catégories des pays d'accueil sont reprises même quand elles sont dans le fond étrangères à l'islam classique. Or ces catégories se chevauchent tout en étant parfois contradictoires. Ainsi, celle de communauté culturelle ou de groupe ethnique peut certes reprendre à l'envers le paradigme historique du *millet* ottoman, mais il faut rappeler que celui-ci était par définition réservé à des non-musulmans.

Le positionnement en groupe minoritaire, sur une logique de « droit des minorités », amène des musulmans à se réclamer d'une problématique droits de l'homme/droits de la minorité élaborée pour défendre des groupes qui se réclament de valeurs antagoniques à l'islam, comme les homosexuels. On voit ainsi des alliances ou des conflits à fronts renversés : un député travailliste britannique, Keith Vaz, a pu défendre en 1989 la demande d'interdiction du livre de Rushdie au nom de l'atteinte aux valeurs d'un groupe minoritaire, tandis que dans un défilé contre les discriminations en tout genre, femmes voilées et militants homosexuels se trouveront, sinon au coude à coude, du moins les uns derrière les autres. L'alliance avec les chrétiens conservateurs, sur des enjeux comme le refus du mariage homosexuel ou la condamnation de toutes les formes de blasphème, fait de l'islam une religion comme les autres, lesquelles sont toutes d'ailleurs en position de minorité par rapport à une sécularisation dominante en Europe. Mais un front inter-religieux est d'autant plus difficile que plus une religion se renferme sur ses propres critères identitaires (comme c'est le cas de l'Église catholique sous Jean-Paul II), moins elle dialogue avec les autres religions.

Le souci d'être perçu comme une Église, ou tout simplement l'atmosphère ambiante, renforce l'effet en miroir. Le vendredi est ainsi posé comme l'équivalent du dimanche; on parle de mariage religieux lorsqu'un imâm reçoit le consentement des époux et du mandant de la femme (alors que le mariage n'est qu'un contrat en islam). Dans certains pays sécularisés, les imâms adoptent des tenues de clergyman (sur le modèle turc). On parlera de « carême » pour le ramadan. Cette occidentalisation se voit même dans la « déviance ». Plusieurs associations de *gays and lesbians muslims* ont fait leur apparition, au grand scandale bien sûr des croyants [4]. L'intérêt de ces associations consiste à s'inscrire justement dans une logique de « doublement minoritaire ». Comme leurs homologues chrétiennes, leur perspective réclame de revendiquer une double identité, toutes deux minoritaires. Si un homosexuel égyptien n'est guère intéressé à être reconnu comme « musulman », car cela va de soi (même s'il est défini comme transgresseur de la loi divine), un musulman homosexuel qui veut être reconnu comme tel dans un contexte occidental contribue aussi aux reconstructions identitaires. Bien évidemment, ce type d'évolution est farouchement combattu par les néo-fondamentalistes.

Un autre aspect de cette occidentalisation tourne autour de la sociologie de la famille [5]. Les musulmans, tant dans l'immigration que dans les pays d'origine, tendent à s'aligner sur les évolutions sociologiques de l'Occident : baisse du taux de fécondité, passage à la famille cellulaire, niveau d'éducation des filles égal ou supérieur à celui des garçons. D'ailleurs, en regardant sur les sites Internet les conseils juridiques ou simplement ceux qui concernent la vie quotidienne (élever les enfants, faire la cuisine, régler les problèmes matrimoniaux) destinés aux musulmans en Occident, on voit que c'est le couple qui forme la cellule familiale et non plus la famille étendue. L'individualisation de la relation à la religion permet aussi de penser une recomposition des rapports sociaux, à la fois imposée et voulue, en particulier le rapport hommes/femmes (la présence de la femme dans l'espace public, par exemple). Dans le monde occidental, la femme musulmane travaille souvent à l'extérieur de la maison, et, dans les couples très religieux où les conjoints se sont choisis, on constate que l'écart d'âge et d'éducation entre eux est moins important que dans les couples plus traditionnels [6]. Cette indi-

---

4. Voir les sites d'homosexuels musulmans *www.geocities.com/cedar007. geo/index.html* ; *www.angelfire.com/ca2/queermuslims/*.
5. P. Fargues, *Générations arabes. L'alchimie du nombre*, Fayard, 2000.
6. Valérie Amiraux *in* Dassetto, *op. cit.* On a un autre exemple tyique de cette tendance avec la journaliste et sociologue égyptienne Heba Rauf, qui porte

vidualisation va de pair avec de nouvelles formes de socialisation, comme le mariage en dehors des liens traditionnels de la famille et du village. Cela suppose donc que l'on fréquente des cercles nouveaux, dont les membres sont là par un acte d'engagement volontaire, par exemple les *dershane nurcu* (la « maison de cours » de la confrérie), où l'on se retrouve après le travail, ou encore dans les rencontres du vendredi. Bref, on sort ainsi des *açabiyya* traditionnelles.

L'islam s'inscrit dans un espace de laïcité de fait, parce qu'il est minoritaire (il n'a pas d'action politique directe sinon sous forme de lobby). Mais il finit aussi par en bénéficier. Le paradoxe est que l'on peut être polygame de fait en France – au moment même où le droit réduit cette possibilité –, car l'État ne se mêle pas de la vie privée : un homme peut très bien vivre avec plusieurs femmes au foyer (même si la polygamie n'a pas de statut légal), alors que, aux États-Unis, un mormon est encore poursuivi en 2002 pour polygamie. La fin de la discrimination légale entre enfant légitime et adultérin, la possibilité de donation, l'usage de la quotité disponible (pour avantager les garçons dans la succession), l'absence en droit musulman de pension alimentaire ou de réversion pour l'épouse répudiée (seul point où la non-reconnaissance de la polygamie peut affecter les coépouses d'un polygame)... font que, sur le plan légal, on peut mieux vivre son islam en France que dans un pays comme la Turquie. Le Pacte civil de solidarité (PACS), par exemple, permet de donner à un couple une forme juridique plus conforme au contrat de mariage musulman que le mariage tel qu'il est défini par le Code

---

le voile, est passée par la Tabligh et fait la critique islamique du féminisme occidental. Elle est décrite par le *Cairo Times* de la manière suivante : « Son plus grand soutien vient de ses parents et de son époux. Raouf a épousé le psychiatre Ahmed Abdallah il y a neuf ans, quand elle avait vingt-six ans, et elle dit qu'elle ne peut que souligner l'importance de ce mariage dans l'influence qu'il a eue sur son caractère. Il y a deux ans, elle est allée en Angleterre pour faire des recherches à Westminster et à Oxford. "J'ai laissé ma famille pour huit mois, et j'ai reçu le soutien de mon époux pour cela." On peut dire que Raouf a réussi à réaliser le rêve des temps modernes : être mère sans sacrifier sa carrière », « A chosen identity », *Cairo Times*, t. 3, n° 25, 20-26 janvier 2000.

civil (en particulier dans la mesure où le PACS n'oblige pas à verser une pension alimentaire après séparation).

Cependant, encore une fois, cette « occidentalisation » que nous saisissons sur le vif dans l'immigration est récurrente aussi dans les pays musulmans, aussi bien dans la sociologie, la structure familiale, la demande de démocratie que dans l'économie et la société civile. Elle fait l'objet d'une dénonciation permanente par les milieux néo-fondamentalistes, qui accusent en particulier missionnaires et organisations non gouvernementales de travailler à occidentaliser les musulmans [7]. En Iran, les conservateurs passent leur temps à dénoncer l'« agression culturelle » (*tajavoz-i farhangi*). Le discours islamique est devenu un discours de résistance (donc conservateur, même quand il réitère les critiques classiques du tiers-mondisme contre la domination occidentale) ou d'adaptation (islamiser la modernité). Mais le discours de résistance lui-même reprend à son compte le thème des valeurs et de la culture, c'est-à-dire celui-là même de la relativité culturelle.

Mais si la réislamisation apparaît massive, c'est justement parce qu'elle va de pair avec la diversification du champ religieux et donc avec son effacement en tant que champ particulier. Cette diversité a toujours existé, mais elle est aujourd'hui découplée des structures sociologiques propres aux sociétés traditionnelles. L'islamisation de la société se fait à côté du politique : pratiques sociales de notabilisation (comme l'évergétisme qu'étudie Patrick Haenni) [8], retour à un discours de l'éthique (tonalité humaniste dans les prêches de certains imâms), développement du confrérisme, espaces religieux de sociabilité indifférents aux projets étatiques, réappropriation du prêche, voire de la « raison islamique », contre les oulémas et les clergés d'État, etc. De nouveaux vecteurs culturels, festifs et parfois

---

7. Voir « Globalization : is it inevitable ? » de Yamin Zakarya, *Kcom Journal* (site Internet du Hizb ut-tahrir), 6 juin 2001, qui conclut que la globalisation se fait en faveur des valeurs occidentales, une idée très répandue dans la gauche tiers-mondiste.
8. In *Revue des mondes musulmans et de la Méditerranée*, n° 85-86, *op. cit.*

ludiques, récupèrent et subvertissent les symboles du « revivalisme » islamique. La diffusion-dilution de la référence islamique est visible dans toutes les sociétés musulmanes, sous des formes variées : subversion, détournement, récupération. La réislamisation se fait soit par la réactivation de thèmes traditionnels et de coutumes (en particulier le port du voile), soit par la réappropriation d'éléments importés sur un mode islamique (par exemple, la mode repensée comme « mode islamique » – voir les magasins de *tessetür* en Turquie).

Mais on peut s'interroger sur le sens qui finalement s'impose. Dans quelle direction se fait la réislamisation de certains traits de modernité, qu'elle soit sociale ou simplement vestimentaire ? Ce sens islamique que l'on veut donner n'est-il pas à son tour capté par d'autres sens et porteur d'autres modèles sociaux ? Est-ce en fait un second souffle « civil » pour une islamisation qui aurait épuisé sa dynamique politique, ou bien au contraire assiste-t-on à une forme de banalisation, de dégradation, de récupération ? La réislamisation des apparences n'est nullement une garantie d'islamité et peut être un trompe-l'œil. En fait, les marqueurs d'islamisation n'expriment plus nécessairement un contexte vraiment islamique et peuvent correspondre à d'autres stratégies. Les codes de l'islamisation se brouillent : la femme voilée n'est plus nécessairement pudique ou vertueuse ; sous le voile jouent aussi la séduction, le fard, la mode, les sorties, voire la prostitution. Les magasins de « mode islamique », au Caire comme en Turquie, montrent que l'islamisation du vêtement n'est pas nécessairement porteuse de puritanisme et de *purdah* (terme indo-pakistanais désignant le retrait de la femme de l'espace public).

Le célèbre éditorialiste islamique turc, Abdurrahman Dilipak, a écrit dans le journal *Akit* qu'on voit des jeunes filles portant le foulard « chanter, danser, se déhancher et se pâmer d'aise dans des concerts de pop-music turque, essayant d'approcher les chanteurs masculins pour les enlacer ou les embrasser[9] ». Au Liban, le voile « libéral » (c'est-à-dire de facture moderne et allant de pair avec maquillage et jean) marque plus l'appartenance communautaire chi'ite qu'une réelle pratique religieuse. Ce qui inscrivait l'islamisa-

---

9. *Akit* du 24 octobre 1997, citation et traduction de Y. Böner, *Revue de presse du consulat de France à Istanbul*, n° 238.

tion dans une stratégie sociale et politique s'efface : en Turquie, par exemple, des femmes voilées et non voilées cohabitent dans des groupes professionnels et culturels identiques. Patrick Haenni montre comment l'évergétisme religieux des notables cairotes recouvre des stratégies de notabilisation et d'actions sociales tout à fait profanes. Bref, l'islamisation n'implique pas nécessairement la mise en place d'un autre modèle de société, mais plutôt la réappropriation du changement.

Cette diversification du champ religieux donne donc une autonomie à des acteurs très variés, qui reprennent à leur compte une formulation islamique dans des stratégies, des mises en scène de soi-même, des démarches identitaires, qui contournent l'État et jouent sur le registre de la « société civile ».

Les néo-confréries

Les phénomènes de globalisation, d'individualisation et d'occidentalisation touchent aussi les formes d'islam dit populaire. La reformulation religieuse fonctionne sur le registre de l'appel à l'éthique et de la référence au salut, voire au bonheur, de préférence à un discours de défense de l'oumma et de la charia. On assiste à un retour de formes populaires de religiosité, renforçant des modes traditionnels et locaux d'expression de l'islam, qui avaient été l'objet de sévères critiques des islamistes (au nom du primat du politique) ou des néo-fondamentalistes (pour leur peu de rapport avec l'islam « authentique »). Ainsi, en Iran, la célébration de l'*ashura*, très politisée et « étatisée » au cours des années 1980 (avec en particulier l'interdiction de pratiques populaires comme la flagellation), revient aujourd'hui au cœur des quartiers et dans les associations locales. Le néo-confrérisme connaît aussi un renouveau important en Turquie, en Égypte et au Liban.

Ce que nous appelons les « néo-confréries » sont des associations de création récente, dont le fondateur est souvent toujours vivant : ainsi du mouvement Ahbash au Liban et de la Kaftarrya en Syrie, fondée en 1964 par Ahmed Amine Kaftaro, un membre de la Naqshbandiyya (une des confréries traditionnelles les plus répandues dans le monde), aujourd'hui grand mufti de Syrie ; de même pour la communauté de Fethoullah Gülen (dont les membres sont appelés *fethoullaci*) en Turquie, ou la Haqqaniya aux États-Unis, même si la plupart d'entre elles se réclament d'un enracinement dans des grandes confréries historiques (Nurcu pour Fethoullah Gülen – encore que les Nurcu puissent être à leur tour considérées comme une néo-confrérie –, Naqshbandiyya pour les Haqqani). Ce qui nous intéresse ici, c'est qu'elles recrutent et se développent selon des formes modernes de religiosité : adhésion individuelle et directe, non médiatisée par un groupe (famille, corporation, *mahalla*, clan...), ni par un processus initiatique car on adhère immédiatement. Le rapport au temps est moderne. Le rapport au savoir aussi : on apprend la pensée du maître par des conférences et des lectures, c'est-à-dire par le discursif et non par la transformation mentale que son contact est censé induire au fil du temps. Elles sont d'autre part fondées par des personnages charismatiques, qui n'hésitent pas à utiliser les techniques des gourous modernes (conférences, sites Web, production écrite abondante, biographies complaisantes). Ces confréries ont souvent une activité missionnaire considérable et s'efforcent de convertir (sauf les Nurcu qui, pour le moment, restent confinés au monde turc).

L'espace de ces réseaux reste « centralisé » autour de la personne du gourou ou de sa famille. On ne trouve plus la technique du « marcottage » qui a traditionnellement permis l'essaimage et l'adaptation des confréries soufies à des espaces nouveaux (le *khalifa*, ou représentant du maître, s'autonomise sur un autre espace géographique et développe sa propre branche sans renier celle du maître). En fait, l'instantanéité de la relation au Guide (par les moyens de communication employés, par le fait qu'il voyage beaucoup) rend inutile toute décentralisation du mouvement et donc toute implantation dans un cadre local. Certaines de ces confréries refusent d'ailleurs le terme de *tariqat* (voie, confrérie) : Nursi était contre le *tassawuf* (soufisme traditionnel), car il prônait l'égalité de tous les membres sous l'autorité du *pir* et refusait la hiérarchie de l'initiation ; les *fethoullaci* refusent les termes de *tariqat* et de *mazhap* (école juridique) [10] : ils

---

10. Entretien de l'auteur avec Latif Erdogan, directeur de la Fondation des écrivains, dépendant de la confrérie (1997).

s'appelaient au début *cema'at* (communauté) ou *cemyet*, avant de renoncer à cette appellation ; ils parlent aujourd'hui de *birlik*, union culturelle. Même la terminologie montre la volonté d'innovation.

Sous réserve d'inventaire, on peut sans doute parler de crise des confréries traditionnelles liées à des segments sociaux préexistants (clans, corporations) au profit des confréries recrutant à titre individuel, dans une situation de déculturation et de transformation de la société traditionnelle. Le nouveau confrérisme s'adresse, comme le néo-fondamentalisme, à une société dé-communautarisée et offre un nouveau groupe identitaire, autour de la recherche d'un « supplément d'âme » et sans doute de nouveaux réseaux de solidarité. Le soufisme peut donc être parfaitement moderne (comme club de méditation) [11].

Le passage de la confrérie à la secte est aussi une forme de « modernisation » du soufisme, c'est-à-dire de son entrée dans des formes générales de religiosité qui ne sont pas spécifiquement liées à l'islam, par exemple les « groupements de pratiquants » définis par Danièle Hervieu-Léger [12]. Le mouvement est plus marqué dans le cas de cheikhs autodidactes, donc détachés de toute institution [13].

Les nouvelles confréries apparaissent dans le monde turc (Nurcu, Suleymanci, Fethoullaci), arabe (Mohhamediya Shadhiliiya en Égypte, Ahbash au Liban, Kaftaro en Syrie [14]), kurde (les Ahl-i Haqq réformés [15]) et africain (mourides). Elles entretiennent en général d'intenses activités sociales (en particulier des écoles, comme pour les Fethoullaci), participent à la vie politique nationale (souvent en

---

11. On trouve le terme « néo-soufisme » dans les articles de Julia Day Howell, comme « Indonesia's urban sufis », *ISIM Newsletter*, n° 6, 2000, p. 17.

12. D. Hervieu-Léger, *La Religion en miettes ou la question des sectes*, Calmann-Lévy, 2001, p. 160-162.

13. Un tel phénomène est noté par exemple en Haute-Égypte, dès 1981, par Patrick Gaffney, voir William Roff, *Islam and the Political Economy of Meaning*, *op. cit.*, p. 224.

14. Le mouvement Kaftaro a été étudié par Annabel Boettscher, « L'Élite féminine kurde de la Kufturiyya, une confrérie *naqshbandi* damascène », *Les Annales de l'autre islam*, n° 5, INALCO, 1998.

15. Voir Ziba Mir Hosseyni, « Inner truth and outer history : the two worlds of the Ahl-i haqq of Kurdistan », *International East Studies*, Londres, vol. 26, p. 267-285.

négociant leur réservoir de voix plutôt qu'en se présentant directement aux élections). On trouve d'autres mouvements dans des espaces plus lointains. Le Darul Arqam en Malaisie, dirigé par Ashaari Mohammed, qui travaille à la resocialisation des jeunes marginalisés, impose des tenues vestimentaires particulières, lutte contre la drogue et prône la mise en place d'une contre-société (il a été impliqué dans une action terroriste au printemps 2000). En Turquie, les *acizmandi* fonctionnent aussi sur ce mode de la secte. En Azerbaïdjan, le mouvement Towba s'est spécialisé dans la lutte contre la drogue. Un autre exemple est celui du Da'wat-i islami, lancé en 1981 par Maulana Mohammed Elyas Qaderi (membre de l'école *barelwi*, né en 1950 à Karachi, *khalifa* de Mohammed Dya'uddin Qadiri Madni, mort en 1981, installé dans la ville de Sialkot, émigré à La Mecque en 1910). Ses membres sont habillés de blanc, portent un turban vert et un *miswaq* (bâtonnet pour se brosser les dents) : on insiste ici sur la pratique et non pas sur le débat théologique ou politique. Son quartier général est la mosquée Gulzar-i Habib à Karachi. Dans ce mouvement, tout est centré sur l'imitation du Prophète et l'étude des œuvres du Guide, Elyas Qaderi (dont le livre *Faidan-i Sunnat* sur la vie et les actions du Prophète). Le mouvement est très centralisé, il recrute aussi parmi les femmes. Les disciples sont appelés *murid de Elyas*.

Travaillant plus particulièrement en Occident, on trouve la Haqqaniya, qui se développe très rapidement [16]. Issue d'une branche chypriote de la Naqshbandiyya fondée par le cheikh al-Haqqani (disciple de Daghestani à Damas), elle s'est largement diffusée aux États-Unis, sous l'impulsion du gendre du fondateur, le *khalifa* Hisham Kabbani, et a suscité de nombreuses convertions [17]. Hisham

---

16. Il suffit de taper Haqqaniya sur un moteur de recherche Internet pour trouver les sites de la confrérie.
17. P. Clarck (sous la dir. de), *New Trends and Development in the World of Islam*, Luzac Oriental, Londres, 1999, p. 137 (et aussi *ISIM Newsletter*, décembre 1999). Cheikh Muhamed Nazim al-Haqqani (né en 1922 à Larnaka, ingénieur en chimie), *murid* du cheikh Abdullah Daghestani (Damas, *naqshbandi*), dispose aujourd'hui de centres dans le Michigan et à Londres et suscite des conversions. La confrérie a été introduite en Grande-Bretagne en 1973 (grâce à un disciple de Gurdjieff) et aux États-Unis en 1991.

Kabbani a fondé l'Islamic Supreme Council of America, qui attaque les « musulmans extrémistes » et joue, dans les débats politiques américains, le rôle du « bon musulman » (souvent de service)[18]. Kabbani est un ancien étudiant en chimie de l'université américaine de Beyrouth, qui a fait des études de médecine à Louvain (Belgique). La secte a fait une percée chez les Noirs américains (dont le cheikh Abdul Rashid Matthews, qui dirige une mosquée à Chicago).

Parmi d'autres groupes actifs en Occident, citons les Helveti-Cerrahi de Turquie, qui se développent aux États-Unis[19] : leur cheikh, Muzaffar Ocak, a émigré aux États-Unis en 1980, en provenance d'Istanbul. Les Ahbash du Liban ont aussi des branches en Occident (avec un centre à Philadelphie). La Tijannya a fait une percée aux États-Unis[20]. La branche réformée du Ahl-i Haqq (originaire du Kurdistan iranien) se développe en Europe, surtout grâce aux convertis.

En réalité, en général, le passage à l'Occident se fait dans un premier temps pour suivre l'émigration, mais l'implantation hors des milieux d'immigrés modifie la nature même de l'entreprise ; elle change son discours et surtout ses modes de propagande (adoption de l'anglais, prosélytisme). Un soufisme New Age (la prière comme technique de respiration en vue d'être en bonne santé) fait ainsi son apparition[21]. Une autre forme de cette modernisation est le développement ou la réactualisation de cercles féminins (en Syrie, la Qubaysiyya dirigée par Munira al-Qubaysi, d'obédience *naqshbandi*, organise des cercles – *halaqa* – chez les particuliers). La Allouya, d'origine algérienne, a aussi des *zikr* mixtes.

---

18. Comme l'illustre la conférence organisée les 11 et 12 avril 2000 à la Johns Hopkins School (Washington) par The Central Asia Institute, avec la participation de plusieurs Tchétchènes modérés et anti-wahhabis (dont le mufti pro-russe de Grozny, Kadirov). Les sponsors étaient l'American Jewish Committee, l'ambassade d'Ouzbékistan et l'Islamic Supreme Council of America. Kabbani s'est fait une spécialité du « musulman modéré » constamment cité positivement par les membres de l'American Israel Public Affairs Commitee, ainsi que par Daniel Pipes et Richard Emerson (l'auteur de *Jihad in America*).
19. P. Clarck, *New Trends...*, *op. cit.*, p. 157.
20. Gary Brunt, *Virtually Islamic*, University of Wales Press, 2000, p. 64.
21. *Ibid.*, p. 63, qui mentionne le site *www.chishti.com*; voir aussi *www.sufiorder.org* (*pir Velayat Inayat Khan* – site du *pir*).

Enfin, d'autres mouvements ne se réclament pas d'une origine soufie mais fonctionnent sur le modèle de sectes modernes. Ainsi le Minhaj ul Quran, fondé en 1980 à Lahore par Mohammed Tahir ul Qadri (né en 1954, à Jhang Sadar, au Punjab), issu de milieux *barelwi*. Il a ajouté à son mouvement une branche politique (Pakistan Awami Tehrik, en 1989) et recrute beaucoup dans l'émigration.

La modernité des néo-confréries est bien résumée, dans le cas de Nurcu, par Hakan Yavuz, lorsqu'il écrit : « Le mouvement peut être considéré comme moderne dans le sens où il épouse une vision du monde centrée sur l'individu qui fait retour sur lui-même tout en étant politiquement actif afin de réaliser ses objectifs personnels tout en adhérant à une identité collective [22]. » En ce sens, le néo-soufisme est beaucoup plus attractif pour les non-musulmans. Dans la mesure où il se libère de ses origines traditionnelles, il permet à son tour d'estomper la différence entre l'islam et les autres religions, ce qui en fait bien sûr la cible privilégiée de tous les groupes salafis, avec qui la polémique est violente [23]. Il pourrait alors, dans certains cas, évoluer dans le sens de nouveaux syncrétismes, comme le qadyanisme et le bahaïsme l'ont fait en leur temps.

---

22. Hakan Yavuz, « Being Modern in the Nurcu Way », *ISIM Newsletter*, n° 6, 2000, p. 7.

23. Voir la critique faite par Nuh Ha Mim Keller, un converti américain, qui attaque justement l'orthodoxie des salafistes, « The Ijazas of Ibn Baz al-Albani », *www.masud.co.uk*, 1995.

Chapitre 6

Le néo-fondamentalisme ou salafisme

Les approches libérales et humanistes que nous avons mentionnées plus haut sont loin d'épuiser les formes contemporaines de réislamisation. Bien au contraire, des *madrasa* talibans dans le sud de l'Afghanistan aux sites islamiques sur Internet en passant par la télévision saoudienne et par de nombreuses mosquées de la banlieue parisienne ou londonienne, une autre vision de l'islam circule, qualifiée de *wahhabi* (en référence à la doctrine officielle de l'Arabie Saoudite) par les musulmans plus modérés (ou simplement plus traditionnels). Les intéressés récusent en général le terme, lui préférant celui de *salafi*. Dans *L'Échec de l'islam politique,* nous avions utilisé le mot « néo-fondamentalisme », que nous maintenons ici.

Nombre d'auteurs de la période classique, comme Ibn Taymiyya au XIIIe siècle, se sont référés aux *salaf*, c'est-à-dire aux « pieux ancêtres » (les compagnons du Prophète et leurs successeurs immédiats). Le terme « salafisme » date de la fin du XIXe siècle, avec Jamaluddin al-Afghani. L'idée est de contourner une tradition religieuse sclérosée et une histoire politique où les musulmans se sont aliénés dans le colonialisme, en revenant aux textes originaux et au modèle de société du temps du Prophète. Il faut donc rouvrir les portes de l'interprétation (*ijtihâd*). Mais on serait bien en peine, au-delà de cette intention, de définir un salafisme intangible. Quoi de commun entre Jamaluddin al-Afghani, fort peu bigot et vaguement franc-maçon, et un cheikh wahhabi d'aujourd'hui ? Dans son livre *Aux sources du renouveau musulman*[1], un auteur comme Tariq Ramadan en revient lui aussi aux figures fondatrices qui scandent la

1. Éditions Bayard, 1998.

quête de la réforme salafie, de Jamaluddin al-Afghani à Hassan al-Banna, cette fois dans une perspective spiritualiste et modernisante. Mais aujourd'hui ceux qui se réclament du salafisme incarnent surtout une tendance conservatrice, proche du wahhabisme saoudien (et souvent identique à lui). Le terme « salafisme » renvoie plus à une intention de refondation de l'islam contre les emprunts et, aujourd'hui, contre l'occidentalisation qu'à un corps concret de doctrines. Il peut déboucher sur des formes d'islam variées, qui se dénoncent éventuellement les unes et les autres. C'est pourquoi, pour caractériser le fondamentalisme contemporain, nous préférons le terme « néo-fondamentalisme ».

Deux éléments définissent pour nous ce néo-fondamentalisme ou salafisme : son scripturalisme théologique et son anti-occidentalisme culturel. Le néo-fondamentalisme représente une vision très stricte et littéraliste du message coranique, dans la tradition hanbalite (la plus littéraliste des grandes écoles de l'islam) : tout se ramène au Coran, à la sunna du Prophète et à la charia. Il insiste sur l'unicité de Dieu (*towhid*), le refus de tout associationnisme (*shirk*), la foi (*iman*) et le rejet de tout œcuménisme (hostilité au christianisme et au judaïsme). Il veut soumettre l'ensemble des actes et des comportements humains à la norme islamique, sans pour autant admettre le concept d'idéologie islamique propre aux islamistes, c'est-à-dire en refusant que la totalisation des actes et des comportements humains emprunte des catégories « occidentales » issues des sciences humaines (comme société, histoire, économie, démocratie, classes sociales, État, avec pour corollaire les notions de syndicat, de parti, de législation du travail, etc). Le néo-fondamentalisme est indifférent à la question sociale. Il refuse de s'intéresser à la philosophie et à la science politique (alors que les islamistes sont de grands lecteurs, même critiques, de la philosophie occidentale). Il utilise les catégories juridiques et politiques traditionnelles sans effort pour les moderniser, mais surtout sans admettre qu'il y ait du nouveau [2].

---

2. Voir par exemple le discours de Jamal al-Din Zarabozo (Américain converti à l'islam et installé en Californie) sur la modernité, « Modernism in Islam », où il explique que la modernité est une invention occidentale pour mieux détruire l'islam (transcription de cassettes que l'on peut trouver à la

Son obsession est la *bida*, ou innovation, qu'il considère comme de l'hérésie touchant tout ce qui est ajouté à la pure tradition, même lorsque l'ajout est inoffensif. En fait, le néo-fondamentalisme veut faire table rase. Il refuse le soufisme. Il récuse aussi la division entre les grandes écoles juridiques de l'islam, ce qui serait assez abstrait si l'on oubliait que les cultures musulmanes spécifiques sont très liées à ces grandes écoles : en Asie centrale, l'islam ne peut se comprendre sans la référence constante au hanafisme, et le Yémen reste incompréhensible si l'on ignore la division entre zaidisme au nord et chaféisme au sud. Mais la conséquence de ce rigorisme, dans un monde globalisé, est aussi le refus explicite de toute influence de ce qui n'est pas strictement islamique, c'est-à-dire de l'influence occidentale. Que ce refus prenne une forme purement dogmatique, comme chez les Saoudiens (qui sont des alliés stratégiques des Américains, mais refusent toute église sur leur sol), ou militante (appel au *jihad*) chez Bin Laden, ne doit pas masquer la profonde connivence entre les deux pensées. Ce qui permet aux néo-fondamentalistes de penser le refus de l'Occident, c'est en fait le refus du concept même de culture au profit de celui de religion, ramené à une foi qui s'exprime dans un simple code (le licite et l'illicite). Le néo-fondamentalisme est donc très réticent devant toutes les formes d'intégration aux sociétés occidentales. Le cheikh Nasir al-Aql, très cité par les salafistes de Grande-Bretagne et des États-Unis, met en garde contre toute imitation des infidèles, en citant un des versets fétiches des néo-fondamentalistes : « Et jamais les juifs et les chrétiens ne seront contents de vous tant que vous n'aurez pas adopté leur religion [3]. » Les conservateurs acceptent le cadre légal des sociétés occidentales (enregistrement des associations et des mosquées), peuvent voter et participer aux débats de société tout en rejetant le concept de démocratie. Mais ils refusent

---

librairie Dar Makkah, Denver, Colorado) ; trancript posté sur le site *www.boardbot.com/boards/MSA/85*.

3. « Causes which lead to Muslims'Imitation of the Kuffar », *Islamic Propagation, Information and Ressources Center*, Pennsylvanie, 1994. Le verset est tiré de la sourate « al-Baqara », où le mot « religion » est en fait l'arabe *milla* (*millet* en turc) qui désigne aussi la communauté.

les compromis culturels. Les radicaux (comme les membres du Hizb ut-tahrir) rejettent même ce cadre légal, condamnant les mariages civils, la participation aux élections, les rencontres avec des organisations non musulmanes, etc.

Cela dit, le néo-fondamentalisme insiste également sur la foi, le piétisme, la prière, et, en ce sens, participe aussi de cette valorisation du soi que nous notons depuis le début de notre ouvrage. Le juridisme pointilleux peut aller de pair avec l'exaltation de la foi et du salut, voire un certain mysticisme, où le salut de l'individu réside dans le fait de plaire à Dieu, sans se soucier de la réussite concrète sur cette terre.

Le fondamentalisme permet (comme d'ailleurs sous ses formes protestantes américaines) de contourner histoire, traditions, cultures. Mais, paradoxalement, il relève lui aussi d'une logique d'individualisation et de globalisation. Il participe à la mise en conformité de l'islam avec un modèle moderne de libéralisme, sur le mode du fondamentalisme protestant américain. Une ligne de fracture traverse le mouvement entre ceux qui accordent la priorité au *jihad* (que nous appelons « jihadistes ») et ceux qui pensent que la priorité doit aller au *da'wat*, ou prédication. Mais il ne faut pas chercher une différence théologique entre les deux groupes : elle porte plutôt sur la position institutionnelle des acteurs (le grand mufti d'Arabie Saoudite peut difficilement être jihadiste) ou sur des choix de stratégie (le Hizb ut-tahrir considère que le lancement du *jihad* est prématuré).

Les Saoudiens ont joué un rôle clé dans l'expansion du néo-fondamentalisme. Afin de couper l'herbe sous le pied tant du nationalisme arabe que du chiisme iranien ou du communisme, ils ont encouragé un sunnisme très conservateur sur le plan doctrinal, mais aussi très hostile à l'Occident sur un plan strictement religieux. Cette dichotomie est inscrite dans l'histoire même du wahhabisme, qui est né de l'alliance d'un clan tribal, les Saoud, avec un réformateur religieux, Abdul Wahhab (1703-1792), à l'origine d'une lignée religieuse (les *Sheykh*) distincte de la dynastie. La hiérarchie religieuse en Arabie Saoudite est donc assez indépendante de la maison des Saoud : la première fixe la doctrine religieuse, la seconde la politique du royaume. Ce qui entraîne une situation souvent schizophrénique :

stratégiquement lié aux États-Unis, le royaume soutient un islam violemment anti-chrétien (et anti-judaïque) sur le plan religieux.

Grâce aux pétro-dollars, l'Arabie Saoudite a pu jouer un rôle de plus en plus déterminant dans les réseaux d'éducation religieuse du monde musulman, soit en montant ses propres écoles et instituts (en particulier grâce à la Ligue islamique mondiale, ou Rabita, que le royaume a créée en 1962), soit en finançant des réseaux plus anciens, comme les écoles déobandis au Pakistan. Les Saoudiens ont multiplié la création d'instituts islamiques, de bourses et de *madrasa*, souvent financés par les banques islamiques saoudiennes ou par de riches hommes d'affaires, incités à donner directement l'impôt islamique (*zakât*) à ces institutions de formation. Ils ont ainsi concurrencé des centres plus traditionnels d'enseignement religieux, comme l'université d'al-Azhar au Caire. Tant le montant des bourses que les conditions de logement et d'études sont nettement plus favorables en Arabie Saoudite qu'en Égypte. Il est par exemple plus facile à un jeune réfugié afghan au Pakistan d'obtenir une bourse pour étudier l'islam en Arabie Saoudite que l'asile politique en Australie.

Les wahhabis saoudiens se sont bien gardés de diffuser le wahhabisme en tant que tel, se contentant d'insuffler leur doctrine dans l'enseignement des autres écoles, en dénonçant les formes nationales ou populaires de l'islam, en marginalisant tout ce qui s'articule sur les grandes cultures du monde musulman (littérature, philosophie) et en soulignant tout ce qui va dans le sens du hanbalisme. Le contenu pédagogique a été allégé au profit de manuels plus courts, axés avant tout sur le *fiqh* (droit appliqué) et les *ibadat* (dévotion). De toute façon, l'anti-intellectualisme propre au néo-fondamentalisme n'encourage ni à écrire ni à lire des ouvrages longs et complexes. La durée des études a aussi été raccourcie : des cycles de trois à cinq ans ont remplacé les quelque quinze années d'études nécessaires pour former des oulémas, et les diplômes portent des intitulés anglo-saxons (BA, MA et PhD). L'activité principale des maîtres (entre autres, les cheikhs saoudiens récemment décédés Ibn Baz et al-Albani) est le *tafsir* (interprétation du Coran), la *fatwa* (au sens classique de consultation juridique) et la rédaction de traités sur ce qui est licite et illicite, diffusés dans de petits livres didactiques, des émissions de télévision diffusées par satellite (Iqra) ou bien sur Internet.

Mais la propagande saoudienne a aussi bénéficié de l'approbation tacite des grands pays occidentaux ou musulmans, car elle était vue dans les années 1980 comme un utile contre-feu aux radicalismes de l'époque (l'islamisme iranien, le nationalisme arabe ou le communisme). Enfin, étant donné l'excellence des relations entre la monarchie saoudienne et les gouvernements occidentaux, on pensait que cette prédication resterait sous contrôle politique. Comment, de plus, refuser un visa demandé par une ambassade saoudienne ? Les pays occidentaux ont donc, par impuissance ou indifférence plus que par calcul, laissé l'influence saoudienne se développer parmi leurs populations musulmanes.

Néanmoins, l'explication par l'argent saoudien ne suffit pas. Si le néo-fondamentalisme progresse, c'est qu'il répond avant tout à une demande sur le marché religieux.

Les sources et les acteurs contemporains

Le néo-fondamentalisme n'est pas un mouvement constitué ; c'est une mouvance, parfois seulement un état d'esprit, que l'on rencontre dans des contextes souvent très éloignés. Il n'est pas rare de trouver dans des librairies islamiques comme sur les sites Internet un certain éclectisme, qui mêle des auteurs d'horizons différents. Des réseaux informels (fondés souvent par des élèves de cheikhs connus) côtoient des mouvements très centralisés. Les mouvements qui existaient dans un espace géographique précis (Arabie pour les wahhabis, Inde pour les tablighis) sont devenus transnationaux. On peut classer comme néo-fondamentaliste toute la mouvance wahhabie, et des mouvements de prédication comme le Jama'at ut-tabligh (fondé en 1926). Les Talibans afghans sont des néo-fondamentalistes. Les mouvements « qotbistes » égyptiens nés autour de 1980 (comme Takfir wal hijra) étaient déjà néo-fondamentalistes et préfiguraient al-Qaïda, le GIA et les mouvements radicaux pakistanais, exemples du néo-fondamentalisme radical et jihadiste.

L'évolution d'un parti comme le Hizb ut-tahrir montre bien le glissement de l'islamisme au néo-fondamentalisme. Il a été créé en 1953 à Amman par des Frères musulmans palestiniens qui reprochaient aux autres branches de la confrérie leur manque de soutien pour les Palestiniens : le nom du parti « parti de la libération » (sous-entendu de la Palestine) est donc clair. Or ce mouvement a évolué depuis les années 1970 et il prône désormais la création d'un califat qui s'étendrait à l'ensemble du monde musulman. Il n'a plus rien de palestinien, et même si son chef spirituel, Cheikh Zaloum, vit à Beyrouth, le parti est désormais basé à Londres. Le Hizb ut-tahrir, qui a fait une double percée en Europe du Nord et en Asie centrale, est extrêmement virulent dans sa rhétorique, mais se garde de toute action armée ou terroriste ; il n'a pas été placé sur la liste des mouvements terroristes établie par les Américains ou les Anglais en 2001.

Hors de ces mouvements constitués, on trouve dans la mouvance néo-fondamentalistes nombre de prêcheurs célèbres (Abou Hamza, Omar Bakri) ou plus obscurs, dont beaucoup de convertis, parfois antillais ou sud-africains (Zarabozo, Cheikh Quick, Cheikh Bilal Philips, Cheikh Abdullah al-Faysal, le plus radical, d'origine jamaïcaine), qui sont actifs dans tout le monde musulman et dont la langue principale est l'anglais (en français, on trouve un livre très populaire de Aboubakr al-Jezaïri, installé à Médine, *La Voie du musulman*). Nombre de ces réseaux d'enseignement et de prédication ont une connexion saoudienne : leur leader a étudié en Arabie Saoudite et se réclame d'un cheikh saoudien, ou bien, quand il s'agit d'un site Internet, ce dernier renvoie tout simplement à d'autres sites wahhabis. On peut supposer que ces réseaux de maître à élèves se doublent souvent d'une aide financière.

Les maîtres sont une poignée de cheikhs wahhabis qui ont étudié à Médine (mais une partie d'entre eux ne sont pas saoudiens : al-Albani, d'origine albanaise ; Hillali, palestinien ; Shanqeeti, mauritanien ; Abdulwahhab Marzooq al-Banna, égyptien). Très liés à la hiérarchie religieuse saoudienne, en particulier à l'ancien grand mufti Ibn Baz, ils alimentent des instituts de formation, comme le centre Albani à Amman, des sites Web très actifs et très bien faits [4],

---

4. Voici leurs adresses : *www.qsss.org – www.ahlisunnah.org – www.al-sunnah.com – www.ahlisunnah.org – www.salafibookstore.com – www.islaam.com/scholars* donne une liste des auteurs de référence que l'on retrouve dans tous ces sites ; *www.angelfire.com/home/niqabi4allah/page2.html* ; en français *membres.lycos.fr/sounnah/dawah*.

des associations de prédication établies dans les pays occidentaux, comme l'association américaine Qor'an wa as Sunnah Society [5], ou bien Ahlus-sunnah wal-jamaa'ah, basée en Angleterre, qui produit des dizaines d'opuscules en anglais très largement diffusés dans les librairies islamiques, mais plutôt bien-pensants et peu engagés sur le plan politique [6]. Enfin, les moteurs de recherche sur Internet donnent comme premier choix soit des sites salafis, soit des sites qui contiennent des liens avec des sites salafis, ce qui fait que le néophyte qui cherche sur la Toile tombe le plus souvent sur des sites de cette mouvance. En particulier, les sites des associations d'étudiants musulmans en Amérique du Nord sont presque toujours salafis. Par exemple, les étudiants de l'association islamique de l'université de Houston organisent une session de questions et réponses avec le cheikh al-Albani [7] : tous les problèmes actuels d'un étudiant américain y sont abordés (peut-on changer de sexe ? Pratiquer le piercing ? Une femme doit-elle porter des gants ou bien le foulard suffit-il ? Peut-on voler son père ?, etc.). La plupart de ces sites insistent sur la foi et la pratique religieuse. D'autres sont beaucoup plus violents, voire « jihadistes » [8]. Cette division entre apolitiques et radicaux se retrouve parmi les auteurs : si le cheikh Ibn Baz a, du bout des lèvres certes, donné en 1991 une *fatwa* approuvant l'appel aux troupes américaines sur le sol saoudien contre l'Irak ; dix ans plus tard, nombre de cheikhs proches de lui ont soutenu les Talibans.

Parmi les auteurs régulièrement cités par les néo-fondamentalistes se trouve bien sûr Ibn Taymiyya, qui sert donc autant de référence aux islamistes qu'aux néo-fondamentalistes [9]. Mais les auteurs contemporains sont surtout wahhabis. Après Abdulaziz Ibn Baz, grand mufti du royaume, et Mohammed Nasir uddin al-Albani (tous

---

5. *www.qsss.org*.
6. *www.ahlisunnah.org*. Mais, pour compliquer les choses, au moins un site anti-wahhabi utilise aussi le terme *ahl as-sunnah* pour s'inscrire dans l'orthodoxie tout en représentant une confrérie néo-soufie, la Haqqaniya, cible par définition des attaques salafies, *www.sunnah.org*.
7. Sur le site *uh.edu/campus/msa/articles/tape8.html*, 6 janvier 1999.
8. Comme *Azzam.com*.
9. Emmanuel Sivan, *Radical Islam : Medieval Theology and Modern Politics*, Yale University Press, 1985.

deux morts en 1999), on trouve les cheikhs Safar al-Hawali (souvent cité par Bin Laden), Salim al-Hillali (élève d'Albani qui, avec Halabi, a fondé à Amman un centre du nom de son maître), Mohammed Salih al-Munajid, Hammoud al-Uqla ash-Shuaybi, Saleh Bin Othmayen (mort en 2001), Nassir al-Buraq, Salih Ibn Fawzan al-Fawzan. Le cheikh Nasir al-Aql, auteur d'un petit livre intitulé *Ahlus sunnah wa jamat* (« Gens de la Sounna et de la communauté », publié par la société du même nom, qui se veut apolitique) à destination des musulmans en Grande-Bretagne, se réclame de Hawali, Fawzan et Buraq[10].

Les choix politiques, en particulier en faveur du *jihad*, ne sont pas des conséquences directes du type d'islam professé. Le salafisme comprend une gamme très variée de positionnements politiques : sur le pôle modéré, des conservateurs insistant seulement sur la purification des pratiques et de la foi, dans la mouvance de la réislamisation conservatrice que nous avons étudiée plus haut, suivis par les militants prédicateurs qui font de la *da'wat* et du *tabligh* l'axe de leur action et refusent toute participation à la société et à la culture dominante (Tabligh, Hizb ut-tahrir), avec, à l'autre bout de l'éventail, les jihadistes (Bin Laden) qui prônent la guerre contre le monde occidental. Du côté des conservateurs, il n'y a plus guère de distinction entre les wahhabis et la tendance la plus conservatrice des Frères musulmans. Beaucoup de Frères musulmans, comme le cheikh égyptien Qaradawi, auteur d'un traité, *Le Licite et l'Illicite*, très diffusé en France, sont cités par les sites salafis : lui-même est d'ailleurs aujourd'hui enseignant au Qatar dans un environnement wahhabi (mais il a écrit une *fatwa* dénonçant l'attentat contre le World Trade Center comme une transgression religieuse, et il a toujours soutenu le droit des femmes au travail et à l'éducation). En fait, le financement saoudien fait que de nombreux Frères musulmans, souvent mis à l'index en Égypte, trouvent un emploi dans les réseaux éducatifs et prédicatifs internationaux liés à la mouvance wahhabie, sans en faire eux-mêmes partie. C'est cette diversité que recouvre le terme « salafiste ».

---

10. *General Precepts of Ahlus-Sunnah wal-Jamaa'ah Message of Islam*, Message of Islam, Hounslow (Grande-Bretagne), 1999.

Parmi les wahhabis proprement dit, certains sont pour le *jihad* anti-américain, d'autres restent très traditionnels dans les restrictions mises à sa déclaration. Enfin, certains oulémas qui soutiennent politiquement les Talibans et Bin Laden n'endossent pas pour autant leurs idées en religion. Un certain nombre de cheikhs wahhabis membres de l'establishment religieux officiel saoudien ou proches de lui ont ouvertement soutenu les Talibans : c'est le cas des cheikhs Salman al-Udah et Safar al-Hawali, emprisonnés entre 1994 et 1999 par les autorités saoudiennes. Il n'y a d'ailleurs pas de frontière nette entre les cheikhs saoudiens pro- ou anti-famille royale : Ibn Baz a défendu les deux dissidents [11]. Les cheikhs Hammoud al-Uqla ash-Shuaybi, Saleh Bin Othmayen, Nassir al-Buraq, Salih Ibn Fawzan al-Fawzan ont soutenu les Talibans [12]. Les cheikhs Alwan et Khudayr, deux jeunes oulémas saoudiens, ont aussi pris des positions en pointe contre la campagne américaine contre les Talibans. Un certain nombre de cheikhs yéménites se sont aussi engagés. Cheikh Hadi Moqbil al-Wadii, diplômé de l'université saoudienne de Médine mais expulsé à la suite de la prise de la grande mosquée de La Mecque par un extrémiste saoudien en 1979, fonda à Wada, gouvernorat de Sa'adah, le mouvement dit salafi autour du centre Hadith : c'est là qu'a étudié John Walker Lyndh, le jeune Américain capturé avec les Talibans. Après le décès de ce cheikh en 2001 (il est enterré tout près de Ibn Baz), son successeur, Yahya Ali al-Hajuri, a soutenu les Talibans et a donné une *fatwa* en faveur des musulmans des îles Moluques, appelant au *jihad* contre les chrétiens. Il est constamment cité par les mouvements radicaux indonésiens (une émigration yéménite en Indonésie, venue du Hadramaout, explique les liens religieux particuliers entre ces deux pays).

---

11. « We fear only Allah the allmighty », 16 octobre 1994, voir « Sheikh Abdel Aziz Ibn Baz defends Salman and Safar », *Mesanews*, 17 octobre 1994. Voir aussi Mamoun Fandy, *Saudi Arabia and the Politics of Dissent*, St. Martin's Press, New York, 1999.
    12. Dans une série de *fatwa* en septembre et en octobre 2001, le cheikh Hammoud al-Uqla ash-Shuaybi déclare que « quiconque soutient les infidèles contre les musulmans est lui-même un infidèle ».

Hizb ut-tahrir, wahhabis, tablighis, etc., n'entretiennent cependant guère de solidarité idéologique. Ils se dénoncent régulièrement entre eux. Les cheikhs saoudiens défendent tous la corporation des oulémas et se méfient des cheikhs autoproclamés plus radicaux, comme l'Américain (converti) Jamal al-Din Zarabozo[13]. Les wahhabis ne peuvent accepter la théorie du Hizb selon laquelle le khalifat est au centre de la reconstruction de l'oumma (car c'est bien sûr la négation de la famille royale saoudienne)[14]. Les méthodes du Tabligh son aussi contestées par tous les autres (en particulier le *khoruj*, ou obligation d'accomplir des tournées de prédication dans des pays étrangers, qui rappelle l'action des... mormons américains). Les désaccords portent sur des questions aussi importantes que le *jihad*, le *takfir* (excommunication), la définition du leadership légitime, etc. Yahya al-Hajuri, qui a fait une *fatwa* pour déclarer le *jihad* en soutien des Talibans, les a qualifiés en même temps de *maturidi* (rationalistes), et, pour faire bonne mesure, il voit en Bin Laden un jihadiste et un *takfiri*. Les Talibans, malgré leur proximité avec les Saoudiens, se démarquent des wahhabis : ils ne touchent pas aux tombes des saints et Mollah Omar met en avant ses rêves. Une même matrice intellectuelle (retour au vrai islam, charia, oumma) peut déboucher sur des positions politiques très différentes. Enfin, il ne faut pas négliger la complexité et la plasticité des itinéraires individuels : tel universitaire, tel ouléma traditionnel ne rechignera pas à une bourse saoudienne ou à un poste dans un institut wahhabi. Mais cela explique aussi les passerelles qui ont tant surpris les Occidentaux entre le wahhabisme saoudien, supposé très lié aux Américains, et l'organisation al-Qaïda.

Mais cette plasticité du néo-fondamentalisme fait problème : comment une même idéologie peut-elle prendre racine chez les Talibans afghans, issus d'un monde tribal fermé sur lui-même, chez des étudiants éduqués en Occident, chez un chef d'entreprise comme

---

13. « A refutation of the statements of Jamal al-Din Zarabozo », *www.salafipublications.com* (2002).
14. Pour une critique du Hizb ut-tahrir par Cheikh Salim al-Hillali (né en 1957, Palestinien vivant en Arabie Saoudite), voir *www.allahuakbar.net* (2002) qui donne le texte d'une radiocassette de Cheikh Hillali (orthographié Hilaalee).

Bin Laden ou chez des notables saoudiens ? L'extension du néofondamentalisme s'explique parce qu'il correspond précisément aux phénomènes de globalisation contemporaine : déstructuration des sociétés traditionnelles, refondation de communautés imaginaires à partir de l'individu.

Le néo-fondamentalisme va de pair avec la globalisation

1) L'acculturation

Le néo-fondamentalisme, on l'a vu, est obsédé par le retour au « vrai islam ». Il veut épurer les pratiques du croyant de tout ce qui ne relève pas du seul islam et il définit ainsi un musulman abstrait, dont la pratique serait la même quel que soit l'environnement culturel et social. En ce sens, le néo-fondamentalisme est explicitement un agent de déculturation, dans la mesure où il s'efforce d'épurer la foi du croyant et de ramener sa pratique à un ensemble fermé de rites, d'obligations et d'interdits, en rupture avec l'idée même de culture, et en particulier avec la culture d'origine, présentée comme étant déjà une déviation d'un islam originel lui-même à reconstruire. Il ne s'intéresse pas davantage à l'histoire du monde musulman : au mieux cette histoire n'a rien ajouté à la période des *salaf*, au pire elle n'a été que corruption et déclin. L'idée de « grandes civilisations » (califat abbasside, Andalousie, Empire ottoman) ne fait pas sens, car ce qui constitue leur originalité les coupe précisément du modèle originel (cette attitude permet d'ailleurs au musulman contemporain de sortir d'un discours de la nostalgie et de l'échec : pourquoi l'Occident a-t-il triomphé ?).

Le néo-fondamentalisme définit moins une culture qu'un code homogène et adaptable à toute société donnée. Il n'est pas dans l'interculturel ou le multiculturalisme, mais dans le déni du culturel. Il se pose avant tout comme un code de comportement fondé sur le licite et l'illicite. L'islam déterritorialisé ne peut pas être intégré dans une logique du multiculturalisme, car il ne s'agit pas de culture importée, mais d'une reconstruction à partir de la déterritorialisation. Ce qui explique aussi pourquoi l'intégration ne se fait pas nécessairement par la sécularisation ou par l'adoption de valeurs explicites communes avec la société d'accueil. On cst ici dans une logique religieuse, qui fonctionne plutôt comme une secte que comme une « Église » universaliste. Le néo-fondamentalisme participe de la globalisation, dans le sens où les identités qu'il permet de mettre en œuvre ignorent territoires et cultures, sont fondées sur un choix individuel et reposent sur un ensemble de marqueurs à faible contenu, mais à fortes valeurs différentielles.

L'islam ainsi épuré devient de fait compatible avec n'importe quel contexte social, à condition de vivre dans une communauté imaginaire. Le néo-fondamentalisme est très clairement un produit et un agent de la déculturation des sociétés musulmanes, ce qui explique et son succès et son transnationalisme. Si de jeunes Beurs de banlieue, dont certains sont devenus informaticiens, peuvent rejoindre les Talibans, ce n'est pas à cause du charisme de Bin Laden, mais parce qu'ils vivent dans un univers commun : celui de la déculturation assumée et transformée en projet refondateur. Ce qu'ils visent est moins la culture occidentale (qu'ils méprisent) que la notion même de culture.

Au-delà de l'Afghanistan, les Talibans incarnent bien cette mutation profonde de l'islam fondamentaliste : sa déconnection volontaire des cultures traditionnelles. La lutte contre la « culture » est explicite chez les Talibans ; en Afghanistan, ils ont systématiquement banni tout ce qui est considéré comme faisant partie de la culture vivante (musique, toutes les formes de jeux et de loisirs), mais ils ont aussi détruit les deux statues des bouddhas présentes depuis plus de mille cinq cents ans (et donc toujours acceptées par les régimes musulmans qui se sont succédé dans le pays). Outre le refus de la représentation humaine et des idoles en général, un des arguments invoqués par les Talibans pour justifier la destruction des statues était qu'il n'y a plus de bouddhistes dans le pays, et donc que les statues ne servent à rien : c'est-à-dire que, pour eux, il ne saurait exister de culture en dehors d'une pratique religieuse. Le côté parfois obsessionnel et maniaque des Talibans se comprend par ce passage de la culture au code. On interdit la possession d'oiseaux chanteurs, car ils peuvent siffler pendant la prière ; on interdit le cerf-volant, car, en le décrochant de l'arbre où il se sera égaré, on pourrait être amené à voir une femme dévoilée dans la cour du voisin. La tenue du corps doit viser à imiter le Prophète, d'où la mesure tatillonne de la longueur de la barbe. Tout le reste est inutile ou, plus grave, *kufr*, c'est-à-dire impie.

Les néo-fondamentalistes s'attaquent systématiquement aux islams locaux, aux coutumes même quand elles ne mettent pas en jeu des questions de dogme. Ils condamnent toute forme de culte des saints (*zyarat, moussoum*) et s'opposent même à la célébration de l'anniversaire du Prophète (*mawlud*) ; ils refusent le soufisme et ses pratiques (*zikr*) et toutes les formes d'art associées à la pratique religieuse (musique *qawwali*). Ils s'attaquent aux rites spécifiques qui entourent les funérailles dans les différents espaces culturels[15]. Ils refusent bien sûr les fêtes païennes : les Talibans ont ainsi interdit la célébration du *nowruz* persan (fête du printemps) en Afghanistan. Au Yémen, le mouvement salafi s'attaque au statut privilégié des *sayyed* (descendants du Prophète), ajoutant ainsi un élément social à la contestation de la culture traditionnelle[16]. Ici, c'est aussi la culture au sens anthropologique que visent les néo-fondamentalistes : les systèmes symboliques qui font une société.

Les Talibans délégitiment les chefs tribaux traditionnels, mais aussi les oulémas, plus âgés et plus savants que Mollah Omar, leur leader. Ils condamnent explicitement le droit coutumier (*pashtunwali*). La lutte contre les confréries soufies dans les sociétés traditionnelles va dans le même sens. Un chercheur remarque très justement, en étudiant le mouvement anti-soufi du Nigeria, Izala (l'anti-soufisme étant une caractéristique du néo-fondamentalisme) : « Le glissement du soufisme à l'anti-soufisme entraîne une réorientation d'un mode

15. Dans un message à usage pédagogique des membres du forum (*newsgroup soc.religion.islam*, article 11020, 4 juillet 1995) de Sayyd Aziz, intitulé « Culture or religion ? », tous les rites funéraires associés à l'islam par les musulmans pakistanais traditionnels (*qul, chehlum, khatm-i Koran*) sont écartés comme n'ayant aucun fondement dans le Coran et la Sounna. Il ne s'agit bien sûr pas d'un point de vue autorisé, mais d'un aspect récurrent du débat. Le terroriste Mohammed Atta précise dans son testament qu'il faudra éviter, après sa mort, la coutume des commémorations du troisième et du quarantième jour, car elle n'est pas avérée dans le Coran ou la Sounna.

16. Shelagh Weir, « A Clash of Fundamentalism : Wahhabism in Yemen », *Middle East Report*, juin-septembre 2000.

de religiosité communautaire vers un mode individuel[17]... » En ce sens, ils sont des agents de déculturation des sociétés traditionnelles et non une simple réaction de milieux conservateurs.

Cette volonté de faire table rase fonctionne encore mieux quand les cultures traditionnelles ont été affaiblies par l'émigration ou la globalisation, sans être pour autant relayées par une assimilation à la nouvelle culture dominante. Lorsque les oulémas du sous-continent indien sont passés lentement du persan à l'ourdou, au cours du XIXe siècle, ils ont gardé cette vision culturelle de la religion et ont fait de l'ourdou le vecteur par excellence d'une culture musulmane. L'ourdou, rappelons-le, se définit par rapport à l'hindi comme la langue des musulmans. Lorsque ces oulémas émigrent en Grande-Bretagne, ils défendent le maintien de cette culture parmi l'émigration comme condition de la défense de l'identité musulmane. Mais ils sont alors en porte-à-faux par rapport aux nouvelles générations et aux néo-fondamentalistes. En effet, dans l'émigration, cette culture, on l'a vu, cesse d'être universelle pour devenir particulière. Elle apparaît, dans le contexte d'émigration, comme « nationale », au sens de « sous-ensemble de l'oumma » et non d'expression de l'islam[18]. Seuls des milieux traditionalistes récemment immigrés identifient défense de l'islam et maintien de la culture d'origine. La plupart des milieux néo-fondamentalistes dans l'immigration vont combattre les particularités culturelles venues des sociétés d'origine, soit en arguant de leur caractère innovateur par rapport à l'islam premier, soit en notant simplement qu'elles sont contingentes par rapport au message coranique et contribuent à diviser les croyants. Le premier débat porte sur la langue. Un conflit récurrent dans les mosquées anglaises porte sur l'usage de l'anglais contre celui de l'ourdou. C'est un conflit d'origine, mais aussi de générations, les jeunes

---

17. Mohammad Sani Umar, « From Sufism to anti-Sufism in Nigeria », *in* L. Brenner (sous la dir. de), *Muslim Identity and Social Change in Sub-Saharian Africa*, Indiana University Press, 1993.
18. Au Xin-kiang chinois, les restaurants musulmans affichent « cuisine nationale (*melli ash*) » au sens de cuisine *hallal*. A New York, ils ne pourraient afficher que *Uyghur food* et deviendraient ainsi des restaurants « ethniques » figurant à cette rubrique des guides gastronomiques.

Pakistanais parlant de moins en moins l'ourdou, au profit de l'anglais. A Moscou, en 1992, les musulmans caucasiens ont protesté contre le remplacement du russe par le tatar dans les deux mosquées de la ville, tenues par un clergé purement tatar. L'introduction des langues occidentales comme vecteur du prêche en milieu immigré a évidemment un effet déculturant, mais aussi universalisant.

Les néo-fondamentalistes sont de plus très critiques vis-à-vis d'une recomposition communautaire qui se ferait sur des bases « néo-ethniques », comme nous les avons définies plus haut, et non strictement religieuses. Ils s'opposent à ce qui pourrait être une nouvelle culture « ethnique » musulmane. Un incident dans une mosquée de Bradford illustre cette position : le conseil des mosquées a protesté contre le concert d'un groupe de musique « bhangra » dans une mosquée[19] ; or, ce groupe, qui entendait protester contre la guerre du Golfe, se définissait comme « musulman », mais dans un sens différent, néo-ethnique, dans un contexte de multiculturalisme. L'attitude vis-à-vis du raï est similaire en France et en Algérie : les chanteurs de raï ont fait l'objet d'attentats (dont certains peuvent être attribués à des services de police). Le néo-fondamentalisme lutte contre les « sous-cultures » produits de l'acculturation, du métissage et de la réappropriation de segments de la culture dominante, même si ces sous-cultures reprennent justement la notion de « groupe », voire d'ethnie, en utilisant le mot « musulman » dans un sens néo-ethnique.

Il ne s'agit donc pas pour eux de reconstruire une culture : c'est le concept même qu'ils récusent. Il n'y a pas d'artistes néo-fondamentalistes (alors qu'il y a un art islamiste, même s'il passe vite au didactisme ou au style « pompier »). On ne conçoit pas un romancier néo-fondamentaliste. Seule une certaine forme de musique et de poésie, sur des techniques de psalmodie du Coran, peut être admise. Bref, les néo-fondamentalistes refusent de construire une communauté musulmane sur la base d'un multiculturalisme, laquelle aurait un contenu culturel propre. Ils participent bien de la construction de l'islam comme « pure » religion, ce qui revient, nous le verrons, à une forme de sécularisation (du moins tant que la communauté reste minoritaire).

---

19. Philip Lewis, *Islamic Britain*, Tauris, 1994, p. 181.

Il est clair que le néo-fondamentalisme lutte contre toute forme d'assimilation et d'occidentalisation sur les mêmes bases qu'il s'oppose aux islams traditionnels. Il est important de voir que son hostilité à l'occidentalisation est dans le prolongement de son projet de purification et de refondation de l'islam. Les néo-fondamentalistes, tout comme les musulmans libéraux d'ailleurs (mais avec des conclusions différentes), voient dans la globalisation de l'islam et dans la crise des cultures d'origine une opportunité de refondation. Mais ils refusent l'occidentalisation et luttent contre la tendance des libéraux à parler en termes d'adaptation au monde moderne [20]. Il s'agit d'abord de s'abstraire de la société occidentale et non de s'y conformer. Les sites salafis sont pleins de condamnation de toutes les formes d'emprunts culturels, même les plus innocentes (ou plutôt, pour eux, il n'y a pas d'emprunt innocent), et ils finissent par mettre en garde contre les formes de socialisation propres à l'Occident. Cela va bien plus loin que de manger *hallal* ou faire ses prières. Il faut refuser de serrer la main des femmes, il ne faut pas donner des cadeaux à Noël ni des œufs de Pâques (à ses enfants mais aussi à des chrétiens), il ne faut pas mettre les pieds dans une église (même pour le mariage ou l'enterrement d'un ami) [21]. Il faut éviter d'épouser une chrétienne (même si c'est *hallal*). Omar Bakri condamne le recours au mariage civil en Angleterre, même suivi d'un mariage « religieux » [22].

La conséquence en est évidemment une limitation considérable des relations sociales avec les non-musulmans. En France, des travailleurs sociaux ont noté comment une forte présence du mouvement Tabligh dans un quartier conduit à une limitation des relations sociales et à un renfermement communautariste : demande de dispense de nombreux cours pour les filles, refus que les mères rencontrent les équipes enseignantes, absence aux réunions scolaires, refus de toute forme de mixité non seulement sexuelle mais aussi culturelle,

---

20. Voir Zarabozo, « Modernism in Islam », *op. cit.*
21. Voir par exemple Jamal al-Din Zarabozo, « Celebrating or participating in Holidays of the disbelievers », *Al JumuaMagazins*, t. 9, n° 2, cité sur *islaam.com*.
22. « Le tribunal de charia du Royaume-Uni appelle tous les musulmans à s'abstenir de se marier selon le droit civil, tout mariage contracté selon cette loi étant considéré comme invalide en islam », *www.mrc.org.uk*, 9 mars 2000.

sans parler des affaires de voile [23]. Mais, en même temps, le néo-fondamentalisme permet d'être à la fois dedans et dehors. Il emprunte aux sociétés occidentales ce qu'elles ont produit de global, c'est-à-dire de formes, de techniques, de comportements et d'objets en apparence vidés de toute connotation culturelle ou historique. Le paradoxe est que le néo-fondamentalisme est parfaitement adapté au monde du fast-food : le hamburger est culturellement neutre, il ne renvoie à aucune histoire, il suffit qu'il soit *hallal*. Un jeune de banlieue réislamisé (*born again muslim*) ou un converti en quête d'absolu (le *talib* américain John Walker) peuvent se retrouver dans le désert avec les Talibans. La vie quotidienne, dans un environnement occidental, peut très bien se décliner selon les canons du code. La cuisine est bien affaire de code (*hallal*) ; on peut inventer une cuisine globale, faite de recettes d'un peu partout, dans la ligne de la cuisine transculturelle que l'on trouve aux États-Unis (un même restaurant offrant *pasta* et *sushi*) [24]. Le vêtement est aussi une affaire de code : on peut s'habiller à la manière islamique en puisant, ou en détournant, des garde-robes fort variées (un bon exemple de détournement est l'imperméable des « sœurs » turques ou européennes, porté en dehors des temps de pluie pour couvrir tout le corps).

Le néo-fondamentaliste accompagne plus qu'il ne provoque la crise identitaire des immigrés musulmans, il contribue à détruire les solidarités et les identités traditionnelles (tribales, confrériques, familiales, ethniques), mais récuse aussi les catégories juridiques identitaires modernes (citoyenneté). Sur un plan plus empirique, on constate que nombre de jeunes *born again* ont en fait rompu avec leur famille peu de temps après leur retour à l'islam (Mohammed Atta, Zacarias Moussaoui). Il serait intéressant d'enquêter ici sur les stratégies matrimoniales des milieux néo-fondamentalistes : encouragent-ils des formes de mariage préférentiel traditionnel, ou s'effor-

---

23. Discussions de l'auteur avec des travailleurs sociaux, à Dreux.
24. Comme le montre par exemple *Authentic Etiquette of Eating and Hosting from the Qur'aan and Sunnah with 150 Recipes from Around the World*, de M. Ariff, I. Azad, A. Benkhelifa, N. Driscoll, Qur'aan/Hadeeth text & meanings (mai 1999), *www.SalafiBookStore.Com* (site de vente de livres).

cent-ils plus vraisemblablement de mettre en rapport des conjoints potentiels selon le seul critère de l'authenticité islamique ? C'est en tout cas cette dernière ligne qui apparaît dans les sites de conseils matrimoniaux. En ce sens, les réseaux néo-fondamentalistes sont à la fois des agents de déculturation et des acteurs d'une recommunautarisation sur des bases strictement religieuses.

On comprend que le néo-fondamentalisme prenne pied chez des jeunes qui sont déjà déracinés, déculturés et désocialisés. Mais si cette individualisation est possible, c'est aussi parce qu'elle est déjà en marche, déclenchée par d'autres phénomènes, de la crise du tribalisme à la rupture entre générations consécutives à l'immigration. La reconstruction culturelle est particulièrement nette dans l'approche du statut de la femme : le rôle implicite que cette dernière peut avoir comme transmetteuse d'une tradition orale, qui lui donne un statut, est nié [25]. Du coup, la seule manière de réhabilitation de la femme est celle des islamistes (« voilée et moderne »). Sinon, chez les néo-fondamentalistes, elle ne dispose même plus de l'espace d'autonomie et de réappropriation que lui donne la société traditionnelle : il ne lui reste que l'enfermement dans le *purdah* des Talibans (le voile et la maison). Cette question de la femme montre comment le néo-fondamentalisme est une refondation de l'ordre social, qui ignore justement toute la marge et le jeu entre normes explicites et pratiques réelles. Il n'y a désormais plus que des normes explicites, ce qui va donc de pair avec une explicitation permanente : toute pratique doit faire préalablement l'objet d'un discours, d'une réflexion. Toute la logique du néo-fondamentalisme est dans la question qu'il pose au musulman sociologique : « Ta pratique est-elle bien entièrement islamique ? » (c'est l'approche typique du Tabligh). Or la difficulté pour répondre (car aucune pratique sociale n'est la mise en œuvre d'un discours) culpabilise le croyant.

Qu'est-ce alors que la religion pour les néo-fondamentalistes ? Elle est code et dévotion. Le code, la définition de ce qui est licite et

---

25. On en trouvera une analyse intéressante dans *African Islam and Islam in Africa*, sous la dir. de David Westerland et Evers Rosanders, Ohio University Press, p. 7.

illicite, *hallal* et *haram*, a toujours été une question importante en islam, mais elle est devenue d'un seul coup essentielle parce que, en l'absence d'une évidence culturelle, chaque geste, chaque action, doit être pensé [26]. Comment se lever le matin, s'habiller, manger, etc. ? Le cheikh al-Albani a écrit un opuscule détaillé sur l'obligation de porter la barbe et quel type de barbe (par opposition, s'il était de bon ton, dans l'Iran révolutionnaire, d'avoir en permanence une barbe d'une semaine, cela n'avait rien d'obligatoire). On se rappelle les prescriptions incessantes et méticuleuses des Talibans sur des points mineurs de la vie quotidienne (interdiction d'avoir des oiseaux en cage, de jouer au cerf-volant, d'importer des épingles de cravate, etc.), alors qu'ils se désintéressaient des grandes questions économiques ou sociales. Parmi les instructions retrouvées chez les auteurs de l'attentat contre le World Trade Center, il y a une liste d'incantations à prononcer lorsque l'on se lève ou monte dans l'avion. Le Tabligh publie sur son site *(almadinah.org)* des listes précises et presque obsessionnelles de gestes et de comportements : par exemple, vingt-six recommandations sur les manières de manger et de boire (« Utilisez toujours trois doigts lorsque vous mangez », « Buvez toujours étant assis, avec la main droite et en trois fois »). Un des livres les plus vendus en France est justement celui, déjà cité, de Qaradawi, intitulé *Le Licite et l'Illicite*.

En ce sens, le néo-fondamentalisme attire les perdants de la déculturation. Il ne s'agit pas seulement des jeunes déclassés, car ce qui est en jeu, c'est la reconstruction identitaire, et non pas la contestation sociale (qui n'apparaît que chez les radicaux). Le nouveau communautarisme se construit sur l'individualisme [27], c'est-à-dire à partir de l'adhésion individuelle, par le retour personnel à la pratique religieuse stricte, celle du code. Le modèle classique est celui du mouvement Tabligh, déjà abordé. Cela pose certes la question

---

26. « En vivant dans une société non musulmane, les musulmans doivent être attentifs à chaque démarche qu'ils font. Ils doivent à tout instant porter attention à ce qu'ils font », Fazeela Hanif, « Being a muslim in Great Britain », www.mrc.org.uk.

27. Voir Danièle Hervieu-Léger : « Ces aspirations communautaires se développent sur le terrain même de l'individualisme moderne », *La Religion pour mémoire, op. cit.*

de l'énonciation de la norme et de la sanction de la transgression lorsqu'il n'y a pas d'instance de pouvoir (s'il y en a un, c'est la police religieuse qui sévit). La première fait l'objet d'un débat permanent et la seconde amène l'individu à s'ériger en censeur de l'action des autres (en particulier, en réactivant le concept de *hisba* ou d'action en justice au nom de la norme, de la part d'une personne non concernée par le cas en question), par exemple en menaçant Salman Rushdie (avec ou sans *fatwa*) ; enfin, l'évocation de la punition divine sert à conjurer l'absence de répression ici-bas. Ce sont des produits de la crise de l'autorité. Dans le fond, il n'y a guère de différence entre la mise en place d'une police religieuse dans les États fondamentalistes (Arabie Saoudite, Afghanistan sous le régime Taliban) et cette espèce de police pédagogique mise en œuvre par les Tablighis, ou encore par les sites Web, qui ne cessent de dénoncer les mauvais comportements et de recommander le bon code de conduite.

Cette insistance sur le rituel ne doit cependant pas masquer, aux yeux du profane, la dévotion, voire une dimension mystique totalement épurée. La volonté de « satisfaire Dieu » et de se soumettre entièrement à lui se retrouve chez les mouvements prédicateurs non violents comme chez les jihadistes (qui justifient souvent ainsi l'absence de stratégie concrète : on fait le *jihad* non pour parvenir à tel ou tel but, mais pour plaire à Dieu). Le salut est la motivation principale. De fait, les discussions sur les fins dernières et la foi se trouvent autant chez les néo-fondamentalistes que chez les libéraux.

2) De l'individualisation à l'oumma imaginaire : la fin de la terre d'islam

Agent de déculturation, le néo-fondamentalisme se réfère à une oumma imaginaire et abstraite, au-delà de toutes les différenciations ethniques, culturelles, linguistiques. Il n'y a plus lieu de se réclamer d'un territoire particulier, sinon comme lieu de la création de l'utopie. D'autant qu'il est devenu presque impossible de définir aujourd'hui une « terre d'islam », c'est-à-dire un territoire où l'État et la société sont dirigés avant tout par les préceptes de l'islam. L'insuccès des États islamiques a discrédité les États-nations aux yeux des néo-fondamentalistes. L'Afghanistan a pu brièvement fournir ce modèle, jusqu'à l'effondrement du régime des Talibans, mais, même là-bas, les volontaires d'al-Qaïda vivaient dans des camps, à l'écart de la société afghane. Abou Hamza, un Égyptien, ancien combattant d'Afghanistan, qui dirige la mosquée de Finsbury Park à Londres, le déclare ouvertement. A la question : « Demandez-vous aux vrais musulmans de se rendre dans le monde musulman ? », il répond : « Je leur dis d'aller dans un environnement musulman, pas un pays musulman, parce que dans nos pays [d'origine] nous avons des musulmans, mais nous n'avons pas d'État musulman [28]. » S'il y a une hégire, elle est intérieure et doit se faire vers des espaces islamisés, qu'ils soient réels ou virtuels. « Je dis aux musulmans : sortez de ces sociétés... Je me dois d'être le Moïse de cette maison des pharaons [29]. »

Mais la Terre promise n'existe pas encore en tant que lieu réel. En fait, néo-fondamentalistes et libéraux arrivent à la même conclusion – les musulmans n'ont pas besoin de quitter maintenant les pays où ils vivent en minorité –, mais pour des raisons différentes : parce qu'il n'y a plus de véritable terre d'islam pour les premiers, parce que l'islam peut s'adapter à d'autres sociétés pour les seconds. Les libéraux et les conservateurs veulent devenir citoyens à part entière des nouveaux pays (on peut être musulman et citoyen français) ; les radicaux refusent toute citoyenneté (même s'ils n'hésitent pas, pour des raisons pratiques, à prendre toutes les nationalités qui leur permettent de mieux circuler). Comme l'écrit le journal du Hizb ut-tahrir : « Notre fraternité est réelle et leur citoyenneté est fausse » (à rapprocher de l'expression de Khaled Kelkal : « Je ne suis ni français ni arabe, je suis musulman ») [30]. En revanche, comme il n'y a pas véritablement de terre d'islam, il n'y a pas non plus de terre qui soit spécifiquement *kufr* : toutes le sont à des degrés divers. La terre entière a vocation à (re)devenir musulmane. On rationalise ici un

---

28. *www.supportersofshariat.org/eng/abuhamza.html*, 17 octobre 2000.
29. *Ibid.*
30. Tiré de la rubrique « The culture of Hizb ut-tahrir », *www.hizb-ut-tahrir.org.*, 31 décembre 2001. Concernant Kelkal, voir son entretien avec un sociologue allemand, publiée dans *Le Monde* du 7 octobre 1995.

fait : l'émigration vers l'Ouest est justement l'occasion paradoxale de retrouver une terre vierge. « Aux racistes qui pourraient lire ce message : ne ramenez pas cette vieille idée raciste que celui qui n'aime pas l'Amérique n'a qu'à partir. Les musulmans croient que cette terre appartient à Allah. Ce n'est pas la propriété des racistes blancs. Elle appartenait aux Indiens et a été transformée en économie viable par quatre cents ans d'esclavage [31] » (on notera ici encore la reprise de thèmes tiers-mondistes).

La fascination qu'exercent les États-Unis touche des groupes qui sont souvent théoriquement anti-américains, comme les jeunes du Moyen-Orient. Un étudiant palestinien qui veut quitter les Territoires occupés n'ira ni à Damas ni au Caire, mais dans le New Jersey ou le Michigan. Mais, comme l'écrit Kaukab Siddique (pour s'en réjouir), eux aussi sont renvoyés à la recomposition identitaire : « La plupart des Arabes et des Pakistanais ont considéré l'Amérique comme le pays du lait et du miel ; ils ont vécu confortablement là-bas et se sont comportés comme s'ils étaient "blancs", et comme si leurs intérêts et ceux de la minorité qui contrôle les États-Unis étaient les mêmes. Ces "Blancs dans la tête" arabes et pakistanais étaient sur la voie de l'intégration et de l'assimilation quand le cataclysme du 11 septembre est arrivé. Rappelez-vous le vote massif pour Bush et tous les efforts pour le faire élire [32]. » La réaction anti-musulmane qui a traversé les États-Unis a contribué à structurer des identités autour d'un conflit externe. De même, en France, l'impact du conflit israélo-palestinien pose la question d'une éventuelle recomposition d'une identité arabe ou musulmane. Mais ces recompositions identitaires sont justement déterritorialisées. Les « Arabes » en question ne retourneront pas au Moyen-Orient. Les jeunes Beurs qui attaquent des synagogues le font dans leur quartier, ils se font leur cinéma à domicile.

Ce constat change la géographie imaginaire à laquelle on est habitué. L'oumma n'est plus incarnée par un territoire concret. L'oumma imaginaire se crée alors de manière virtuelle et rassemble ceux qui

---

31. Communiqué de presse du Jamaat al-Muslimeen de Kaukab Siddique Amir (chef du Jamaat) publié dans *New Trend Magazine*, 16 janvier 2002.
32. *Ibid.*

ont rompu avec leur environnement pour ne se déterminer que sur des critères islamiques. Cet espace imaginaire est celui d'une communauté religieuse dans un monde hostile ou indifférent, communauté comprise soit comme *community*, c'est-à-dire communauté locale englobée dans une société dont elle refuse les normes et les valeurs (l'espace islamisé), soit comme oumma imaginaire dont il faut défendre les frontières par le *jihad* (imaginaire, parce que les territoires qui la composent sont perçus comme n'étant plus vraiment musulmans), ou bien encore comme expérience d'une oumma virtuelle qui fait que le croyant s'abstrait de son environnement pour vivre selon les critères de l'islam, par exemple à travers l'usage des moyens modernes de communication et d'Internet (comme l'indiquent des noms de site comme *virtual-ummah.com, cybermuslim*). Il y a donc un va-et-vient constant entre trois niveaux ; le micro (quartier, mosquée), le macro (l'oumma imaginaire) et le virtuel (Internet et les moyens de communication modernes).

Les espaces islamisés

Du fait de leur désintérêt pour la construction d'un État islamiste et de leur insistance sur l'idée qu'une société est islamique dans la mesure où ses membres ont rejoint l'islam, les néo-fondamentalistes travaillent plus à mettre en place des espaces islamisés qu'à prendre le pouvoir. Logiquement, ils procèdent de la même manière, quel que soit le contexte culturel et politique. D'où l'insistance sur le travail de *da'wat* et sur la mise en œuvre des normes à partir d'un espace spécifique, quels que soient le pays ou la société. Il s'agit de recréer au niveau local l'évidence sociale qui a disparu. En Occident, cet espace peut être un quartier ou une communauté centrée autour d'une mosquée. Le néo-fondamentalisme bénéficie ici de la ségrégation néo-ethnique dans l'habitat. Même si les statistiques manquent, les services sociaux notent, dans les quartiers difficiles en France, une tendance à la concentration ethnique du fait du départ de Français de souche. En Angleterre, le rapport Dobson conclut en 2002 à une re-ségrégation de l'habitat[33]. C'est la politique explicite

33. Frank Dobson, *The Guardian*, 8 février 2002.

du mouvement Tabligh, très actif en France, mais on la trouve dans d'autres milieux. Jamaluddin al-Haydar, éditeur de la revue *Al Bayan* aux États-Unis, déclare : « Les musulmans aux États-Unis ne sont pas en position de déclarer le *jihad* pour établir la souveraineté de Dieu sur l'Amérique. En tant que musulmans, nous sommes une minorité faible et divisée dont la mission peut seulement consister à avertir le peuple et à l'appeler à l'islam par la prédication, l'appel (*da'wah*) et l'exemplarité de notre mode de vie [34] » (c'est-à-dire en créant des communautés résidentielles modèles et des zones d'activités économiques musulmanes). Il cite les amish et les témoins de Jéhovah comme des exemples à suivre (en termes d'organisation et de structuration en communautés autonomes).

Cette communauté locale est souvent reliée au monde global par différents réseaux (familiaux, diasporiques ou idéologiques), qui étayent à leur tour des systèmes d'économie parallèle (la *hawala* par exemple : un membre du réseau met à la disposition de quelqu'un une somme d'argent dans un pays ; la même somme est alors mise à sa disposition dans un autre pays par un autre membre du réseau qui y réside, ainsi il n'y a pas circulation matérielle d'argent, ce qui permet de contourner le fisc, mais aussi de blanchir l'argent). Ces réseaux relèvent de l'économie parallèle et non du terrorisme, mais ils peuvent occasionnellement servir de support logistique à des mouvements radicaux.

Ce type d'espace islamisé n'est pas du tout propre aux musulmans vivant en minorité dans le monde occidental. En fait, la mise en place d'espaces islamisés locaux, connectés au monde global par des réseaux, fondés sur des recompositions sociales, tentant de contourner l'État et recréant une identité, un pouvoir et un contrôle social fondés explicitement sur la charia (même si à l'évidence les logiques de pouvoir sont parfaitement séculières) se retrouve aussi bien dans la banlieue d'une grande ville (y compris occidentale) que dans un camp de réfugiés ou dans une zone tribale reculée, avec une dimension de dissidence et de refus des compromis. Mais ici, cet « islam minoritaire » peut servir à réaffirmer l'identité de communautés plus

---

34. *home.swbell.net/jhaidari*.

traditionnelles, telle l'identité tribale dans un contexte de crise des institutions traditionnelles. Un exemple typique de réislamisation au niveau local est le camp palestinien de Ayn al-Helwe au Liban : il est peuplé de réfugiés de 1948 qui ne pourrront jamais retourner en territoire israélien mais ne seront pas non plus les bienvenus dans un éventuel territoire palestinien libre (car il n'y aura pas assez de terres et de maisons). Les réfugiés se sont « dépalestinisés » et tendent à s'identifier à l'oumma [35]. Un autre exemple d'espace islamisé est le quartier d'Embaba, au Caire, qui s'est constitué en espace autonome, puis finalement réduit, plus à cause de l'évolution de ses notables que par la répression policière [36]. P. Haenni montre en effet comment ces mêmes notables peuvent très bien changer de registre de légitimité au cours du temps ou en fonction des niveaux de relations : c'est ce qui s'est passé à Embaba, mais aussi parmi des Talibans de Kandahar et, pourquoi pas, dans les banlieues (le mollah autoproclamé qui se fait reconnaître comme éducateur par l'administration, l'islamiste qui fait dans le business, etc.).

La forme territoriale la plus répandue d'espaces islamisés aujourd'hui dans les pays musulmans (et dont l'Afghanistan des Talibans n'était pas si éloignée) est celle d'une province ou d'un district qui se proclame émirat islamique, connecté à des réseaux extérieurs, où oulémas et marchands cohabitent dans l'instrumentalisation de cette autonomie (très utile pour l'économie parallèle et la contrebande). Beaucoup de filières parallèles donnent naissance à un réseau commerçant (de Barcelonnette en France à Sialkot au Pakistan), mais leur redoublement par une dimension religieuse les renforce encore. Les Talibans ont été soutenus au départ par une guilde de camionneurs pachtounes. On note ainsi, au cours des vingt dernières années, la multiplication des « émirats islamiques » à l'intérieur d'États musulmans situés à la périphérie du monde musulman : il s'agit d'espaces (souvent tribaux) qui se proclament territoires islamiques, rejettent l'administration d'État, imposent la charia, mais ne se proclament ni autonomes ni indépendants, c'est-à-dire que l'ordre du politique et de la symbolique étatique ne les intéresse pas, au

---

35. Voir la thèse en cours de Bernard Rougier, FNSP.
36. Patrick Haenni, « Banlieues indociles », *op. cit.*

contraire des mouvements de libération, toujours soucieux de faire du « contre-État ». Parmi ces émirats, citons aujourd'hui Kano au Nigeria [37] ou Barg-i Matal dans le Nouristan afghan (dirigé par Mollah Afzal). C'est au Pakistan que le phénomène prend le plus d'ampleur, selon un même schéma : sur un territoire correspondant à celui d'une tribu (ou d'un sous-ensemble de clans d'une même tribu), des oulémas locaux, n'appartenant pas à l'élite tribale, forment un parti politique sur une base purement locale et annoncent la mise en place de la seule charia, au détriment de la loi de l'État (et ce, à un moment où l'État s'efforce d'instaurer une administration plus directe : la demande de charia répond donc à la défense d'une structure locale, l'autonomie tribale, au nom d'une référence supraétatique). Sur le territoire de Malakand, on trouve parmi les Pachtounes de la tribu Youssoufzay le Tanzim-i nifaz i charia i mohammadi (TNSM), créé en 1989 par Maulana Sufi Mohammad, ancien du Jamiat-i islami (un parti islamiste) ; en 1994, lorsque le statut de zone tribale a été abrogé par l'État, le TNSM a déclaré la charia seule loi. Parmi les Afridis, c'est le Tanzim-i ittihad ulema Qabail (au nom très explicite : l'« organisation de l'unité des oulémas des tribus ») qui a proclamé la charia, tandis que chez les Orakzay c'est le Tehrik-i ulama (parfois aussi appelé Tehrik-i tolaba) qui a annoncé l'application de la charia en novembre 1998, entraînant un conflit avec les clans chi'ites de la tribu. En mars 2000, un conflit a éclaté au sud du Waziristan entre des notables tribaux et l'Islami Tehrik-i Taliban (dont les chefs sont Maulana Noor Ali, Maulana Muhammad Alam et Maulana Muhammad Ishaq), qui a attaqué les échoppes où l'on vendait des vidéocassettes.

Cette implantation locale correspond aussi à une transformation sociale : les oulémas ou Talibans, bien qu'issus des milieux tribaux, combattent l'élite tribale traditionnelle (elle-même parfois très occidentalisée) et attaquent le droit coutumier comme le droit étatique au nom de la charia. En septembre 1998, Mollah Omar a interdit la coutume de donner des femmes en mariage pour mettre fin à une vendetta ou pour régler une dette de sang, il a aussi interdit les formes de lévirat forcé. Les néo-fondamentalistes sont donc porteurs

---

37. *Islam and the Political Economy of Meaning*, op. cit., p. 85.

d'une logique sociale lorsqu'ils s'inscrivent dans le cadre d'une société donnée, mais elle n'est jamais explicitée dans leur discours. Tout en combattant le système tribal, ils en respectent souvent la logique (stratégies matrimoniales, maniement et respect des groupes de solidarité, cooptation des petits notables), mais dans le non-dit. Les Talibans sont issus du monde tribal.

Cet islamo-tribalisme se retrouve au sud du Yémen où, par exemple, un communiqué des « brigades du Hadramaout de Sanaa et de Moudya » (7 juin 1998) a exhorté « toutes les tribus du Yémen à se rallier à l'armée islamique de salut d'Aden Abyan, à l'instar des tribus de Mehdar et Al Yazidi ». Ce groupe est lui-même lié aux Supporters of Charia de Abou Hamza, imâm d'une mosquée de Londres et originaire d'Égypte, mentionné plus haut, dont le gendre, un Pakistanais citoyen britannique, est emprisonné à Aden depuis décembre 1999. Le lien entre local et global est ici évident : un réseau international par sa composition, son idéologie et ses pratiques matrimoniales trouve une base territoriale dans une tribu précise, un peu comme l'a fait Bin Laden en 1996. La conséquence est importante : les nouveaux sanctuaires pour radicaux ne sont plus étatiques, mais tribaux, comme les Américains l'ont expérimenté quand, après avoir facilement renversé l'État Taliban, ils ont dû se lancer à la chasse de Bin Laden dans les zones tribales.

Au Daghestan, le village de Karamakhi s'est proclamé en 1997 « territoire islamique indépendant », a chassé la police et a établi des milices. Le militant jordanien islamiste Khattab s'y était établi et y aurait contracté mariage (les relations matrimoniales recréent des liens « organiques »). Au Tadjikistan, le Parti de la renaissance islamique (PRI), au moins jusqu'en 1997, était un mouvement qui recrutait presque exclusivement chez des personnes originaires de la vallée de Gharm. On retrouve ici une question récurrente au sujet des micro-mouvements musulmans. Les Moros des Philippines incarnent-ils avant tout un mouvement ethnique ou un mouvement idéologique ? La question n'a pas tellement de sens : la légitimité et la catégorie revendiquées par un mouvement dépendent aussi de la manière dont il pense avoir intérêt à se positionner sur la scène internationale, et à passer du local au global. Le groupe Abou Sayyaf est implanté chez les Tausug, un groupe ethnique dont il reprend sous forme politique une activité traditionnelle de piraterie, mais il ne revendique jamais cette identité, préférant se référer à celle, plus large, de « Moros » et surtout de « musulmans », ce qui permet de s'assurer des soutiens et des revenus extérieurs dans des milieux arabes (libyens) qui n'ont rien à faire des subtilités de l'ethnographie indonésienne. Ici aussi, tant les appellations que les formes de radicalisme sont une manière de s'insérer dans le monde global, tout en manifestant une persévérance dans son être. Tenir un discours islamique universaliste, c'est justement jouer à l'échelle de la planète et sortir de son insularité ou de son terroir.

Mais, en même temps, c'est dangereux : les Tchéchènes ont payé de leur isolement international leur apparente islamisation lors de la relance de l'offensive menée par Bassaïev et Khattab en automne 1999. Après le 11 septembre, une étiquette islamique est plus dure à porter, mais dans les années 1980 elle pouvait ramener des fonds libyens ou saoudiens. Tel groupe en Afghanistan, comme les membres de l'Alliance du Nord, se revendiquait islamiste en 1980, tadjik en 1992, et anti-terroriste en 2002. Ce n'est pas par opportunisme, car leurs buts ne changent pas : c'est seulement une manière de choisir une identité qui fasse sens pour les grands acteurs.

Ce lien local-global était d'ailleurs à l'œuvre dans l'extrême gauche des pays musulmans avant 1980 : le Parti communiste libanais était surtout chi'ite et chrétien orthodoxe, et le parti communiste Khalq (du nom d'une faction : « Le Peuple ») afghan avait une base ethnique et tribale proche des Talibans. Dans tous les cas, l'idéologie peut passer alors que l'identité locale demeure. L'important est d'articuler le local sur le global et de s'insérer dans des réseaux internationaux, bref, de se définir au niveau de l'universel. Cela dit, il ne faut pas en conclure que la formulation idéologique d'une identité locale ne change rien et masque la permanence des groupes : elle participe à la recomposition interne du groupe (en termes de changement de leadership, mais aussi d'identité), le fait passer au politique, avec les risques de restructuration en retour ; et, en articulant différemment sa relation aux pouvoirs tant étatiques qu'internationaux, elle contribue à reformuler le paysage stratégique.

L'oumma imaginaire et sa nouvelle frontière

Si les mouvements islamistes se sont normalisés, c'est qu'ils ont intégré la territorialisation, sous la forme de l'État nation. Le radicalisme néo-fondamentaliste se nourrit au contraire de la déterritorialisation, même si, encore une fois, on peut concevoir des formes non radicales. Cette déterritorialisation va de pair avec le contournement de l'État. A partir de là, les stratégies diffèrent. Les groupes non politiques, comme le Tabligh et la plupart des wahhabis, se contentent de mettre l'accent sur la prédication, à partir de formes qui permettent justement de placer individuellement les musulmans sur le chemin du vrai islam, laissant ouverts les modes de reconstruction politique de l'oumma. En ce sens, la frontière entre les deux mondes est réactualisée par chaque individu. Le problème est alors de relier tous ces musulmans entre eux. Curieusement, le pèlerinage, qui devrait être le lieu physique d'une rencontre, même éphémère, entre tous les musulmans du monde, n'est jamais valorisé par les néo-fondamentalistes comment l'endroit où se vit l'oumma, peut-être parce qu'on y trouve tout le monde, y compris ceux qui ne sont pas considérés comme d'authentiques musulmans par les salafistes (les chi'ites bien sûr, mais aussi ceux qui n'ont pas rompu avec les islams populaires et traditionnels). La *da'wat* pour que les musulmans retournent au « vrai islam » est donc la priorité des néo-fondamentalistes, et l'échec de Bin Laden ne fait que les confirmer dans cette direction : aucun compromis sur les plans religieux et culturel, mais pas d'action politique.

Le néo-fondamentalisme prêcheur s'accommode fort bien de cet imaginaire : on voit les prédicateurs du Tabligh se comporter exactement de la même façon, quel que soit le contexte. Mais ce n'est évidemment pas le cas pour les jihadistes. Eux se réclament d'une stratégie et il faut bien qu'ils inscrivent leur action militaire sur un territoire. Mais où font-ils la guerre ? Justement à la périphérie du monde musulman classique, sur les marches mêmes où l'islam des premiers siècles avait buté, mais aussi, on l'a vu, sur la fracture Nord-Sud et les ruines des empires déchus. Cette oumma imaginaire peut s'exprimer dans des paradigmes historiques (Empire ottoman), des mythes politiques (califat) ou dans les catégories de l'islam traditionnel (*dar ul harb, dar ul islam* – pays de guerre, pays d'islam) mais brouillées puisque, comme nous l'avons vu, cela ne correspond plus à un territoire. Le *jihad* redonne vie à un territoire mythique (en gros, l'islam de l'âge d'or) en combattant précisément sur sa frontière (Bosnie, Kosovo, Tchétchénie, Asie centrale, Cachemire, Philippines), tout en étant curieusement absent d'un centre qui, lui, est dans une logique islamo-nationaliste.

Pour les jihadistes, la lutte aux frontières sert d'abord d'hégire spirituelle, elle permet de rompre avec les sociétés musulmanes corrompues, de se retremper dans l'esprit des premiers siècles et de recréer un esprit de corps qui dépasse égoïsmes personnels et nationaux dans le combat. Encore une fois, ceux qui se battent aux frontières ne le font pas pour sauver un territoire musulman, mais pour le recréer, car ils considèrent ce centre comme tout autant corrompu et menacé. On ne peut comprendre salafistes et jihadistes si l'on ne voit pas à quel point pour eux l'islam est minoritaire et menacé dans son cœur propre. Au moment où, en Europe, les Églises se plaignent de la crise des vocations et de la perte d'intérêt pour la prédication, les salafistes ne cessent de peindre un christianisme conquérant et universel [38].

Le slogan de la reconstitution immédiate du califat, lancé par le Hizb ut-tahrir, alors même qu'il n'a aucune stratégie concrète pour atteindre ce but (de même qu'il ne propose aucune limite concrète au califat), est aussi une illustration de la quête d'une oumma imaginaire. Enfin, l'intense activité sur la Toile révèle comment s'y met en place une oumma virtuelle.

---

38. « Christian Missions : the New Crusades », article publié dans *The Islamic Times* (Manchester). Le site *www.mrc.org.uk/crusade.htm* décrit un prosélytisme bien réel, mais surestimé (il affirme en particulier que des missionnaires n'hésitent pas à déplacer le culte chrétien au vendredi pour mieux leurrer les futurs convertis…).

Chapitre 7

L'oumma virtuelle d'Internet

En théorie, la révolution de l'information conduit à une plus grande démocratisation, en rendant la censure inopérante, en faisant perdre à l'État le monopole de l'information, en introduisant la libre circulation des idées et la discussion en dehors de toute hiérarchie, même si les acteurs dépendent de leur possibilité d'accès aux nouvelles technologies. Cette analyse a été systématisée par Dale Eickelman[1]. La comparaison avec l'invention de l'imprimerie est aussi un thème récurrent. Grâce aux nouveaux médias (Internet, chaîne de télévision Al Jazeera), à leur transversalité[2], à l'éducation, à la circulation des personnes et à l'usage de l'anglais, le débat n'est plus dans l'espace national : il ignore les lieux d'autorité légitime, il se fait entre égaux, il délégitimise les anciens et les savants, il échappe à la censure. La maîtrise technique encourage ceux qui savent manier le médium à se positionner comme « savants » et non plus transmetteurs. Élargissement du savoir, démocratisation, individualisation et nivellement de l'espace public de discussion sont les conséquences des nouvelles technologies et permettent la mise en place d'une *muslim public sphere*.

Mais les restricitons à cette approche optimiste sur l'effet Internet viennent d'abord des limites de l'accès à cet espace public. Même si les chiffres sont en augmentation exponentielle, ils restent faibles. Au Yémen, en 1999, on comptait 2 000 personnes branchées sur

---

1. Sur ce qu'il appelle la *Muslim public sphere,* voir D. Eickelman et J. Anderson (sous la dir. de), *New Media in the Muslim Word, op. cit.*
2. Richard Norton, in *New Media in the Muslim World, op. cit.*, chapitre 2.

Internet, 200 000 en Égypte [3], avec 600 000 téléphones portables et un taux d'alphabétisation de 50 %. Or, pour consulter Internet, il faut connaître l'anglais ou, au minimum, l'arabe écrit moderne. De plus, comme nous l'avons vu, cette oumma imaginaire n'est pas porteuse d'un modèle démocratique, elle reprend en fait plus souvent une orthodoxie salafie figée. Le média détermine en partie le contenu : homogénéisation, relative simplicité, absence de polysémie du fait de l'usage d'une seule langue qui, même si elle est bien maîtrisée par tel internaute, doit rester simple pour être comprise par les autres, calibrage par la répétition et la transmission (le même message est renvoyé, disséminé, discuté et repris tel quel dans l'acheminement, ce qui oblige à s'aligner sur la discussion en cours).

S'il y a des points communs structurels dans le contenu qui circule dans ces nouveaux médias (appauvrissement en profondeur allant de pair avec l'extension de la diffusion, pauvreté de la référence et de l'ancrage dans l'histoire et le débat philosophique, assertion primant l'analyse, usage d'un référentiel pauvre), cela n'implique nullement une orientation vers, par exemple, davantage de démocratie ou d'espace de liberté, ou plus exactement l'effet « club de discussions », bien réel, ne touche qu'une intelligentsia déjà impliquée dans la vie politique de son pays (il est évident que l'effet sera différent au Liban, au niveau de formation et d'équipement informatique élevé, et en Égypte). La plupart des sites individuels et des listes de discussion restent extrêmement dogmatiques. L'injure, l'exclusion, la calomnie, la rumeur ou l'information invérifiable et orientée sont des traits marquants de ce type d'échanges. On ne trouve guère de confrontation réelle avec l'environnement occidental, ni de discussions ou de lectures des islamologues, mais plutôt d'auteurs à la mode (comme Huntington).

Il y a certes des sites et des débats allant dans un sens libéral, qui s'intéressent à l'apport de la pensée occidentale, à la critique de l'islamisme, au débat sur la démocratie, et qui ouvrent en permanence les portes de l'*ijtihâd* sur les *hadith*, la charia et le temps du Prophète. Mais la tendance dominante reste néo-fondamentaliste,

---

3. Mamoun Fandy, « Information, technology, trust and social change in the Middle East », *Middle East Journal*, Washington, mars 2000.

massivement représentée dans l'intelligentsia déterritorialisée qui s'exprime avec ces médias. Il n'y a là rien de très surprenant : les intellectuels ou simplement les croyants bien intégrés dans une société occidentale n'ont pas de raison de chercher sur la Toile une « société virtuelle ». Cette société virtuelle représente plus une quête identitaire qu'une volonté de construire ou d'agir. Elle est d'ailleurs le lieu même de l'exhortation non suivie d'effets. Il n'y a pas d'enjeux politiques ou sociaux concrets. C'est une pensée métaphorique. La question identitaire est posée en termes de normes, de différence, mais aussi et surtout d'imaginaire...

Nous travaillons sur les sites Web traitant de la religion islamique, animés par des musulmans pratiquants et destinés soit à d'autres musulmans, soit à des non-musulmans, en ce cas à des fins apologétiques ou prosélytes. Nous laissons donc de côté les sites universitaires ou bien ceux exposant les positions d'un mouvement, d'un parti ou d'une institution religieuse précise. Les sites qui nous intéressent se présentent comme émanant d'un individu ou d'un groupe d'individus (des étudiants d'une même université, par exemple) ; ils sont parfois anonymes, non par volonté de dissimulation ou de clandestinité, mais plutôt pour apparaître comme l'expression d'une communauté et non d'un groupe particulier. La plupart de ces sites sont reliés à un réseau : ils renvoient à d'autres sites, appellent réponses et commentaires de la part des internautes qui se connectent, et ils organisent parfois des débats. Cela entraîne un certain éclectisme, mais toujours à l'intérieur d'une mouvance donnée. En fait, on constate souvent des affiliations paresseuses : des sites individuels, fort peu austères (avec photo du responsable, par exemple, et entourés de la publicité propre au fournisseur d'accès), parfois établis comme simple vitrine par un individu donné, renvoient à des sites beaucoup plus fondamentalistes, sans doute parce que ces derniers sont accessibles, ouverts et techniquement bien faits [4].

---

4. On constatera qu'un petit nombre de sites reviennent constamment dans les recherches menées par des auteurs travaillant chacun de son côté (voir Gary Brunt, *op. cit* ; voir aussi « Cybermuslim-Islamisches und Arabisches im Internet », *Orient*, 38/2, Hambourg, 1997). Ce sont : *www.ou.edu/cybermuslim ;*

Les indications d'origine des sites montrent une surreprésentation des étudiants. De nombreux sites sont hébergés par des universités, toutes anglo-saxonnes ou québécoises : Northumberland, Oregon, Houston, Austin, Mac Gill, Sheerbroke, Warwick, UCLA, etc., ce qui n'est, sauf erreur, jamais le cas en France. Les universités en question hébergent le site de n'importe quelle association de leurs étudiants ; il n'y a, de leur part, aucune réflexion ou inquiétude particulière sur le fait d'avoir des sites islamiques. Les indications concernant les professions montrent l'importance des scientifiques « durs » au détriment des étudiants en sciences humaines : les listes de sites professionnels, comme ceux donnés par *muslimsonline* et *Islamic Interlink*[5], renvoient aux sites d'astronomes musulmans, d'associations de scientifiques et d'ingénieurs musulmans, d'un réseau islamique d'informations technologiques, de plusieurs associations médicales islamiques, d'une association de pharmaciens, mais aussi à des associations de juristes, et, enfin, à un réseau de *muslim business* et à un seul site de *muslim social scientists*.

On peut connaître la localisation géographique des acteurs soit parce qu'elle est explicitement indiquée, soit par leur adresse électronique. La plupart des sites sont domiciliés dans les pays anglo-saxons (États-Unis, Royaume-Uni, Canada). L'origine des visiteurs est identifiable par leurs annonces (par exemple matrimoniales) ou bien par les signatures dans les « livres d'or » (*guest book*) de certains sites. Il est frappant de voir que la majorité des sites et de leurs visiteurs ne viennent pas du cœur du monde musulman (Moyen-Orient et grands pays musulmans, à l'exception de la Malaisie et de l'Indonésie) mais de la périphérie : essentiellement des musulmans vivant en Occident, plus particulièrement dans le monde anglo-saxon, issus de l'émigration ou de la conversion, ou bien venus pour étudier[6]. Les

---

www.ummah.net ; *www.islam.org* ; *www.islamicity.org*. Comme autre site « généraliste », citons *www.muslims.net*. Pour se brancher sur des sites plus personnels, on consultera *members.muslimsites.com/abuaadam*.

5. *www.ais.org/~islam/subject/pro_org.html*.

6. Par exemple, sur cinquante-trois sites « communautaires » (*community networks*), c'est-à-dire animés par une communauté islamique locale, donnés par

sites francophones sont comparativement plus nombreux pour la Suisse et le Québec, voire dans les territoires et départements d'outre-mer[7], que pour la France – une confirmation que les sites sont avant tout « périphériques ».

Assurément, on trouve des raisons tout à fait objectives à la faible représentation du Moyen-Orient : le sous-équipement informatique des pays arabes, mais aussi, tout simplement, la censure frappant la Toile. Il n'y a d'accès Internet en Syrie que depuis l'avènement de Bachar al-Assad, mais, ici comme dans d'autres pays, les fournisseurs d'accès sont sous contrôle gouvernemental. Enfin, bien des visiteurs de sites vivant dans des pays dictatoriaux hésiteront à signer une opinion trop marquée. Cependant, l'explication ne vaut pas pour la Turquie, le Koweït ou le Liban, ni même pour l'Iran, où la majorité des quelque trente fournisseurs d'accès à la Toile sont privés et ne sont pas soumis à la censure.

On a souvent glosé sur les « ingénieurs islamiques » qui militent dans les grands partis islamistes du Moyen-Orient[8], et, de fait, beaucoup d'initiateurs de pages ont manifestement une formation scientifique. Par ailleurs, il est intéressant de constater la faible présence des grandes organisations islamiques sur la Toile, comme le parti Fazilet en Turquie. La raison en est simple : ces mouvements, centralisés, ont un site et un seul, à destination externe au parti (médias, sympathisants), mais limitée à la sphère nationale ou à l'émigration. Internet ne joue pas un grand rôle dans leur propagande, parce que leur électorat ou leurs militants ne sont guère informatisés[9]. Enfin, le

---

www.muslimsonline.net (en octobre 1999), trente-six sont anglo-saxons (États-Unis, Grande-Bretagne, Canada, Australie), quatre de pays arabes, huit de pays musulmans non arabes, deux européens non anglo-saxons, un d'Afrique du Sud, un du Japon et un d'Inde.

7. Un site à la Réunion : *www.oceanes.fr* ; en Suisse : *www.muslims.net/ACFMS*.

8. Gilles Kepel et Yann Richard, *Intellectuels et militants de l'islam contemporain*, Le Seuil, 1986.

9. Le cas de petits groupes radicaux, comme ceux autour de Bin Laden, est différent, mais ceux-ci ne sont évidemment pas intéressés par la publicité. L'électronique est pour eux un moyen de communication interne plus que de propagande, encore qu'il existe plusieurs sites radicaux, proche de Bin Laden et

public que visent ces mouvements, à part les médias internationaux, est un public national, que l'on touche plus facilement par d'autres moyens (presse, radio, cassettes, etc.). Internet n'est pas le lieu de circulation des grands mouvements politiques qui s'inscrivent dans un espace national, car un tel espace comporte d'autres formes de circulation des idées, plus classiques. De plus, les grands partis sont par définition centralisés et hiérarchisés et n'encouragent pas l'expression individuelle de leurs militants (c'est d'ailleurs vrai de tous les partis politiques européens : pour eux, Internet reste un gadget ou un moyen de communiquer avec les médias, mais non une forme de travail ou de relation avec leurs militants ou leur électorat). Les grands mouvements islamistes, devenus « islamo-nationalistes », n'ont pas vraiment besoin d'Internet, sauf pour des questions d'image (la modernité), et ce parce qu'ils s'adressent à un ensemble constitué : la nation.

En revanche, les réseaux que nous étudions n'existent pour la plupart que par Internet. Ils constituent leur public par le fait même d'exister. Ils s'intéressent à l'oumma déterritorialisée, à la communauté internationaliste et non pas à un espace national. Ils utilisent les grandes langues véhiculaires (anglais, arabe et, pour les plus sophistiqués, des traductions en français et en espagnol) et non pas les langues nationales.

La prolifération des sites n'est donc pas liée à l'activisme islamique en soi, mais à la déterritorialisation croissante d'une population musulmane (d'origine ou convertie), par ailleurs éduquée, qui cherche à reconstituer un espace communautaire virtuel là où la réalité socioculturelle ambiante ignore ou rejette leur identité religieuse. Bref, c'est l'effacement de l'évidence sociale de la religion et de son inscription dans la société et ses normes qui pousse à utiliser la Toile.

Les sites et les listes de discussion sur l'islam animés par des musulmans n'échappent évidemment pas aux caractéristiques générales de ce que l'on peut rencontrer sur la Toile. Ce qui nous intéresse ici, c'est la manière dont ces caractéristiques influent sur le

---

des Talibans afghans (comme *www.ummah.net/dharb/*). Mais nous quittons ici les « réseaux » pour entrer dans la propagande d'organisations politiques.

message transmis par ces réseaux. Inversement, comment la Toile peut réaliser les objectifs des militants, même virtuellement ? Deux caractéristiques propres à la Toile (l'individualisme et la référence à une communauté égalitaire virtuelle) s'articulent sur ces deux mêmes tendances, profondément enracinées dans l'islam : l'individualisation (dilution de l'autorité dans le consensus, la déduction, l'analogie à partir d'un corpus initial reconnu par tous et accessible) et la référence à une communauté universelle des croyants fondée sur la seule appartenance religieuse. Bien plus, comme nous le verrons, la Toile renforce et exacerbe ces deux tendances à l'individualisation et à la constitution d'une communauté imaginaire, en coupant la communauté religieuse du contexte social, culturel et historique concret dans laquelle elle s'était toujours incarnée.

La déterritorialisation et la communauté virtuelle

Sur la Toile, l'islam joue en permanence sur le va-et-vient entre individu concret et isolé (dans une société qui n'est pas musulmane) et communauté virtuelle. L'individualisation n'est pas ici une conséquence de l'usage de la Toile, elle est d'abord un fait sociologique : les internautes musulmans qui cherchent à y constituer une oumma virtuelle le font parce qu'ils se sentent isolés dans la société où ils évoluent et ne trouvent pas les moyens de vivre pleinement leur islam dans leur environnement quotidien. Cet isolement vient bien sûr du fait que l'islam des internautes est un islam minoritaire dans des sociétés qui ne sont pas musulmanes.

Beaucoup de sites offrent conseils et modes d'emploi à ceux à qui la société environnante, indifférente ou hostile, n'offre pas d'évidence sociale de la pratique religieuse, à réinventer au quotidien. D'où la multiplication des sites « Questions et Réponses » (*Questions & answers*), comme www.islam-qa.com, ou bien offrant des listes de *fatwa* (consultations juridiques), portant toutes sur des situations inédites provoquées par le fait de vivre dans un pays non musulman. Par exemple, sur une liste de dix-sept questions publiées par *islam-qa* (recueillies en septembre 1999), seize portent sur les relations concrètes entre musulmans et non-musulmans, dans un contexte d'islam minoritaire (célébration de fêtes non musulmanes, enrôlement dans une armée non musulmane, etc.). Autre exemple, un site francophone pose la question : « Est-ce qu'être musulman en Occident est plus dur que d'être musulman dans son pays (c'est-à-dire dans un pays dont la population est à majorité musulmane) ? (Pourtant) la foi n'a pas de limite entre les pays. » Réponse : « Une des raisons qui m'apparaît être à l'origine de ces problèmes est le fait que l'application d'un certain nombre de règles islamiques demande l'implication d'une bonne proportion de la population, et comme ce genre de participation et de mouvements collectifs n'existent pas dans les sociétés occidentales, les musulmans ne peuvent donc trouver des alternatives licites pour remplacer les projets auxquels ils ne peuvent adhérer sans aller à l'encontre de leur religion [10]. » La solution ne peut passer par la réforme de la société ou l'action politique et juridique, mais bien par celle de l'individu. La question de l'action politique collective est donc largement absente des sites Web, au profit d'un recentrage sur l'individu, mais d'un individu qui cherche sur la Toile la communauté impossible à construire dans la société concrète où il vit.

Le point commun de tous ces sites est sans nul doute le fait de créer une oumma virtuelle, une communauté des croyants détachée de toute nation, de tout territoire, voire de tout contexte social. Cet effet est recherché et assumé, comme le montrent les titres choisis : *Muslim Online* (qui indique dans sa page de présentation son intention de construire une *Online Ummah*), *Cybermuslim, Islamicity, Islam webring, ummah.net,* etc. Le site www.ummah.org.uk se définit lui-même comme « *the virtual ummah group* ». Ces sites s'adressent à un public que se sent « déraciné » ou du moins qui est en quête d'une identité supranationale. Tous les sites se réfèrent en effet à l'oumma des musulmans et soulignent une identité musulmane au-delà des origines nationales ou ethniques [11]. La langue de communication est en général l'anglais, même si les textes de base

---

10. Sur le site *www.guetali.fr/home/mohmdpat/chatroom.htm*, question du 10 juin 1998.
11. *Islamic Courtyard* contient un lien intitulé « Les méfaits du nationalisme ».

sont en arabe, mais souvent traduits ; des sites spécifiques existent en français, allemand, espagnol (en général dans une perspective de prosélytisme) ; d'autres ont une traduction de l'original anglais ou arabe dans les trois langues ci-dessus, auxquelles s'ajoutent le turc et le malais. Beaucoup d'auteurs et d'intervenants font gloire de leur « universalité »[12]. Surtout, ils s'adressent bien à un public transnational, ou plutôt « globalisé », c'est-à-dire vivant en Occident mais ayant des identités complexes.

Un site avec un « livre d'or » montre que les internautes viennent massivement des États-Unis, suivis de la Malaisie et enfin des pays du Golfe[13]. La lecture des annonces sur un site matrimonial montre la déterritorialisation des demandeurs masculins (ou de ceux, sœur ou frère, qui font une demande à leur place) : un Pakistanais travaillant en Grèce et cherchant une femme pakistanaise établie aux États-Unis ou en Grande-Bretagne ; un *Caucasian* (sans doute au sens américain de « blanc ») vivant dans les Émirats et cherchant une « Blanche (de préférence avec une expérience de l'Occident qui serait dépassée par une compréhension et une mise en œuvre de l'islam) » ; un résident britannique venu du Malawi et de langue gujaratie (Inde), un Pakistanais cherchant une femme née et élevée en Europe ou aux États-Unis, un Égyptien étudiant en Hollande, etc. : sur les vingt-sept demandes, vingt-cinq émanent de personnes qui ne vivent pas dans leur pays d'origine et/ou qui cherchent une personne éduquée dans les pays occidentaux – parmi eux deux à trois convertis[14].

Ici encore le recours à la Toile s'explique à la fois par l'effacement des liens de solidarité traditionnels qui permettaient de trouver une épouse, et par l'absence de nouvelles sociabilités dans les pays d'accueil qui permettraient de faire des rencontres à l'intérieur même d'une communauté religieuse concrète (une « paroisse ») reconsti-

---

12. Hazem Nasreddine's Home Page *www.ee.mcgill.ca/~htana/*. L'auteur se présente ainsi : « Né à Jérusalem (1976), parti avec ma famille à Amman (Jordanie), puis au Canada. Dernière année d'informatique, Mac Gill Université, Montréal [...] Mon identité se définit par mes croyances. »

13. Déjà cité plus haut : *www.geocities.com/Heartland/Meadows/5621/geobook.html*. Les messages postés vont de septembre 1998 à septembre 1999.

14. Sur le site *www.ummah.net/confort*, le 16 septembre 1998.

tuée. La Toile permet d'autant plus de se lancer à la recherche d'un conjoint qu'elle obéit, par sa virtualité même, à la stricte séparation des sexes, revendiquée par la plupart des sites en question, et qui fait qu'une rencontre concrète entre un homme et une « vraie croyante » non mariée est improbable dans la vie réelle.

La communauté virtuelle est réalisée par l'interconnexion des sites qui renvoient les uns aux autres, mais aussi par la « banalisation » du message qui circule, son conformisme et sa généralité. Les sites s'adressent donc à un public qui a du mal à vivre son islam au quotidien dans un univers non seulement qui n'est pas musulman mais même qui n'est pas religieux du tout. Il n'y a ni évidence sociale de la religion, ni proximité d'institutions reconnues et légitimes qui proposeraient les « services » qu'exige la pratique. L'oumma virtuelle va donc s'efforcer de fournir ces « services » et de créer un lien imaginaire entre des croyants isolés dans un milieu qui n'est pas musulman. Bien sûr, les sites ne sont pas toujours complètement détachés des espaces réels où vivent les internautes quand ils débranchent leur ordinateur : ils contiennent aussi des indications pratiques, comme des adresses de mosquées ou d'associations islamiques locales, mais ils renvoient très rarement à une localisation précise de boutiques musulmanes ou restaurants *hallal*.

En fait, le rapport à l'environnement réel est un aspect marginal de leurs activités : le but de la Toile n'est pas l'insertion d'un musulman dans une *community*, un quartier ou une communauté locale. Il s'agit bien d'offrir un espace de substitution. Les « boutiques » (pour commander des objets « islamiques »), les librairies (pour acheter des livres), les bibliothèques (pour consulter), les rencontres : tout cela se fait « en ligne ». Les adresses des individus sont toujours des adresses électroniques. Bref, la Toile ne sert pas à réinsérer un musulman isolé dans un tissu local, mais à le connecter à l'oumma virtuelle. La Toile renvoie à elle-même.

On retrouve très logiquement une volonté de recréer sur la Toile des institutions islamiques virtuelles. Des sites offrent des *fatwa*[15] ;

---

15. *islam.tc/ask-imâm/index.php* ; *163.121.12.5/fatwa/fatwapage.html* ; *waqarkhan.com/HTML/islam.html*.

d'autres (*The islamic courtyard*, ou bien *islam-qa.com*) proposent des solutions aux problèmes concrets des musulmans (transplantation d'organes, contrôle des naissances, exposé sur la définition de la mort clinique ou de l'embryologie dans le Coran, etc.), mais aussi des informations très précises sur la pratique des rites et des ablutions. Ce savoir, dans une société musulmane d'origine, est normalement transmis oralement par l'éducation parentale, mais ce mode de transmission traditionnel est en crise. Le large public de convertis ou de musulmans nominaux qui décident de retourner à l'islam, sans avoir autour d'eux de modèle concret de pratique religieuse, explique ce mélange de données très « basiques » et de discussions plus élaborées.

L'islam tel qu'il est présenté sur la plupart des sites est un islam normatif et fondamentaliste (au sens strict du terme : renvoyant aux textes qui fondent la religion, le Coran et la Tradition du Prophète). C'est un islam « de base », traditionnel dans ses concepts et ses normes, moderne seulement dans sa volonté de répondre aux questions que se posent des musulmans éduqués vivant dans une société occidentale. Ce fondamentalisme, étonnant à première vue dans un milieu d'étudiants modernes, s'explique parce que l'oumma virtuelle ne peut que reposer sur les plus petits communs dénominateurs de l'islam, mais aussi parce qu'elle ne peut se définir que comme un « code », faute de proposer une culture qui ne peut être que l'apanage d'une société réelle. En un mot, l'universalisme du message implique sa simplicité, et donc aussi sa clarté : « faites…, ne faites pas… ». L'effacement des particularités nationales, des cultures spécifiques et de l'histoire va de pair avec la recherche d'une norme applicable dans des contextes très variés, ou plutôt d'une norme qui puisse ignorer le contexte : tout cela explique pourquoi le message « salafi » est bien le contenu le plus apte à constituer l'oumma virtuelle.

Mais l'oumma virtuelle ne remplace pas la société réelle. L'internaute est en particulier confronté au problème de l'activité économique, laquelle bien entendu ne peut se dérouler en dehors de tout contexte social. Le site *islamzine* (en septembre 1999) pose la question de la conformité des cartes de crédit avec l'islam. Mais d'autres sites proposent justement d'investir dans des sociétés qui respectent les normes islamiques. La globalisation touche aussi l'économie : un site, ouvert par la firme Abrar[16] explique, à partir d'un *hadith*, pourquoi le marché des actions est *hallal* sous certaines conditions. La firme propose donc des formes d'investissements *hallal* ; elle dispose de branches en Colombie, à Dubaï, au Guangxi, à Kuala Lumpur, Stanford (Californie) et Vancouver. L'oumma virtuelle rencontre bien le monde global.

Se dessine alors un monde moins virtuel et abstrait que ne le laissaient entendre les premières déclarations militantes : celui d'une contre-société déterritorialisée. On trouve aussi de nombreux sites purement commerciaux, mais qui se définissent par l'islamité de leur produit (*IslamShop*). Bref, la Toile permet à un « islamo-business » de fonctionner, cette fois dans le réel. Reste à savoir dans quelle mesure ces compagnies sont réellement islamiques et surtout dans quelle mesure leur publicité sur Internet attire vraiment les particuliers. Bref, et nous reviendrons là-dessus, quel est l'effet de réalité de cette oumma virtuelle ?

Le paradoxe est donc que la Toile s'efforce de mettre en place un univers normatif, avec des institutions virtuelles, qui passent par un média, Internet, avant tout fondé sur l'individualisation de la démarche et de l'environnement. La norme, faute de pression sociale et d'institutions chargées de l'imposer, fait l'objet d'une demande et donc suppose une démarche volontaire. Celle qui est affirmée par les sites n'a aucune existence légale et ne repose sur aucun moyen de coercition, mais uniquement sur la bonne volonté des parties qui s'y soumettent ; elles ne peuvent pour autant s'exempter du droit des sociétés dans lesquelles elles vivent. L'oumma virtuelle ne repose donc que sur une démarche individuelle, à tout moment révocable.

L'individualisation

L'extrême individualisation est d'abord celle des sites. Leur labilité, leur inachèvement et leur personnalisation indiquent souvent l'amateurisme de ceux qui les animent : adresses qui disparaissent,

---

16. *www.abrar.com/invest/investem.htm*.

sites en construction, sites menés par une seule personne (en général, un étudiant vivant aux États-Unis), sites pratiquement vides ou constitués uniquement de liens. Ces traits expliquent aussi pourquoi une enquête quantitative est presque impossible, à moins de mobiliser plusieurs chercheurs dans un espace de temps resserré (et à plein temps). Les données recueillies une année ne feront pas toujours sens quelques mois plus tard. Un certain nombre de sites sont très personnalisés : ils portent le nom de leur concepteur, indiquent son adresse électronique, éventuellement contiennent une brève biographie et une photo. Mais la personnalisation de la forme ne se retrouve presque jamais dans le contenu : peu de sites affichent des idées ou des analyses personnelles. L'individualisation est celle de la signature, de la présence, mais pas de la pensée.

Les sites individuels renvoient par des liens (sans toujours préciser qu'il s'agit d'un autre site) aux grands sites. En fait, beaucoup d'entre eux semblent relever du jeu ou d'un léger narcissisme, puisqu'ils n'ont aucun contenu propre en ce qui concerne l'islam [17]. En cela, ils ne sont guère différents des sites personnels sans connotations religieuses où l'individu se met en scène, indique ses goûts et ses hobbies et cherche à établir des contacts. La référence islamique ne constitue alors qu'une modalité de socialisation. On rappellera seulement que beaucoup de ces sites sont construits par des personnes ayant connu un déracinement (le cas le plus typique est un étudiant musulman originaire du sous-continent indien ou du Moyen-Orient et vivant aux États-Unis). Si le parcours géographique (et le cursus universitaire) est souvent décrit [18], on n'en saura guère plus sur la personnalité et la pensée de ceux qui se mettent pourtant en scène.

Les seuls récits personnalisés sont ceux des conversions [19], très

---

17. Par exemple, un site personnel (avec photo, bio, petite poésie, liens vers d'autres sites et e-mail personnel), *www.ais.org/~maftab*, commence par « Félicitations et bienvenue sur mon site officiel. Seule une toute petite fraction de la population mondiale fera un jour l'expérience de visiter cette page. Je vous suggère donc d'apprécier votre statut de rare privilégié et de profiter de votre visite ».
18. Voir le site *www.ais.org/~shabier/aboutme.htm*.
19. *www.islamzine.com/new-muslims*. On trouvera également dans *www. geocities.com/Heartland/Meadows/5621/geobook.html* des sites construits par des

prisés sur la Toile ; mais ils relèvent d'un genre bien connu, le récit édifiant, où en fait l'originalité s'efface devant la volonté apologétique, entre clichés et formules convenues. Partout une grande importance est attachée aux convertis, qui sont aussi des utilisateurs assidus de la Toile, ce qui s'explique évidemment parce que, coupés de leur milieu d'origine par leur conversion, ils s'identifient d'autant plus à l'oumma virtuelle qu'en général ils ne rejoignent pas une autre culture (par exemple, peu apprennent à parler la langue d'un pays musulman, et les formules en arabe coranique dont ils parsèment des textes écrits en anglais fonctionnent comme rites d'identification et non comme outil de communication). Il est intéressant de noter que, parmi les auteurs de récits de conversion, on trouve beaucoup de femmes occidentales d'origine chrétienne.

Cette désincarnation de l'individu se rencontre aussi dans les récits de vie des martyrs contemporains [20], voire dans la vie des actuels dirigeants de confréries soufies, tous définis par leur précocité et leur maîtrise de l'ensemble du corpus islamique. L'individu qui se met ainsi en avant dans les sites islamiques d'Internet est un individu finalement abstrait, désincarné, une tendance renforcée par l'incitation à la réserve et à la pudeur, afin d'éviter le péché.

L'isolement est donc pallié par l'oumma virtuelle de la Toile. Mais le réseau Internet apporte ici un élément fondamental : l'accès direct au savoir, non médié par des institutions. Les grandes institutions d'enseignement religieux, situées au Moyen-Orient, interviennent peu sur la Toile, même si elles ont leurs sites [21]. En fait, elles ne favorisent pas la diffusion du savoir par ce biais car ce serait nier leur raison d'être (attirer des étudiants dans leurs locaux physiques). Il y a donc à l'inverse sur le réseau une volonté de contourner les

---

convertis comme *www.angelfire.com/mn/ muslimah/ convert.html.* ; voir aussi *www.speednet.com.au/~nida*, « Pourquoi j'ai choisi l'islam ? » (août 1995).

20. *www.azzam.com/html/body_jihad_stories.html.* Ce site est au nom d'un des animateurs des réseaux de volontaires musulmans partis se battre en Afghanistan, Abdullah Azzam, assassiné en septembre 1989 à Peshawar.

21. Ces sites comme celui de l'université d'al-Azhar au Caire (*al-azhar.com*) ou même ceux de l'institut de Saint-Étienne-en-Fougeret (en France) se contentent souvent de présenter l'institution, mais n'offrent aucun service en ligne.

grandes institutions et de mettre directement en contact l'individu et le corpus. Cette volonté d'accès direct est renforcée par le niveau d'instruction généralement élevé des internautes. Si les sites soufis et chi'ites insistent sur l'autorité des « savants », les sites sunnites, sans nier qu'il y ait des avis plus autorisés que d'autres (on cite les *fatwa* des grands cheikhs contemporains, comme Ibn Baz), ne sacralisent pas l'autorité et de toute façon la ramènent toujours à un individu (tel ou tel cheikh), jamais à une institution (al-Azhar). Dans beaucoup de discussions, d'illustres inconnus expliquent ce qu'est l'islam, sans exhiber de légitimité particulière. Bref, la Toile est le lieu même de l'autoproclamation et de l'autodidactisme.

Cette accessibilité du corpus est facilitée par le fait que le corpus de base (Coran et *hadith*) repose sur un nombre finalement limité de textes. Mais cette limitation est aussi revendiquée et entretenue, car une extension du corpus rendrait son accessibilité plus complexe et exigerait un corps de spécialistes pour le gérer. Cela correspond bien à la position salafie, qui se méfie de tous les apports qui alourdissent et détournent le corpus premier (et en particulier la philosophie). Il y a un lien certain entre l'étroitesse du corpus et la démocratisation de son accès (que l'on retrouve dans le fondamentalisme protestant américain, pour qui la connaissance de la Bible rend sinon inutile, du moins secondaire, toute élaboration théologique plus affinée). Cela n'explique peut-être pas mais du moins éclaire le fait que des étudiants modernes préfèrent se référer à un fondamentalisme de type salafi, car cela légitime leur contournement des grands « savants » de l'islam, les oulémas, sans parler bien sûr des philosophes et des gnostiques. Le savoir rendu accessible par Internet concerne donc presque uniquement le corpus premier : c'est-à-dire le Coran et les principaux *hadith* (dits du Prophète) ainsi que les traditions se rapportant au Prophète (le tout constituant la Sounna, ou « Tradition du Prophète »). Le paradoxe de la Toile est qu'une surabondance potentielle de l'information va de pair avec un rétrécissement des données effectivement utilisées : trop d'informations réduit le corpus utilisable, comme si le vertige d'un savoir illimité conduisait au repli sur une orthodoxie sécurisante et fermée.

De nombreux sites donnent par conséquent un accès direct et facile à ce corpus, en arabe, mais très souvent accompagné d'une traduction anglaise. Les commentaires, les explications et la présentation du site sont en général en anglais. L'arabe des sites est une langue morte. Le système audio permet d'apprendre à réciter le Coran selon la meilleure psalmodie. L'internaute peut apprendre la récitation du Coran (HyperQuran de Dunya, *www.ou.edu/cybermuslim*) avec l'écriture arabe et la prononciation; il peut fouiller dans des bases de données pour retrouver les *hadith* pertinents (*searchhadith.html*), il peut consulter les pages de *fatwa* de différentes autorités (une des plus fréquentes, comme on l'a dit, est celle du cheikh Ibn Baz, décédé en 1998). Il peut aussi poser des questions (*www.islam-qa.com*) ou, plus classiquement, consulter les réponses à des listes de questions toutes faites. En un mot, la Toile permet d'accéder, sur le mode autodidactique, au corpus de base de l'islam.

Deux remarques sont à faire ici. Il s'agit bien du corpus « de base », c'est-à-dire que tout le travail historique de commentaires, de discussions et d'élaboration philosophique est absent de ces sites. Ce contournement touche aussi, on l'a vu, l'histoire et la culture. En quelque sorte, l'internaute a l'impression d'être au cœur du savoir et, s'il n'a pas accès à une bibliothèque savante, il peut ignorer jusqu'à l'existence même d'une élaboration secondaire sur ce savoir. La multiplicité des sites islamiques se double en réalité d'une vision réductrice du corpus islamique : surtout, les sites ne renvoient presque jamais à des sources extérieures, par exemple aux universités islamiques, comme al-Azhar. La circularité des sites qui renvoient les uns aux autres masque leur pauvreté conceptuelle. Mais il faut aussi en conclure que cette pauvreté correspond à la demande des internautes, qui cherchent justement un corpus facilement maîtrisable.

D'autre part, les modes de transmission du savoir sur la Toile, tout en utilisant les techniques les plus modernes, reprennent dans le fond la forme traditionnelle de l'enseignement coranique : apprentissage par cœur et phrase par phrase dans le cas de la mémorisation du Coran, jeu de questions-réponses pour exposer le vrai, absence d'élaboration critique. Même les discussions où s'exprime un désaccord se font à coups de citations de *hadith*. Le contenu théologique de la plupart de ces sites est non seulement parfaitement orthodoxe, mais même très « fondamentaliste » au sens d'un respect à la lettre du Coran et de la Sounna. Ce qui est moderne, outre le moyen de transmission, est le contexte sur lequel portent les questions : celui de la vie de musulmans dans une société qui ne l'est pas [22]. La quête du consensus donne un statut particulier à la polémique : elle ne peut que reposer sur une incompréhension qui doit se dissiper ou bien au contraire se terminer dans la véhémence et le rejet, parfois l'insulte (celles-ci viennent d'ailleurs aussi d'éléments non musulmans qui se branchent sur les forums de discussion). Le ton d'admonestation paternaliste est très fréquent.

L'individualisation n'entraîne donc pas une diversification de la réflexion et de la pensée, ni un approfondissement de la critique, mais plutôt une autoconfirmation du conformisme, une quête d'un consensus normatif. Individualisation ne signifie pas créativité : il y a répétition de l'orthodoxie plutôt qu'exposé d'idées personnelles. En fait, la disparition de la figure d'autorité incarnée dans la personne du maître, propre aux sites salafis, ne signifie pas la disparition du principe d'autorité, qui est désormais incarné par le consensus circulaire et déclamatoire qui s'établit dans le passage systématique de sites à sites, en un effet de miroir.

Mais tandis que la figure du maître disparaît dans les sites salafis, elle est plus que jamais mise en avant dans les sites soufis [23]. On a donc deux formes d'individualisation : celle qui valorise le musulman de base, au détriment des maîtres, sur les sites salafis, et celle qui met en avant la figure de l'individu, le maître, sur les sites soufis. En fait, la Toile offre au soufisme nouvelle manière un terrain parfait d'expression : le disciple et le simple sympathisant ont un accès direct à la pensée du maître. Mais ces deux formes de mise en valeur de l'individu ne sont pas aussi contradictoires qu'elles le semblent

---

22. Le genre de questions posées dans *islam-qa* : est-il *hallal* d'aider un ami musulman à obtenir une *green card* pour résider aux États-Unis, sachant que cela l'exposerait à perdre sa foi ? La réponse (qui évite de demander au demandeur pourquoi il accepte, lui, de vivre aux États-Unis) est qu'un homme qui a vraiment la foi ne risque rien en vivant parmi les infidèles.

23. *www.best.com/~informe/haqqani/Sufi/Sh_Nazim.html* pour la Haqqaniya ; *www.geocities.com/~mujaddidi/Shaikh/index.html* pour Mujaddidi ; *mosque.com/sammania.html* pour la Sammaniya.

de prime abord : ce qui disparaît dans la transmission du savoir, ce sont, dans les deux cas, les procédures et le temps.

Dans la pensée soufie classique, l'initiation est un voyage et un processus : le disciple adhère soit par l'intermédiaire d'un groupe de solidarité dont il est membre (famille, clan, corporation), soit par des rencontres successives (autre disciple, *khalifa* ou représentant du maître, maître lui-même). L'acquisition du savoir se fait de manière graduelle et confidentielle et suppose des pratiques de dévotion propres à chaque école (*zikr*), en général effectuées en groupes. Tout cela disparaît sur Internet : le disciple est dans un contact « direct » mais factice, avec le maître ; il a accès à l'ensemble des écrits de ce dernier, sans ordre particulier ; il n'appartient pas à un groupe, et sa relation au groupe est dépourvue d'ancrage social ou physique. Il s'agit bien ici d'une « néo-confrérie » qui recrute et s'étend comme n'importe quelle secte New Age, avec un rapport purement nominal à l'islam [24]. Le média casse la complexité des relations et met le disciple en contact direct avec le maître (du moins le croit-il, car, en réalité, la Toile joue avant tout le rôle de vitrine et de lieu de recrutement). Certes, cela ne veut pas dire que toutes les confréries soufies qui interviennent de cette façon sont aussi éloignées de la tradition ; on en trouve qui défendent un islam tout à fait orthodoxe, comme Mojaddidi ou la Sammaniya, d'ailleurs cités respectivement par *muslims-net* et *mosque.com*, deux sites très orthodoxes. Mais il est certain que cette forme d'exposition et donc de recrutement d'une confrérie soufie modifie forcément sa relation à la tradition et la forme du lien qui se crée alors entre maître et disciples, même si le contenu enseigné reste le même. Dans la transmission mystique, la forme est indissociable du fond.

De cette brève incursion dans les sites islamiques ressortent quelques questions qui, pour nous, tournent autour de l'effet de réel de cette oumma virtuelle. Dans quelle mesure les réseaux ainsi créés fonctionnent-ils ? Les internautes s'attachent-ils longtemps à ces sites, se marient-ils parfois grâce à eux, font-ils affaire, apprennent-

---

24. C'est particulièrement le cas de la Haqqaniya, attaquée avec virulence par les autres sites.

ils vraiment le Coran ? En un mot quel est l'effet de réalité de la Toile ? Le virtuel n'est sans doute pas seulement un produit de la nécessité (l'isolement sociologique du musulman vivant en Occident) : il est aussi une forme de relation à la religion, du moins si la relation entre l'internaute et les sites se maintient sur le long terme. Il faudrait prolonger la recherche sur le *feed-back* des sites [25] et sur la vie que mènent les internautes quand l'ordinateur est coupé, car on peut supposer qu'il y a une vie au-delà de l'écran.

Dans tous les cas, il est clair que l'utilisation d'Internet par des individus exprime un double mouvement : d'une part, l'affirmation, dans une société profondément sécularisée, de l'adhésion religieuse selon un mode individuel d'appréhension et de formulation (mais aussi de mise en scène par la construction du site ou le récit de vie), qui se prolonge par la quête d'une communauté virtuelle, faite d'une collection d'individus sans liens concrets entre eux, donc en dehors d'une société réelle. D'autre part, la référence à un islam plutôt fondamentaliste et normatif, qui ignore sa propre histoire et les sociétés qui en ont été le vecteur. Le virtuel partage avec le fondamentalisme ce thème de la table rase, de l'éternel recommencement, de l'indifférence envers l'histoire et la culture, et de la gestion d'un corpus intemporel, plutôt pauvre mais universel, aisément accessible et communicable. La Toile est un instrument de déculturation, même lorsqu'elle se veut prosélyte et communautariste, mais aussi de sécularisation, dans la mesure où elle entérine de fait l'existence de deux ordres différents : un quotidien où le religieux est absent et un espace virtuel où il est omniprésent.

---

25. Mais on a déjà noté la pauvreté du contenu du courrier envoyé aux sites qui demandent l'avis des visiteurs.

Chapitre 8

Les nouveaux radicaux et le *jihad*

Ce qui est nouveau et propre aux années 1990, c'est la radicalisation politique des néo-fondamentalistes, dont toute une partie est devenue « jihadiste », c'est-à-dire privilégie la lutte armée plutôt que la prédication religieuse. La dimension jihadiste marque une rupture très nette par rapport aux intérêts saoudiens. Cette politisation est visible chez les Talibans afghans, al-Qaïda, les partis extrémistes pakistanais, comme dans des mouvements moins connus, tel le Hizb ut-tahrir. On la verra sans doute s'étendre à d'autres milieux, à la faveur d'un accroissement de la tension au Moyen-Orient.

D'où vient cette radicalisation ? D'abord, bien sûr, de la banalisation des mouvements islamistes, qui laissent ainsi le champ libre à d'autres formes de contestation islamique. Ensuite des transformations du champ stratégique, entre 1989 et 1992, avec le retrait des troupes soviétiques d'Afghanistan, la guerre du Golfe et la campagne américaine ratée en Somalie, c'est-à-dire successivement la disparition de l'ennemi communiste et la militarisation de la présence américaine dans tout le Moyen-Orient. Mais la radicalisation est aussi une conséquence de la globalisation de l'islam et de l'extension parallèle de la puissance américaine : en se donnant comme projet de reconstruire l'oumma, les radicaux se heurtent nécessairement à la seule puissance hégémonique, les États-Unis. Ils voient le conflit en termes de lutte entre deux civilisations, l'islam et l'Occident, dont l'expression militaro-politique est l'empire américain. L'Europe disparaît comme cible, car, pour les radicaux, elle n'existe pas. Il est intéressant de voir par exemple que le soutien d'al-Qaïda aux Tchétchènes ne s'est jamais traduit par des attaques contre des cibles russes.

Les attentats planifiés en Europe, après 1996, ont visé des intérêts américains. Les attaques contre des établissements juifs en France ont été le fait d'individus isolés (simple réaction aux événements de Palestine, intégrés dans cette lutte planétaire en reprenant soit le thème anti-impérialiste d'Israël chien de garde américain au Moyen-Orient, soit le thème, antisémite, de l'Amérique contrôlée par les juifs). Comme le *jihad* international n'est pas articulé sur des conflits nationaux et politiques concrets, qui relèveraient d'un possible traitement diplomatique, il se traduit forcément par le délire et le terrorisme quand il s'agit de passer à l'acte. En ce sens, on l'a vu, le radicalisme islamique reprend le flambeau d'un anti-impérialisme jusqu'ici laïque et de gauche. Sa base militante est double, comme pour les mouvements tiers-mondistes antérieurs : d'une part, des combattants de luttes locales (Afghanistan, Cachemire, Philippines) ; d'autre part, des militants internationalistes qui soit viennent comme force d'appoint, soit tentent de porter la lutte au cœur de l'empire dominant. C'est le schéma de la bande à Baader s'attaquant dans les années 1970 au patronat allemand tout en détournant des avions pour le compte de l'OLP.

Un point commun entre internationalistes marxistes et islamiques est qu'ils ont toujours été marginaux par rapport aux mouvements de libération nationale, lesquels ont toujours imposé leurs propres perspectives (algériens, vietnamiens, sud-africains, palestiniens, sandinistes, pour la gauche ; afghans, tchétchènes, palestiniens, kosovars et bosniaques, en attendant les Cachemiris, pour les islamistes, etc.). L'aggravation du conflit palestinien ne changera pas ce schéma : si des radicaux étrangers viennent en aide aux Palestiniens, ils resteront prisonniers des choix politiques de ces derniers. La grande différence est que le radicalisme islamique semble avoir une base sociale potentielle qui manquait aux internationalistes marxistes : la population musulmane déterritorialisée. Or une analyse des militants engagés dans les actions violentes montre que, s'ils ont bien un profil proche des militants d'extrême gauche de naguère (classes moyennes ou milieux populaires), ils ne disposent pas de relais politiques dans les populations musulmanes qui leur permettraient de sortir du ghetto terroriste.

Nous allons dresser ici un panorama des militants et des organisations impliqués.

1. Al-Qaïda

La matrice afghane : la première génération Bin Laden

Le réseau a été fondé par Abdallah Azzam, un Frère musulman jordanien d'origine palestinienne qui a appelé au *jihad* contre les Soviétiques, à un moment où ceux-ci étaient totalement épargnés par la contestation islamique (en Iran comme au Liban). Professeur à l'université islamique de Riyad à la fin des années 1970, il eut comme élève Oussama Bin Laden, qui préparait un diplôme de génie civil. Azzam a monté à Peshawar le Bureau des services (*mektab ul khadamat*), chargé d'aiguiller vers l'Afghanistan les volontaires venus de tout le Moyen-Orient. C'est le précurseur d'al-Qaïda.

A partir de 1986, le nombre des volontaires (tous appelés « Arabes » par les Afghans) s'est accru. Non seulement ils participent au combat, mais ils font aussi de la propagande salafie contre les coutumes religieuses locales. Beaucoup meurent au combat, d'autant qu'ils méprisent la manière afghane de guerroyer (accords informels avec une partie de l'ennemi, longues périodes de calme plat). On estime que des milliers de combattants sont passés par les maquis afghans. Ils avaient leur bastion dans la région du Paktya et du Nangrahar, soit avec Goulboudine Hekmatyar, chef du Hizb-i islami afghan, soit avec des commandants locaux pachtounes, comme Djellaluddin Haqqani. Déjà les réseaux de *madrasa* déobandie (dont Haqqani fait partie) jouent un grand rôle. La bataille mythique où le noyau dur s'est forgé est celle de la Tanière du Lion, en 1987 : un groupe de quelques centaines de volontaires a résisté une semaine à une offensive soviétique avant de décrocher. Khattab et Bin Laden y étaient, ainsi que Abu Zubayr Madani (tué en Bosnie en 1992), le cheikh Tamim Adnani (dont un des fils a été tué avec Azzam en septembre 1989) et le Saoudien Sarahi. En février 1989, les volontaires arabes ont cependant échoué à prendre la ville de Djellalabad : la logique afghane a repris ses droits.

Mais une internationale islamique s'est mise en place, fondée avant tout sur les relations personnelles qui unissent ses membres, sans organisation centralisée. Les volontaires qui sont allés en

Afghanistan s'internationalisent concrètement : des Algériens, des Libyens, des Irakiens, des Égyptiens et des Saoudiens ont vécu et combattu ensemble contre les Soviétiques, l'Alliance du Nord et enfin les Américains[1]. Les cadres se connaissent personnellement et parfois sont unis par des liens matrimoniaux. Un va-et-vient s'est installé à la fin des années 1980 : les militants traqués du Moyen-Orient se réfugiaient en Afghanistan, les combattants entraînés retournaient dans leur pays d'origine. On les retrouve dans les mouvances les plus radicales, qui ont assurément leur histoire propre et ne sont pas une création des « Afghans » – sauf, peut-être, en Algérie, le Groupe islamique armé (GIA).

Dans ce pays, au sein du Front islamique du salut (FIS), figurent Said Mekhloufi, Kamareddine Kherbane et Abdallah Anas (de son vrai nom Boudjema Bounouar, arrivé en 1984 en Afghanistan et devenu gendre d'Abdullah Azzam). Mais ils jouent surtout un rôle dans le GIA, dont les premiers chefs sont tous d'anciens « Afghans » : Tayyeb al-Afghani (tué en novembre 1992), Djaffar al-Afghani (tué en mars 1994), Chérif Gousmi (tué en septembre 1994). Le Syrien Abou Messaab et Abou Hamza (dit « al-Misri » ou « l'Égyptien ») idéologues d'*Al Ansar*, journal du GIA publié à Londres, ont vécu, eux aussi, à Peshawar, et Abou Hamza a été grièvement blessé en Afghanistan. Nombre de membres du Jihad égyptien partent en Afghanistan après l'assassinat du président Sadate (octobre 1981), tels Mohammed al-Islambouli, frère de l'assassin du président, et le cheikh Omar Abdourrahman, fondateur du mouvement Jihad. Les chefs du Gama'at Islamiyya égyptien, Fouad Qassim et Ahmed Taha, sont d'anciens « Afghans », tout comme Ayman Zawahiri, dirigeant du Jihad, après Omar Abdourrahman. Au Cachemire, le mouvement Harakat al-Ansar avait son camp d'entraînement dans la province afghane de Khost. En Jordanie, Khallil El Deek a fondé l'armée de Mohammad. En Libye, Abou Chartila, *alias* Abou Tariq Darnaw, a dirigé le bataillon Mohammed al-Hami. Aux Philippines, Abubaker Janjalani (tué en 1997) est le chef du mouvement Abou

---

1. Par exemple le premier sceau du GIA est très exactement celui du Hizb-i islami afghan, voir Alain Grignard, « La littérature politique du GIA algérien » (*in* F. Dassetto, *Facettes de l'islam belge,* Bruyland, Louvain-la-Neuve, 1997).

Sayyaf (du nom d'un autre ancien d'Afghanistan). Au Yémen, Sheykh Tariq al-Fadli fonde le mouvement Jihad et Zeyn al-Abidine Abou Bakr al-Mihdar l'armée islamique d'Aden – Abyane.

Mais tous ces noms connus ne doivent pas faire oublier la masse des sans-grade qui sont restés en Afghanistan, morts ou vivants. Une étude, faite par Bin Laden lui-même, montre que la masse des volontaires arabes provient surtout de trois pays : Arabie Saoudite, Égypte, Algérie [2]. Il est intéressant de noter qu'on ne trouve parmi eux pratiquement aucun Palestinien venu des Territoires occupés ou de Gaza (ils ont leur propre *jihad*) [3], aucun Irakien sauf des Kurdes islamistes, très peu de Turcs, de Marocains ou de Syriens.

Cette première « génération Bin Laden » présente des traits communs : tous ses membres sont originaires du Moyen-Orient, tous viennent directement du Moyen-Orient en Afghanistan – ainsi Azzam, Bin Laden, Islambouli, Kherbane, Zawahiri, (ce dernier, même s'il a transité par l'Europe, ne s'y est pas installé), tous ont un passé politique dans des organisations islamistes.

Or, après 1992, on a assisté à un changement structurel dans les recrues de Bin Laden : l'apparition de déracinés, de jeunes qui n'avaient pas de passé militant et qui venaient d'Europe. La transition est bien illustrée par le groupe qui a tenté, en février 1993, de détruire le World Trade Center à New York. Le principal accusé est le cheikh égyptien Omar Abdourrahman. Pourtant, en mai 1990, le cheikh avait obtenu un visa au consulat américain de Khartoum, suivi d'une Carte verte à son arrivée dans le New Jersey. Les autres accusés, Youssouf Ramzi, un Pakistanais élevé au Koweït, Mohammed Salameh et Ahmed Ajjaj, tous deux Palestiniens, avaient également séjourné dans les camps afghans. En 1993, le Pakistanais Mir Aimal Kansi a ouvert le feu sur les employés de la CIA entrant dans le bâtiment de l'agence à Langley. Or, Ramzi et Kansi ont été « récu-

---

2. « Osama prepares list of Arab martyrs of Afghan Jihad », par Imtiaz Hussain, *Frontier Post*, Peshawar, 13 mai 2000.

3. Abou Zoubeyda, le recruteur d'al-Qaïda arrêté par les Américains en mars 2002, est né en Arabie Saoudite de parents palestiniens, réfugiés de la Bande de Gaza.

pérés » par le FBI au Pakistan, respectivement en 1995 et 1997, ce qui a entraîné la fureur de l'ancien chef de l'ISI, Hamid Gul, qui a requis la cour martiale pour les officiels pakistanais impliqués dans ces « extraditions ». Le 11 novembre 1997, quatre employés américains d'une compagnie pétrolière ont été assassinés à Karachi en représailles contre la condamnation de Kansi aux États-Unis. L'attentat a été revendiqué, entre autres, par le Harakat al-Ansar, issu des camps « afghans ». Le chef présumé du groupe qui a commis l'attentat de Louxor contre des touristes européens en septembre 1997 (Mehat Mohammad Abdel Rahman) est aussi un « Afghan », de même qu'un autre activiste (Sayd Sayyed Salama) dont l'extradition en Égypte, en juin 1998, a justement déclenché un communiqué vengeur de Bin Laden annonçant le *jihad* contre les Américains.

Youssouf Ramzi, par exemple, est né au Koweït d'un père baloutche pakistanais et d'une mère palestinienne (réfugiée de 1948) ; il a étudié dans une *madrasa* du Baloutchistan et aurait été actif dans les mouvements anti-chi'ites. Il a poursuivi ses études en Grande-Bretagne puis est parti aux Philippines, au Pakistan et en Afghanistan pour s'envoler vers New York en 1992, muni d'un passeport irakien. Son frère, Wali Khan, sera arrêté aux Philippines (par hasard et par des policiers français) en décembre 1995 pour avoir préparé un attentat contre le pape, avec le frère de Janjalani qu'il avait rencontré en Afghanistan. Il n'a pas de pays ou de mouvement politique national auquel s'identifier.

Deux accusés de l'attaque contre les ambassades américaines en Afrique de l'Est ont des profils comparables. Wadih al-Hage, supposé secrétaire de Bin Laden, citoyen américain, a été condamné pour le premier attentat contre le World Trade Center, en 1993. A l'origine, c'est un chrétien libanais converti à l'islam. Il a vécu à Beyrouth, puis s'est rendu aux États-Unis en 1978 pour étudier l'urbanisme à l'université de Southwestern Louisiana. Il a épousé une Américaine, a eu sept enfants, est allé en Afghanistan combattre contre les Soviétiques, puis, au début des années 1990, il est devenu le secrétaire de Bin Laden au Soudan. En 1994, il s'établit au Kenya, puis revient se fixer aux États-Unis en 1997. L'autre accusé, Mohammed Saddiq Odeh, d'origine palestinienne (famille réfugiée de 1948 ici aussi), est né en Arabie Saoudite (à Tabuk, le 1er mars 1965) ; il détenait un passeport jordanien, a passé un diplôme d'architecture aux Philippines (1990), s'est entraîné à Khost (1990), est allé en Somalie en 1992 avec Saiful Adil, rejoindre le groupe islamiste de Cheikh Hassan ; il a épousé une femme kenyane (mais arabe). Il a pris alors un passeport yéménite, avant de passer trois ans au Kenya. Il s'apprêtait à rejoindre l'Afghanistan à partir de Karachi en août 1998 lorsqu'il a été arrêté.

Avec ces militants, c'est un nouveau personnage qui apparaît : le jihadiste nomade. La géographie des *jihad* en vogue chez les volontaires qui quittent leur pays permet dès lors de définir, en creux, leur oumma imaginaire : mis à part la Palestine (mais où aucun volontaire non palestinien n'est intervenu depuis ceux de la bande à Baader et de l'Armée rouge japonaise), les *jihad* qui mobilisent des combattants internationalistes sont tous à la périphérie du monde musulman (Bosnie, Kosovo, Tchétchénie, Afghanistan, Cachemire, Philippines), comme si la mise en scène d'une frontière permettait de donner son unité à un espace (le monde musulman) morcelé. Car les volontaires de ces *jihad* sont aussi des « périphériques » pour la plupart, soit par leur origine, soit par leur trajectoire individuelle. Même quand ils sont nés au cœur du Moyen-Orient, leur carrière est internationale parce que leur vie s'est internationalisée. La plupart d'entre eux, et surtout les plus jeunes, se sont réislamisés, on l'a vu, dans le déracinement, en Occident, à travers une triple rupture : avec le pays d'origine, avec la famille et avec le pays d'accueil. Ils sont des produits de l'acculturation et de la reconstruction identitaire. Mais cette internationalisation va bien au-delà des milieux activistes.

La deuxième génération :
les internationalistes islamiques d'Occident

Ce que nous voudrions montrer ici, c'est que le lieu où se font la conversion et le recrutement est bien l'Europe, alors que l'Afghanistan a été le lieu de l'entraînement et de la répartition des tâches. On constate que, à partir de 1994, on ne trouve plus de militants qui vont directement d'un pays du Moyen-Orient en Afghanistan. Non seulement le passage par l'Europe est systématique, mais c'est le retour à l'islam lui-même qui se fait en Europe. Du coup, le nombre et le rôle des convertis s'accroît. Évidemment, on ne peut esquiver la question de la coordination de tous ces réseaux. S'il y a bien un système al-Qaïda, où tous les recrutés sont passés par l'Afghanistan et ont ensuite été gérés par Abou Zoubeyda, l'adjoint de Bin Laden, d'autres nébuleuses sont plus autonomes, même si les connexions et les intersections sont récurrentes entre al-Qaïda et les autres réseaux. Il est probable que d'autres réseaux encore inconnus prospéreront aussi sur ce terrain.

Les réseaux GIA, actifs dans les attentats de 1995-1996 en France, n'ont plus depuis longtemps d'autonomie internationale ; aucun activiste n'est venu des maquis algériens pour opérer à l'étranger, tous les Algériens impliqués viennent de France, de Belgique, de Grande-Bretagne et du Canada. Des gens qui auraient été sympathisants du GIA rejoignent aujourd'hui des réseaux plus internationalistes, sans doute du fait de la crise interne dans les milieux radicaux en Algérie. Le Groupe salafi pour le combat et la prédication (GSCP), le plus actif et le plus structuré des maquis issus du GIA, a certes les mêmes idées que Bin Laden et dispose de sympathisants en Europe, mais ceux-ci semblent plus susceptibles de s'adjoindre à des groupes internationalistes, faute de stratégie claire du GCSP. Enfin, d'autres réseaux ont été très actifs en Bosnie, en particulier par l'intermédiaire d'ONG islamistes (Humanitarian Help International, basé à Zrenica et Londres). La Bosnie a joué ici le rôle de l'Afghanistan pour d'autres militants : mobilisation, idéologisation, amalgame de militants venus d'horizons très différents, dont certains rejoindront ensuite les réseaux Bin Laden. Enfin, nombre d'anciens volontaires n'ont pas rejoint de groupes constitués. Bref, on a une mouvance, un vivier, avec beaucoup de passerelles construites à partir des voyages, des itinéraires personnels, des mosquées fréquentées, des liens familiaux, des solidarités de quartier. Toute l'intelligence de Bin Laden a été de jouer sur la fluidité même des milieux où il recrute : on ne peut mettre sur le même plan le professionnalisme de l'attaque contre les tours de New York et l'amateurisme d'un Richard Reid qui voulait faire sauter un avion avec un briquet (22 décembre 2001).

Dans les pages suivantes, nous ne disséquerons donc pas l'organigramme d'al-Qaïda, mais nous tenterons d'établir des profils types de militants internationalistes. Nous resterons sur le plan de l'internationalisme et n'aborderons pas la question des militants « indigènes », c'est-à-dire de ceux qui luttent dans le cadre de leur région d'origine (par exemple les militants pakistanais qui vont au Cachemire ou en Afghanistan)[4].

Nous prenons ici comme base les militants impliqués dans les attentats islamiques commis entre 1996 et 2002 (donc pas seulement les gens de Bin Laden). On ne dispose pas évidemment de tous les noms, et certains sont seulement accusés ; il faut donc rester prudent. Néanmoins, une étude des acteurs des attentats en Occident, et de ce que l'on connaît des prisonniers détenus par les Américains sur la base de Guantánamo à partir de décembre 2001, montre, qu'à l'exception très notable des Saoudiens, ils partagent tous les mêmes caractéristiques.

Ils sont *transnationaux* : ils ne vivent pas dans le pays où ils sont nés, ils ont des nationalités parfois occidentales (française, britannique ou américaine) et ont presque tous étudié ou vécu dans plusieurs pays.

Ils ont fait des *études modernes* (et souvent bonnes) et ont eu une jeunesse à l'occidentale (boîtes, filles, alcool). Socialement, ils sont soit issus des classes moyennes, soit venus des « quartiers difficiles », avec souvent une expérience de « galère », de drogue et de (re)conversion en prison.

Ils sont presque tous devenus *born again muslims* en Occident, à la suite de rencontres personnelles dans une mosquée radicale. Leur passage au radicalisme politique est quasi concomitant avec leur retour au religieux. En un mot, ce n'est pas par maturation de leur islam qu'ils se radicalisent ; on peut même soutenir que certains passent à l'islam parce qu'ils se sont déjà radicalisés politiquement.

Ils ont *rompu avec leur famille*, leur pays d'origine et leur pays d'accueil et ont rejoint une fraternité internationale. Toutes les familles ou presque se déclarent surprises et atterrées de découvrir la mort par attentat-suicide ou la présence à Guantánamo d'un de leurs proches (par contraste, les kamikazes palestiniens ont tous quitté leur famille le jour même de leur mort, et toutes se déclarent fières de l'exploit de leur proche).

---

4. Sur ce dernier point, voir Maryam Abou Zahab et Olivier Roy, *Réseaux islamiques. La connexion afghano-pakistanaise, op. cit.*

Les jeunes issus de l'immigration

Les auteurs de l'attentat contre des touristes commis à Marrakech au Maroc, en 1994, sont des jeunes venus de la cité des 4 000 à La Courneuve (en région parisienne). Ils se sont radicalisés sous l'influence d'un Marocain travaillant en France comme enseignant de collège, Abdellah Ziyad. Redouane Hammadi (né en 1970, pas spécialement religieux) est parti à Peshawar en mai 1992, avec Abdelkrim Afkir. Il a participé ensuite en France à une série de hold-up, puis s'est rendu au Maroc, avec Stéphane Aït Iddir né en 1975, fils de harki, pour perpétrer l'attentat. En 1995, c'est le groupe de Khaled Kelkal, né en France et réislamisé en prison, qui a commis une série d'attentats meurtriers : contre le TGV (26 août 1995), à la station de métro Maison-Blanche et dans le RER au musée d'Orsay (17 octobre). Khaled Kelkal a été tué le 28 septembre 1995 par la police. Le groupe était composé de jeunes venus surtout de la banlieue lyonnaise.

En mars 1996, une fusillade a éclaté entre la police et un groupe de jeunes délinquants à Roubaix, faisant quatre morts. Le « gang » dissimulait aussi un réseau islamiste, avec deux convertis, Christophe Caze et Lionel Dumont. Le groupe s'était rencontré à la mosquée de Villeneuve-la-Garenne (Hauts-de-Seine) et à celle de la rue Archimède à Villeneuve-d'Ascq (Nord). Lionel Dumont (issu d'une famille ouvrière) et Mouloud Bouguelane (élevé par des parents adoptifs avec qui il a rompu) sont allés se battre en Bosnie. De retour en France, ils ont commis une série de hold-up. Dumont a épousé une jeune Bosniaque, s'est réfugié en Bosnie, a été condamné pour l'attaque d'une poste, puis a disparu mystérieusement. Trois survivants, Omar Zemmiri (35 ans en 2001), Hocine Bendaoui (24), tous deux franco-algériens, ainsi que Mouloud Bouguelane ont été condamnés par un tribunal français en 2001. Derrière le groupe, se profile un réseau plus vaste, dirigé du Canada par Fateh Kamel, avec Saïd Atmani, Mustafa Labsi et Ahmed Ressam.

Dans tous ces cas, on trouve le même schéma : un commanditaire politisé (Abdellah Ziyad pour l'attentat de Marrakech, Ali Touchent pour l'affaire Kelkal, Fateh Kamel pour le groupe de Roubaix) recrute des jeunes, en général entraînés dans la petite délinquance, pour qui l'origine ethnique compte moins que le fait d'être socialement marginalisés et de se retrouver sur le tard une identité purement islamique, alors qu'ils n'ont aucune réelle pratique ou connaissance religieuse antérieure.

En octobre 1999, Ahmed Ressam a été arrêté à Seattle en possession d'explosifs avec lesquels il voulait faire sauter l'aéroport de Los Angeles. Né en Algérie, où il n'a eu aucune activité politique ni religieuse, il s'est installé à Marseille à l'âge de 18 ans, et c'est au cours de ce séjour de plusieurs années en France qu'il s'est réislamisé. Puis il est parti au Québec, où il a partagé un appartement avec Fateh Kamel. Il a fréquenté une mosquée radicale, dirigée par Abderraouf Hanashi, est parti en Afghanistan en 1998 pour six mois et est revenu à Montréal. Il a été contacté par un Mauritanien, Ould Slahi, qui lui a remis de l'argent pour préparer l'attentat.

Né le 14 mars 1960 à El Harrach, dans les faubourgs du sud d'Alger, Fateh Kamel a immigré en France puis au Canada, en 1987. Il a obtenu la citoyenneté canadienne sans difficulté. Il s'est marié avec une Gaspésienne, Nathalie B. Après avoir ouvert un commerce à Montréal, il s'est joint pendant un temps à la firme d'import-export Mandygo, spécialisée dans l'importation de cigares cubains à Saint-Laurent. Il a combattu en Afghanistan en 1990, puis en Bosnie, où il a rencontré des membres du gang de Roubaix. Il a été extradé de la Jordanie vers la France en avril 1999, sous l'accusation d'être l'émir du gang de Roubaix. Son ami le plus proche, Mohammed Omary, habitait également à Montréal. Tout comme lui, il s'est rendu en Bosnie. Né au Maroc, Omary est arrivé au Québec en 1984, à l'âge de 17 ans. Il a obtenu la citoyenneté canadienne, étudié à l'École des Hautes Études commerciales et à l'École polytechnique. Père de famille (dont un fils qui s'appelle Oussama), il a suivi des cours chez Microsoft.

Les pilotes des avions-suicides contre le World Trade Center – Mohammed Atta, né en 1968 en Égypte; Marwan al-Shehi, des Émirats arabes unis, né en 1978; et Ziad Jarrahi, né au Liban en 1975 – sont tous de familles aisées et ont mené une vie très occidentalisée. Ils ont quitté leurs pays respectifs, entre 1992 et 1996, pour Hambourg où ils étudiaient l'architecture, l'ingénierie ou bien à l'université de sciences appliquées. Peu à peu, ils se sont réislamisés dans le cadre de la mosquée Al Quds, où ils se sont rencontrés. Leur famille avait de moins en moins de nouvelles d'eux. En 1997, tous sont allés en Afghanistan, d'où ils sont revenus un an plus tard. En mai-juin 2000, ils sont partis aux États-Unis où ils se sont inscrit dans des écoles de pilotage.

Zacarias Moussaoui est né en 1968 à Saint-Jean-de-Luz, d'une mère non pratiquante, divorcée à 24 ans. Il a passé son bac et est parti en Grande-Bretagne en 1992. Il a fréquenté la mosquée de Brixton, comme d'autres radicaux (Richard Reid), c'est apparemment là qu'il s'est réislamisé. Il a vu sa mère pour la dernière fois en 1997 et a été arrêté en août 2001 dans une école de pilotage américaine.

Parmi les prisonniers de Guantánamo, on trouve plusieurs Britanniques. Feroz Abbasi est né en Ouganda d'une famille originaire du sous-continent indien qui s'est installée à Croydon, il a des demi-frères chrétiens, suite au remariage de sa mère. Il a fait de bonnes études, n'apparaissait pas spécialement comme musulman pratiquant, puis a fréquenté Finsbury Park : il a rompu avec sa famille et a disparu en Afghanistan[5]. Asif Iqbal (20 ans) et Shafiq Rasul (24 ans) sont tous les deux originaires de Tipton[6], ainsi qu'un troisième garçon, resté à Kandahar (Ruhal Ahmed, 20 ans). Rasul était perçu comme non-pratiquant, portait des vêtements Armani et avait une petite amie appelée Shirley (voir plus haut les imprécations de Abou Hamza sur les « Shirley », même converties). Iqbal buvait, draguait, puis déclara qu'il allait au Pakistan pour contracter un mariage arrangé. Le Français Hervé Djamel Loiseau, mort en Afghanistan en novembre 2001 à l'âge de 28 ans, est né à Paris, d'un père algérien non pratiquant et d'une mère française. Il est parti en Arabie Saoudite en mars 1998, puis deux ans plus tard au Pakistan.

Le réseau Beghal, démantelé lors de l'été 2001, reposait sur le même type d'acteurs. Djemal Beghal (qui projetait un attentat contre l'ambassade américaine à Paris) est un Algérien de 36 ans, habitant

---

5. BBC, 21 janvier 2002.
6. *New York Times* du 3 février 2002. La ville de Tipton donne 24 % de votes au parti britannique d'extrême droite National Front.

Corbeil-Essonnes et marié à une Française. Il a vécu à Leicester (mosquée de l'imâm Abou Abdallah, proche d'Abou Qatada) et a rencontré Reid et Moussaoui. En 2000, il s'est rendu en Afghanistan avec sa femme (voilée) et ses enfants, et a été arrêté au retour. Un autre membre du réseau, Kamel Daoudi, lié à Beghal, a été arrêté en Angleterre, en liaison avec Beghal. Agé de 27 ans, né en Algérie, venu en France à l'âge de 5 ans, il a passé son bac à 17 ans et est devenu informaticien. Il a rompu avec son père en 1995, mais, bien intégré, il a travaillé pour la mairie d'Athis-Mons (91) comme informaticien. Il est allé en Afghanistan, a rencontré Beghal, est revenu avec lui à Leicester. Il a épousé une Hongroise en passant par Internet et l'a répudié trois ans plus tard parce qu'elle refusait de porter le voile. Nizar Trabelsi, footballeur d'origine tunisienne, 31 ans et vivant en Belgique, était réputé dealer et consommateur de drogue (noter, entre parenthèses, que le foot et le business comme moyens d'ascension sociale pour enfants d'immigrés et l'islam comme moyen de s'en sortir sont aussi des schémas récurrents).

Un cas intéressant est celui du Pakistanais Cheikh Omar (responsable de l'enlèvement du journaliste David Pearl en janvier 2002 à Karachi), membre fondateur du Jaysh-i Mohammed, un des mouvements les plus radicaux du Pakistan. Il est né à Londres en 1973 d'une famille pakistanaise aisée qui est retournée au Pakistan; il a fréquenté la London School of Economics, est allé en Bosnie en 1993, en Afghanistan en 1994, puis en Inde, où il a pris quatre touristes en otages et a obtenu la libération de Massoud Azhar. Il serait impliqué dans le transfert d'une somme de dix mille dollars destinés à Mohammed Atta [7]. Ici, on voit un mouvement radical régional directement impulsé par un pur produit de l'islam en Europe.

Inutile de poursuivre la liste. On voit que les militants islamistes impliqués dans des réseaux accusés de terrorisme sont de parfaits produits de l'occidentalisation et de la globalisation.

On a aussi vu le rôle clé de certaines mosquées radicales où se nouent les contacts. Or, cette même internationalisation se retrouve chez les mollahs qui les tiennent : Abou Hamza, Cheikh Abdoullah

---

7. *Libération* du 15 février 2002.

al-Faysal, Abou Qatada. Ce dernier, de son vrai nom Omar Abou Omar, est un Palestinien de Jordanie, qui a obtenu l'asile politique à Londres en 1993. Il a écrit des éditoriaux pour le journal pro-GIA, *Al Ansar*. Il tient des prêches très musclés dans son institut islamique de Londres. Ses cassettes ont été retrouvées à Hambourg chez Mohammed Atta. Abou Hamza, d'origine égyptienne, est, on l'a vu, un vétéran d'Afghanistan qui tient la mosquée de Finsbury Park; il y a fondé le groupe Supporters of Shariat, a promu le *jihad* comme « obligation absente » et a lancé en 1999 une campagne de soutien pour l'armée islamique d'Aden Abyane au Yémen, dont il a rencontré le chef, Zeyn El Abidine Abou Bakr al-Mihdar, en Afghanistan. Pour obtenir la libération de ce dernier, un groupe parrainé par Abou Hamza a pris des touristes en otages au Yémen. Le groupe comprenait six Anglo-Pakistanais (dont le gendre de Abou Hamza) et deux Algériens. Cheikh Omar Bakri, autre personnage contesté, dirige le groupe Al Mohajiroun, lié au Hizb ut-tahrir. Abdoullah al-Faysal, un Jamaïcain converti, est célèbre pour la violence de ses diatribes contre les juifs et les francs-maçons. Tous jouent sur la carte du racisme et de la non-intégration et proposent une identité de substitution très valorisante (le musulman combattant l'Amérique).

Les convertis

Une grande surprise de la campagne américaine en Afghanistan fut la découverte de plusieurs convertis parmi les Talibans. Mais le phénomène n'est pas nouveau. Dans l'affaire Kelkal comme dans celle du gang de Roubaix (en 1995 et 1996), il y avait déjà des convertis. Le cas le plus typique est celui de la bande de Roubaix, mené par un jeune médecin converti, Christophe Caze, où l'on trouve Lionel Dumont, parti se battre en Bosnie.

Pour le groupe Kelkal, à Lyon, deux convertis servaient à la couverture logistique : Joseph Jaime, fils d'immigrés espagnols, condamné précédemment à dix ans de prison pour hold-up, parti juste après sa libération, en 1994, en Afghanistan, où il a rencontré David Vallat, converti en 1991. Dans la mouvance de Djamel Beghal, on retrouve Jérôme Courtailler, converti en Angleterre, né en 1974, arrêté aux Pays-Bas le 13 septembre 2001. Son frère David est aussi un converti. Charcutier-traiteur, fils de boucher, David, un ancien drogué, s'est rendu à Brighton en 1990, est devenu musulman et est parti en Afghanistan en 1997 ; il a été arrêté en 1999 par la DST et condamné à six mois de prison. Johann Bonte, Français martiniquais et beau-frère de Beghal (par sa demi-sœur Sylvie), fut aussi converti en Angleterre par Beghal. Jean-Marc Grandvisir, antillais, médiateur à la mairie de Corbeil, dans l'Essonne, a choisi Oussama comme prénom.

En Grande-Bretagne, Richard Reid, qui a tenté le 22 décembre 2001 de faire sauter un vol Paris-Miami, est né en 1973 à Bromley (banlieue de Londres) d'un père jamaïcain et d'une mère anglaise ; petit délinquant, il s'est converti en prison (Brixton). Il a fréquenté ensuite la mosquée de Brixton (comme le feront Moussaoui et Saïd Butt, condamné pour l'attaque au Yémen), dirigée par un autre Jamaïcain converti, Abdul Haqq Baker (un modéré). En Espagne, Luis José Galan, dit Yusuf Galan, a été arrêté fin 2001 pour avoir hébergé Najib Chaib Mohammed et Atamane Ressali, soupçonnés de monter un réseau al-Qaïda en Espagne. Des rumeurs veulent que ce soit un ancien de l'ETA.

Aux États-Unis, John Walker Lyndh, né en février 1981, habitait en Californie ; il s'est converti à 16 ans, portait robe et calotte, étudia seul l'islam puis partit au Yémen, au Pakistan chez les gens du Tabligh ; il a fini par être fait prisonnier dans les rangs des Talibans. Enfin, le 10 juin 2002, on a appris l'arrestation aux États-Unis (à la descente d'un vol en provenance du Pakistan) d'Abdallah al-Mohajir, né José Padilla à New York en 1970, d'une famille portoricaine, emprisonné à 13 ans pour meurtre et converti en prison : il aurait tenté de préparer un engin explosif contenant une substance radioactive.

Chez les convertis en Europe, la dimension sociale et les solidarités locales (de quartier) semblent être le facteur dominant, même si, dans le cas du docteur Caze, l'engagement idéologique semble l'emporter. Mais ce schéma d'intellectuels de bonne famille en rupture de ban, qui entraînent de jeunes prolétaires et mêlent délinquance et action politique, rappelle tant Action directe que la bande à Baader et montre qu'on est dans une structure de radicalisation bien occidentale. Le cas de Walker-Lyndh relève d'une démarche plus personnelle (la radicalisation a été chez lui un aboutissement, elle n'était pas concomitante à la conversion).

2. Le Hizb ut-tahrir

Si le concept de réseaux s'impose pour parler des militants engagés dans la violence, il y a eu néanmoins l'exemple d'un parti structuré, qui se tient complètement à l'écart des autres mouvements et qui, jusqu'ici, n'est pas entré dans l'action violente. Le Hizb ut-tahrir (HT) a été créé en 1953, à Amman en Jordanie, par un dissident des Frères musulmans, Cheikh Nabhani, comme un parti palestinien islamo-nationaliste. Le mouvement a évolué à l'inverse des autres partis islamistes : il est devenu complètement déterritorialisé. Basé à Londres depuis les années 1980, il a fusionné avec le mouvement Al Mohajiroun d'Omar Bakri, qui prône soit la conversion des Occidentaux à l'islam (en tout cas de leurs leaders), soit l'hégire vers un territoire authentiquement musulman, en l'occurrence l'Afghanistan des Talibans. Le thème favori du HT est l'instauration immédiate du Califat, ou Khilafat (thème déjà présent chez Maududi), au lieu de l'État islamique des islamistes. Il considère que l'État-nation a piégé les islamistes.

Le HT recrute aujourd'hui en Europe occidentale (surtout du Nord) et aux États-Unis, parmi les jeunes immigrés de la deuxième génération. Il a une base qui effectivement n'a rien d'ethnique (Arabes, Turcs, originaires du sous-continent indien, convertis). Il a fait une percée significative en Ouzbékistan. Très actif sur Internet, il mène campagne avant tout contre les « mauvais musulmans » (c'est-à-dire tous les autres sauf lui) et refuse tout compromis avec le monde du *kufr* (de l'impiété). Or ce qui est intéressant dans le slogan du Khilafat tel qu'il est proclamé par le HT, c'est qu'il n'a absolument aucune proposition concrète, aucune analyse stratégique et qu'il vit dans un découplage total avec les pays, territoires et sociétés musulmans réels. Sa seule stratégie est celle du « retour à l'islam » de chaque musulman, c'est-à-dire de son adhésion au mouvement afin de constituer une minorité agissante qui emportera la décision par son activisme (la comparaison avec les mouvements révolutionnaires est explicite). La proclamation du Khilafat doit se faire *hic et nunc* et le reste suivra. En ce sens, il est proche de la démarche du Tabligh : c'est le retour individuel des musulmans au vrai islam qui réglera la question de l'État et de la société islamique. « Notre fraternité est réelle et leur citoyenneté est fausse » est le slogan qui exprime leur refus total de toute intégration dans les sociétés occidentales.

3. La radicalisation islamique en Occident

En France, l'engagement militant au nom de l'islam est le fait de jeunes musulmans de deuxième génération, acculturés, francophones, ayant une faible formation religieuse, scolarisés, mais en échec professionnel ou déçus par les perspectives de promotion sociale. Ils sont originaires des banlieues « chaudes », ont parfois un passé de petite délinquance mais ne sont pas tous des marginaux, loin de là : beaucoup en effet ont réussi leurs études mais n'ont pas trouvé de débouchés à la hauteur de leurs attentes. Ils acceptent des postes désertés par les « Français de souche » : maîtres auxiliaires en sciences dans les collèges difficiles, animateurs ou médiateurs dans les quartiers chauds. Bref, ils sont renvoyés au milieu qu'ils cherchent à fuir. L'islam est pour eux une occasion de recomposition identitaire et protestataire, qui se fait sous deux formes (compatibles entre elles) : la construction d'un espace islamisé local, autour d'une mosquée, l'accession à l'oumma par la participation à un réseau internationaliste. D'un seul coup, on est dans la cour des grands : on se construit contre la civilisation dominante, contre l'hégémonie américaine. Cette recomposition identitaire fondée sur l'islam explique aussi la présence de convertis : on n'est plus dans une situation de diaspora, mais de construction d'une identité protestataire. Il est significatif que ces jeunes ne retournent pas dans les pays d'origine de leurs parents (quand il y en a un) pour y mener le *jihad*, mais préfèrent se diriger vers les *jihad* en cours (Afghanistan et Bosnie), à la périphérie du monde musulman. Leurs références sont vraiment internationalistes.

Il s'agit bien de l'islamisation d'un espace de contestation sociale et politique et d'un nouveau tiers-mondisme, dont le symétrique et concurrent est le mouvement anti-mondialisation, qui recrute dans des milieux beaucoup plus intégrés. Personne ne milite plus dans les banlieues, sauf les militants islamistes. Or, beaucoup de jeunes trouvent dans le discours anti-occidental des dirigeants néo-fondamentalistes en Europe un moyen de rationaliser leur exclusion et leur opposition. Abou Hamza et Qatada prêchent régulièrement sur le thème de la fallacité de l'intégration. « L'Occident a considérablement opprimé notre nation. Renforcer les racines de la religion dans notre nation, c'est rejeter l'idéologie occidentale », déclare Qatada [8]. Il ne mentionne jamais le christianisme, mais toujours l'« Ouest », la culture et la société dominantes. Ils disent aux jeunes qu'ils seront toujours des exclus.

Quelles perspectives alors ? Les raisons de la réislamisation ne sont pas près de disparaître. Mais islamisation et radicalisation ne sont pas synonymes. Il convient d'abord de voir que beaucoup de ces retours paroxystiques à l'islam ne sont que des moments dans des histoires de vie autrement plus complexes. En Iran comme en France, il y autant d'anciens radicaux chez les musulmans modérés que d'anciens communistes chez les libéraux. Des différentes formes de réislamisation que nous avons abordées dans ce livre, nous pouvons dire que, certes, l'islam humaniste fait partie de la solution et non du problème. L'islam conservateur qui veut jouer la carte du multiculturalisme pour se faire reconnaître est par définition contraint à la négociation et à la recherche d'alliances (avec d'autres religions par exemple). C'est le cas en particulier des grandes organisations comme l'UOIF, qui ont choisi, contre la stratégie de rupture et d'internationalisation, la négociation sur une base moins idéologique que de logique d'organisation (impossibilité de rester marginale). La plupart des imâms de mosquée sont dans une quête de reconnaissance, voire de notabilisation (être reçu par le préfet au même titre que l'évêque, participer aux commissions administratives et aux plateaux de télévision). La stratégie de ghetto prônée par les néo-fondamentalistes pose ses propres limites, car elle s'applique d'abord contre les autres musulmans ; le phénomène de la commu-

8. CNN, 29 novembre 2001.

nauté locale autour d'un imâm charismatique isole plus qu'il ne fait tache d'huile.

Restent les réseaux radicaux internationalistes. Ils sont et resteront marginaux tant qu'il n'y aura pas une véritable stratégie pour déterminer leur action. Le succès de l'opération du 11 septembre ne doit pas masquer le fait qu'il s'agit d'un acte gratuit, détaché de toute réelle stratégie. Ses seuls effets stratégiques sont la reformulation par les Américains de la menace et de la manière d'y répondre. Quelles que soient les critiques que l'on émette envers la réponse américaine, une conclusion s'impose : l'initiative est à Washington, et non pas dans les grottes d'Afghanistan où pourrait survivre un état-major bin-ladeniste.

Le problème de la radicalisation telle qu'elle existe autour de Bin Laden est qu'elle ne correspond en rien à la constitution d'un mouvement de type révolutionnaire. Ce n'est ni le Parti communiste, ni l'ETA basque ou l'IRA irlandaise, ni le PKK kurde. Il n'y a ni parti politique organisé ni organisations frontistes pour mobiliser les masses, ni relais dans la société (syndicats, associations d'étudiants, de femmes, de jeunes, etc.), ni presse, ni compagnons de route. Bref, le peuple est laissé sur le bord de la route, en téléspectateur ou en amateur de jeux vidéo. Al-Qaïda n'est qu'une secte, millénariste et suicidaire.

Or cette conclusion n'est pas seulement nôtre : elle a été aussi tirée par bien des néo-fondamentalistes radicaux. Bin Laden a lancé le *jihad* et il a échoué. Bien plus, la riposte américaine a partout nui aux musulmans, qu'il s'agisse des combattants tchétchènes ou palestiniens, ou tout simplement des clandestins paisibles qui faisaient leur « trou » en Amérique. Le débat rappelle celui qui était récurrent entre organisations gauchistes et léninistes dans les années 1920 et 1930 : le rapport entre la mobilisation politique des masses et le déclenchement de la révolution. Faut-il mobiliser les masses par l'action ou bien privilégier le travail politique en profondeur, la conscientisation et la mobilisation ? Bin Laden a choisi l'action, et il a échoué. Aujourd'hui, les autres organisations rappellent qu'elles ont toujours insisté sur le caractère préalable de la *da'wat* – la prédication –, et elles sont confortées dans ce choix. Les organisations dawatistes (HT, Tabligh, salafistes) ne sont pas touchées par l'échec de Bin Laden et vont continuer leur travail. Mais ici aussi le mouvement pose ses propres limites : en insistant sur la réislamisation au lieu de la conversion, il reste enfermé dans une population musulmane qui est en situation de minorité. Il contribue à créer des isolats, qui ne pourront peser à long terme sur la vie politique qu'en se banalisant à leur tour. Nous ne pouvons que répéter ce que nous disons depuis des années : la réislamisation peut poser des problèmes de sécurité et de société, mais elle n'est pas une menace stratégique.

Pour conclure

Le post-islamisme
et les misères de la géostratégie

Si nous reprenons aujourd'hui nos conclusions de *L'Échec de l'islam politique*, on voit que cet échec n'a rien à voir avec une désislamisation, mais plutôt avec l'autonomisation du politique par rapport au religieux, même et surtout quand le politique se réclame du religieux. C'est d'ailleurs dans l'espace ouvert par cette autonomisation que se déploie le mythe de la « société civile ». Comme nous l'avons noté depuis longtemps, il est clair que les grands mouvements islamistes se sont moulés dans un cadre national, contribuant à le renforcer en permettant l'intégration dans le champ politique de catégories de population qui s'en sentaient exclues. En retour, ils ont été transformés par ce passage à la politique concrète ; ils intègrent dans leur pratique politique le pluralisme, même s'ils ont du mal à en faire la théorie. La fusion du nationalisme et de l'islamisme, ou plutôt l'effacement de la frontière entre les deux, a permis ainsi un rapprochement entre nationalistes séculiers et islamistes. En même temps, la dimension idéologique de l'islamisme tend à s'effacer : si l'État qu'il occupe ou construit n'est que l'État-nation, dit « à l'occidentale », si le pluralisme qu'il est amené à admettre est la démocratie tout court (et non pas la « démocratie islamique »), si la société civile dont il se réclame ne saurait se définir comme « société civile islamique » ou « traditionnelle », mais simplement comme « société civile », alors que reste-t-il de l'islamisme et de l'idéologie ? Une imprégnation diffuse et généralisée qui s'inscrit dans la société mais aussi dans des pratiques politiques, au nom de valeurs à la fois conservatrices et anti-occidentales, qui mêlent tiers-mondisme et affirmation d'une authenticité culturelle définie en négatif. Le statut de la femme et la question des mœurs deviennent alors les thèmes centraux de ce nouveau conservatisme, qui peut par contre favoriser l'intégration dans l'économie mondiale.

L'islamisation qui a accompagné la vague islamiste s'est autonomisée par rapport à tout projet politique et se déploie dans un espace qui, dans le fond, est en contradiction avec le projet islamiste, y compris la demande de charia. L'usage de plus en plus généralisé d'un idiome ou d'une grammaire religieuse pour dire et formuler des pratiques et des stratégies en fait très classiques (notabilisation, évergétisme, corporatisme, quête identitaire) dilue l'objet islamiste, voire le politique lui-même, au profit d'une société plus éclatée, où l'État national n'est plus ce qui donne son être à la société, même s'il reste la clé du paysage stratégique. Deux logiques différentes sont ainsi présentes : le renforcement de l'État-nation par intégration des islamistes au jeu politique d'une part, et le décentrement par rapport à l'État d'une société plus éclatée, mais aussi parcourue par des courants transnationaux (confréries, mouvements de prédication, émigration, etc.), et qui trouve justement dans l'islam une formulation de cette distance par rapport à l'État.

Les régimes des pays musulmans sont alors confrontés à deux évolutions possibles. L'une serait une « démocratisation sans démocrates » pour reprendre l'expression de Ghassan Salamé[1], où l'instauration du pluralisme et d'un espace politique ouvert conduirait à l'enracinement de pratiques parlementaristes modernes, combinée avec une transformation du champ social (émergence de nouveaux entrepreneurs et de cadres modernes) qui affaiblirait la logique traditionnelle des réseaux de solidarité, et mettrait donc en cause les oligarchies régnantes. L'autre serait au contraire la cooptation par les pouvoirs en place de néo-fondamentalistes conservateurs et apolitiques, sur un programme de réaffirmation des valeurs traditionnelles, qui ne toucheraient pas à la structure du pouvoir, tout en cherchant l'adhésion populaire dans un rejet des « valeurs occidentales », comme l'illustre le procès des « homosexuels » égyptiens en septembre 2001. Mais c'est justement cette politique, menée au Pakistan et en Arabie Saoudite, qui a conduit au développement du néo-fondamentalisme jihadiste, accentuant la contradiction entre les

---

1. G. Salamé (sous la dir. de), *Démocraties sans démocrates*, Fayard, 1994.

valeurs invoquées et l'alliance avec les États-Unis (c'est pour cette raison que les conservateurs iraniens refusent farouchement tout rapprochement avec Washington). C'est cependant dans cette voie que se sont engagés la plupart des régimes (réprimer l'islam radical, étatiser les institutions religieuses, refuser toute ouverture démocratique), repoussant à plus tard une nouvelle crise, qui sera alors due à la demande de participation politique, à laquelle ni les régimes en place ni les néo-fondamentalistes ne peuvent répondre.

La grande leçon de cette décennie est le découplage entre les stratégies étatiques et les idéologies. Les États ont parfaitement résisté à la contestation et aux guerres régionales. Paradoxalement, l'épisode islamiste les a renforcés en élargissant et en désidéologisant de fait l'espace politique intérieur, tandis que le passage à l'islamo-nationalisme conforte l'État-nation, même si les régimes en place sont incapables d'intégrer ces changements et peuvent en être victimes. En devenant transnational, le nouveau radicalisme islamique contourne les États et donc ne les menace plus directement. Mais, inversement, la lutte contre les idéologies radicales ne peut se concentrer sur un État précis qui en serait le parrain ou le bénéficiaire. Les Américains ont vainement cherché la preuve d'un investissement étatique dans le réseau al-Qaïda, pour mieux trouver une cible à la hauteur de leur puissance militaire. Aucun État n'a de stratégie islamique, mais les jihadistes n'ont pas non plus de stratégie étatique. On a voulu attribuer à Bin Laden une telle stratégie : faire tomber le régime saoudien, en provoquant une réaction américaine dans le Moyen-Orient. Mais rien ne conforte cette hypothèse : les Saoudiens et les Égyptiens de Bin Laden sont allés se battre en Afghanistan ou sur New York, pas dans leur pays. Rien ne s'est passé dans la péninsule arabique ou sur les bords du Nil, car rien n'y était prévu pour les jours suivant le 11 septembre. Mais ce découplage entre stratégie étatique et idéologie a aussi des conséquences troublantes. Le berceau des réseaux radicaux se trouve chez deux des plus sûrs alliés américains : l'Arabie Saoudite et le Pakistan. Comment faire la guerre au radicalisme islamique en s'appuyant sur les deux régimes qui lui ont donné encouragements et sanctuarisation ? Le vice-président américain a suggéré un changement dans les programmes des écoles coraniques ;

c'est une bien étrange dégradation du concept de stratégie : faire de la bonne éducation. Du coup, il ne peut y avoir de stratégie anti-terroriste que métaphorique : la « guerre au terrorisme » n'est en fait qu'une vaste opération de police, ce qui pose d'ailleurs des problèmes juridiques (quel est le statut des prisonniers enfermés sur la base américaine de Guantánamo ?). On ne peut plus faire de vraie guerre, faute de territoire à conquérir et d'États à détruire. Ce qui n'empêche pas bien sûr de détruire un État au passage ou d'envahir un pays qu'on ne veut pas contrôler pour autant. A moins, bien sûr, de réintroduire d'un seul coup le concept d'État hostile (par nature) et de lui faire une guerre préventive : c'est ce qu'a fait le président Bush en dénonçant l'« axe du Mal » en février 2001 (Irak, Iran, Corée du Nord) ; le problème est qu'aucun de ces pays n'est impliqué dans le terrorisme de Bin Laden. Mais, comme on nous explique savamment que les guerres d'aujourd'hui sont virtuelles, il n'a rien d'étonnant que leurs cibles avouées soient des fantômes.

C'est dans ce contexte global de désidéologisation et de reconstruction identitaire, selon une grammaire religieuse, que se développe le dernier avatar de quête communautaire : face à l'individualisation croissante de la religiosité et à toutes les formes d'occidentalisation des sociétés, mais aussi, plus subrepticement, des religions, comment affirmer alors sa différence ? Les notions de culture, d'identité et de civilisation sont alors mises en avant. En Iran, par exemple, la reformulation de la place du religieux se fait soit en termes politiques (rôle du Guide), soit en termes de défense des valeurs (*arzesh*) et de l'identité (*huvyat*). Ce qui est paradoxal, car si la religion est l'expression d'une vérité universelle, une culture est relative par définition, et une identité est tout autant particulière. Bref, l'universel (la religion) demande à être reconnu comme particulier (la défense d'une identité). C'est pour cela que les débats sur le multiculturalisme et le clash des civilisations sont aussi populaires dans les milieux musulmans que parmi les Européens hostiles à l'islam (de gauche comme de droite) : le débat se fait à partir d'une problématique fantasmatique partagée par les deux côtés (l'islam comme objet déterminé et intemporel). Mais cette ligne de partage culturelle en recoupe une autre : celle entre le Nord et le Sud, où l'identité musulmane, exacerbée par le conflit israélo-palestinien et les attaques américaines contre le territoire irakien, se pose en figure de la résistance du tiers monde. D'où les combats à fronts renversés qui contribuent à brouiller les références politiques en Europe même. Les défenseurs de la laïcité, traditionnellement de gauche, dénoncent dans leur majorité l'« intégrisme » islamique et peuvent être ainsi amenés à soutenir des dictatures laïques, comme le régime algérien en 1991. Les tiers-mondistes et anti-mondialisation, souvent les mêmes que les premiers, ont affiché une étrange indulgence envers les Talibans afghans au moment où l'aviation américaine les a pris pour cible. Tel évêque anglican se retrouvera avec un député travailliste pour défendre le droit au voile ou critiquer le livre de Salman Rushdie, tandis qu'un dirigeant communautaire juif français ne sait plus très bien si le pire danger est représenté par l'islam ou par Le Pen. Tel pamphlétaire français verra dans l'islam radical un complot américain contre l'Europe, tandis qu'un essayiste américain dénoncera la complaisance européenne envers l'islam. Tel groupe d'extrême droite en France prendra vigoureusement la défense des Arabes contre les Juifs en Israël, tout en dénonçant l'« invasion » de la France par l'islam. En fait, il ne sert à rien de penser ces contradictions en termes de généalogies intellectuelles (laïcité jacobine, antisémitisme de gauche) ou de renversement d'alliances entre des familles idéologiques jusqu'ici opposées, car toutes ces constructions peuvent se défaire au gré des circonstances : on peut montrer que l'extrême droite européenne converge autant vers l'islam radical (la domination américaine et le complot juif), que vers le sionisme version Sharon (« le problème c'est l'islam », « chassons les Arabes »). Les paradigmes historiques qui ancraient les prises de position politique dans un système de valeurs (laïcité, démocratie, droit des peuples, anti-impérialisme, lutte conte l'antisémitisme) fonctionnent de moins en moins. Ce qui explique la confusion, voire le confusionnisme, c'est le changement du paysage mondial, et pas un cheminement intellectuel. Le brouillage des catégories vient largement de la déterritorialisation ambiante, où le confit israélo-palestinien sera lu dans les banlieues françaises comme une métaphore des tensions qui s'y déroulent, sans aucune considération pour la dimension historique, politique et stratégique du conflit en lui-même. Un même paradigme (Juifs contre Arabes) peut servir à penser deux espaces de tensions complètement différents (Sarcelles et Jérusalem), mais chacun de ces deux espaces de tension peut aussi être lu selon des registres qui n'ont rien à voir, mais où la religion cesse d'être explicative (conflit nationaliste en Palestine, exclusion sociale dans les banlieues). Et il ne sert pas à grand-chose de déterminer la véritable essence de chaque niveau de conflit, parce que la perception des acteurs, surdéterminée par l'instantanéité et l'ubiquité de l'information, contribue justement à structurer ces conflits.

En fait, le passage à l'Ouest de l'islam, partie prenante du phénomène de mondialisation, rend caduques toutes les visions culturalistes et essentialistes, même s'il en exacerbe le maniement incantatoire. Il n'y a pas de géostratégie de l'islam, parce qu'il n'y a plus ni terre d'islam, ni communauté musulmane, mais une religion qui apprend à se désincarner et des populations musulmanes qui négocient leurs nouvelles identités, y compris dans le conflit. La première victime est sans doute la géostratégie culturaliste qui, depuis l'effondrement de l'URSS, domine les salons et les cafés du commerce, où tout un chacun y va de son couplet sur la nature de l'islam, et où il arrive à l'expert de dire les mêmes banalités que son voisin de palier. Mais, si le droit à l'erreur est reconnu depuis longtemps, il ne faut pas oublier qu'il n'y a pas de démocratie sans droit à la bêtise.

Table

Avant-propos 7

Introduction. Naissance d'une religion en Occident 9

    L'islam et la mutation du champ religieux 12
    L'occidentalisation et la violence 19

**1. Entre nationalisme et parlementarisme :
la banalisation des mouvements islamistes** 29

    De l'islamisme au nationalisme 29
    L'intégration dans le jeu politique. 36
    La sécularisation va de pair avec le retour du religieux. . 41
    La réislamisation conservatrice 45
    Le post-islamisme 48

2. Les musulmans en Occident 53

    Comment penser l'islam minoritaire et sans État ? 56
    L'acculturation et la reconstruction identitaire 61
    La néo-ethnicité 65
    La sous-culture urbaine et occidentale des jeunes
    des banlieues 76

3. **L'individualisation de la religiosité** 79

    La perte de l'évidence religieuse 80
    La crise de l'autorité et les acteurs du nouveau discours religieux 87
    L'individu, cible de la prédication 99

4. **Un islam humaniste ?**......................... 103

5. **L'occidentalisation : entre nouvelles institutions et air du temps**............................. 115

    La constitution d'« Églises » musulmanes 115
    L'occidentalisation inconsciente.................. 120
    Les néo-confréries........................... 126

6. **Le néo-fondamentalisme ou salafisme** 133

    Les sources et les acteurs contemporains........... 138
    Le néo-fondamentalisme va de pair avec la globalisation 144
    1) L'acculturation 144
    2) De l'invidualisation à l'oumma imaginaire : la fin de la terre d'islam 153
    Les espaces islamisés 156
    L'oumma imaginaire et sa nouvelle frontière 162

7. **L'oumma virtuelle d'Internet** 165

    La déterritorialisation et la communauté virtuelle...... 171
    L'individualisation 176

8. **Les nouveaux radicaux et le *jihad*** 185

    1. Al-Qaïda................................. 187
    La matrice afghane : la première génération Bin Laden 187
    La deuxième génération : les internationalistes islamiques d'Occident....................... 191

    Les jeunes issus de l'immigration   194
    Les convertis   198
2. Le Hizb ut-tahrir   200
3. La radicalisation islamique en Occident   201

Pour conclure : Le post-islamisme
et les misères de la géostratégie   205

RÉALISATION : PAO ÉDITIONS DU SEUIL
ACHEVÉ D'IMPRIMER SUR ROTO-PAGE
PAR L'IMPRIMERIE FLOCH À MAYENNE (10-02)
DÉPÔT LÉGAL : SEPTEMBRE 2002. N° 53834-3 (55408)

Dans la même collection

Pierre Ansart
Les Cliniciens des passions politiques

Mark Anspach
A charge de revanche
Figures élémentaires de la réciprocité

J. L. Austin
Écrits philosophiques

Yves Barel
Système et Paradoxe

Michael Franz Basch
Comprendre la psychothérapie
Derrière l'art, la science

Isabelle Baszanger
Douleur et Médecine, la fin d'un oubli

Gregory Bateson
Vers une écologie de l'esprit, t. 1 et 2

La Nature et la Pensée

Une unité sacrée
Quelques pas de plus vers une écologie de l'esprit

Gregory Bateson et Mary Catherine Bateson
La Peur des Anges
Vers une épistémologie du sacré

Mary Catherine Bateson
Regard sur mes parents
Une évocation de Margaret Mead et de Gregory Bateson

Geneviève Bollème
Parler d'écrire

Jean-Louis Bouttes
Jung : la puissance de l'illusion

Patrice Bollon
Esprit d'époque
Essai sur l'âme contemporaine et le conformisme naturel de nos sociétés

Michel Callon/Pierre Lascoumes/Yannick Barthe
Agir dans un monde incertain
Essai sur la démocratie technique

Raymonde Carroll
Évidences invisibles
Américains et Français au quotidien

Cornelius Castoriadis
Le Monde morcelé
Les Carrefours du labyrinthe III

La Montée de l'insignifiance
Les Carrefours du labyrinthe IV

Fait et à faire
Les Carrefours du labyrinthe V

Anne Cauquelin
Petit Traité d'art contemporain

L'Art du lieu commun
Du bon usage de la doxa

Janine Chanteur
Du droit des bêtes à disposer d'elles-mêmes

Giordana Charuty
Folie, Mariage et Mort
Pratiques chértiennes de la folie en Europe occidentale

Françoise Choay
L'Allégorie du patrimoine

Collectif
Système et Paradoxe
Autour de la pensée d'Yves Barel

Denis Collin
Morale et Justice sociale

Colloque de Cerisy autour de l'œuvre de Gregory Bateson
Bateson : premier état d'un héritage

Colloque de Cerisy
L'Auto-organisation

De la physique au politique
(sous la direction de Paul Dumouchel et Jean-Pierre Dupuy)

Colloque de Cerisy autour de l'œuvre d'Henri Atlan
Les Théories de la complexité

Antoine Compagnon
Le Démon de la théorie
Littérature et sens commun

Alain Didier-Weill
Les Trois Temps de la Loi
Le commandement sidérant, l'injonction du Surmoi et l'invention musicale

Roger Dragonetti
Un fantôme dans le kiosque
Mallarmé et l'esthétique du quotidien

François Dubet
Sociologie de l'expérience

Mikel Dufrenne et Paul Ricœur
Karl Jaspers et la Philosophie de l'existence

Jean-Pierre Dupuy
Ordres et Désordres
Enquête sur un nouveau paradigme

Pour un catastrophisme éclairé
Quand l'impossible est certain

Murray Edelman
Pièces et Règles du jeu politique

Mony Elkaïm
Si tu m'aimes, ne m'aime pas
Approche systémique et psychothérapie

Jacques Ellul
La Subversion du christianisme

La Raison d'être
Méditation sur l'Ecclésiaste

Groupe µ
Traité du signe visuel
Pour une rhétorique de l'image

Edward T. Hall
L'Ouest des années trente
Découvertes chez les Hopi et les Navajo

Marcel Hénaff
Le Prix de la vérité
Le don, l'argent, la philosophie

Philippe d'Iribarne
Vous serez tous des maîtres
La grande illusion des temps modernes

avec Alain Henry, Jean-Pierre Segal, Sylvie Chevrier et Tatjana Globokar
Cultures et Mondialisation
Gérer par-delà les frontières

Philippe Julien
L'Étrange jouissance du prochain

Sudhir Kakar
Chamans, mystiques et médecins

Élisabeth Laborde-Nottale
La Voyance et l'Inconscient

Ronald D. Laing
Paroles d'enfants

Bernard Lempert
Désamour

Critique de la pensée sacrificielle

Alexandre Luria
L'homme dont le monde volait en éclats

Abdelwahab Meddeb
La Maladie de l'Islam

Thierry Melchior
Créer le réel

Jean-Claude Milner
Le Périple structural
Figures et paradigme

Olivier Mongin
La Peur du vide
Essai sur les passions démocratiques I

La Violence des images
Ou comment s'en débarrasser ?
Essai sur les passions démocratiques II

Éclats de rire
Variations sur le corps comique
Essai sur les passions démocratiques III

Franco Moretti
Atlas du roman européen

Stéphane Mosès
L'Ange de l'histoire
Rosenzweig, Benjamin, Scholem

L'Éros et la Loi
Lectures bibliques

Marc-Alain Ouaknin
Bibliothérapie
Lire, c'est guérir

Pierre Pachet
Un à un
De l'individualisme en littérature
Michaux, Naipaul, Rushdie

John Rawls
Théorie de la justice

Justice et Démocratie

Myriam Revault d'Allonnes
Ce que l'Homme fait à l'Homme
Essai sur le mal politique

Paul Ricœur
Lectures 1
Autour du politique

Lectures 2
La Contrée des philosophes

Lectures 3
Aux frontières de la philosophie

Idéologie et Utopie

Paul Ricœur et André LaCocque
Penser la Bible

Oliver Sacks
Des yeux pour entendre
Voyage au pays des sourds

*L'homme qui prenait sa femme pour un chapeau,
et autres récits cliniques*

Un anthropologue sur Mars
Sept histoires paradoxales

L'Ile en noir et blanc

Edward W. Said
L'Orientalisme
L'Orient créé par l'Occident
(nouvelle édition)

Pierre Saint-Amand
Les Lois de l'hostilité
La politique à l'âge des Lumières

Michael Sandel
Le Libéralisme et les Limites de la justice

Lynn Segal
Le Rêve de la réalité

Richard Sennet
Les Tyrannies de l'intimité

Lucien Sfez
Critique de la communication
Technique et Idéologie
un enjeu de pouvoir

Daniel Sibony
Entre-deux
L'Origine en partage

Les Trois Monothéismes
Juifs, chrétiens, musulmans entre leurs sources et leurs destins

Le Corps et sa danse

Violence
Traversées

Psychopathologie de l'actuel
Événements III

Nom de Dieu
Après les trois monothéismes

Jacques Soulillou
L'Impunité de l'art

Charles Taylor
Les Sources du moi
La formation de l'identité moderne

Tzvetan Todorov
La Vie commune
Essai d'anthropologie générale

Face à l'extrême

Nous et les Autres
La réflexion française sur la diversité humaine

Frances Tustin
Autisme et Protection

Le Trou noir de la psyché
Barrières autistiques chez les névrosés

Philippe Van Parijs
Qu'est-ce qu'une société juste ?
Introduction à la pratique de la philosophie politique

Francisco Varela
Autonomie et Connaissance
Essai sur le vivant

Francisco Varela, Evan Thompson, Eleanor Rosch
L'Inscription corporelle de l'esprit
Sciences cognitives et expérience humaine

Georges Vigarello
Du jeu ancien au jeu sportif
La Naissance d'un mythe

Michael Walzer
Sphères de justice
Une défense du pluralisme et de l'égalité

Paul Watzlawick et Giorgio Nardone
(sous la direction de)
Stratégie de la thérapie brève

Paul Watzlawick
Les Cheveux du Baron de Münchhausen
Psychothérapie et « réalité »

Allen S. Weiss
Miroirs de l'infini
Le jardin à la française et la métaphysique au XVIIe siècle

Jean-Jacques Wittezaele et Teresa Garcia
A la recherche de l'école de Palo Alto

Marina Yaguello
En écoutant parler la langue

Petits Faits de langue

Yirmiyahu Yovel
Les Juifs selon Hegel et Nietzsche

Paul Zumthor
Babel ou l'Inachèvement